|名师工作室成果文库

吾言吾语

陈玉国语文名师工作室成果汇编

陈玉国 编著

WUYAN WUYU
CHENYUGUO YUWEN MINGSHI GONGZUOSHI CHENGGUO HUIBIAN

光明日报出版社

图书在版编目（CIP）数据

吾言吾语：陈玉国语文名师工作室成果汇编 / 陈玉国编著 .—— 北京：光明日报出版社，2020.7

ISBN 978-7-5194-5833-1

Ⅰ. ①吾… Ⅱ. ①陈… Ⅲ. ①中学语文课—教学研究—高中—文集 Ⅳ. ① G633.302-53

中国版本图书馆 CIP 数据核字（2020）第 109493 号

吾言吾语：陈玉国语文名师工作室成果汇编
WUYAN WUYU : CHENYUGUO YUWEN MINSHI GONGZUOSHI CHENGUO HUIBIAN

编　　著：陈玉国	
责任编辑：庄　宁	责任校对：李　荣
封面设计：中联学林	责任印制：曹　净

出版发行：光明日报出版社
地　　址：北京市西城区永安路 106 号，100050
电　　话：010-63139890（咨询），010-63131930（邮购）
传　　真：010-63131930
网　　址：http://book.gmw.cn
E - mail：zhuangning@gmw.cn
法律顾问：北京德恒律师事务所龚柳方律师

印　　刷：三河市华东印刷有限公司
装　　订：三河市华东印刷有限公司
本书如有破损、缺页、装订错误，请与本社联系调换，电话：010-63131930

开　　本：170mm×240mm
字　　数：286 千字　　　　　　　　　印　　张：17.5
版　　次：2020 年 7 月第 1 版　　　　印　　次：2020 年 7 月第 1 次印刷
书　　号：ISBN 978-7-5194-5833-1
定　　价：68.00 元

版权所有　　翻印必究

四十不惑

（代序）

西方有句谚语"人生四十才开始"，说的是人到40才明了生命的意义，这与我国将40岁称为"不惑之年"是有异曲同工之妙的。

四十几年的生活体验教会了我要有三种意识：责任、信念、幸福。

一、责任意识——坚守本色

老师是"职业读书人"，"读书"既为教师的本色，又是安身立命的根本，"教书育人"何其神圣高尚，若不能收"以其昏昏使人昭昭"之功，非读书别无他途。况且，读书之益，不唯扩展视野，增智长才，更在启发心智，渐染情操。读书效益不只在口吐莲花，更在于心灵上能激浊扬清、拨乱反正；读书当务求广博，不必拘泥于纸质之典雅还是笨重，电子之迅捷还是低俗，总之入我之炉灶，当烹以我之口味；读书必伴随思考，不必纠缠于字里字外、原文原词，但能品得个中真伪，辨得清美丑善恶，便能为我所用，助我成独到之思；所读未必一定择取对象圈定范围，大可至名著典籍，小可至微信段子，总能得形于世相百态，成思于小我心胸。

二、信念意识——追求理想

探求未知，是人类进步的关键，也是事业生生不息的源泉。学校是铁打的营盘，学生是流水的兵。教师行业，守望和重复是其特点，守望恐会停步不前,重复恐会机械呆板,懈怠与失落是教师持续发展的最大障碍,唯有敬业爱生者才不会颓废失落、裹足不前。教育事业面向未来,教育科技日新月异,在变幻的教育形势发展中,敢立潮头不仅无倒退之虞,更有后浪催进之动力。新形势下,立德树人、课程构建、学科建设、课堂改革等方面,存在有待开拓的空间,我辈当一马当先,以身作则,发挥引领和带动作用,创造前人所未创之业绩。

三、幸福意识——寻求乐趣

让事业保鲜的策略除了责任、信念之外,还应该包括在工作中寻求乐趣。孟子提示我,君子有三乐:父母俱存,兄弟无故;仰不愧于天,俯不怍于人;得天下英才而教育之。全家上下,位高不过科级,权重不过班主任,富达不过小康,但家庭美满,亲人和谐,老母健在,妻女安康,使我于劳顿之余可尽享天伦之乐;习惯静坐常思己过,不喜闲谈品评人非,平居常有三省:为人谋而不忠乎?与人交而不信乎?传不习乎?谋得个胸怀坦荡、心底无私;教学二十几载,所教学生数千,他们都是有朝气有热情有才华的优秀英才,在他们的成长旅途中,有过自己的帮助,想的这里,便喜不自胜。反思回味,归纳总结,偶有心得,快然自足,力求治学达三境界:西风凋碧,伊人憔悴,灯火阑珊;悟得教学有三法——观察、思考、体味,阅读有三步——通读、细读、品读,课堂有三问——写了什么,怎么写的,为什么写。凡此种种,在工作中寻求乐趣,在事业中获得幸福,这就是我的招法。

是为序。

目 录
CONTENTS

人教版高中语文必修教材课文重点字词全覆盖·················· 1
    必修一·· 1
    必修二·· 3
    必修三·· 5
    必修四·· 9
    必修五·· 11

人教版高中语文必修教材课文涉及成语全覆盖·················· 15
    必修一·· 15
    必修二·· 16
    必修三·· 18
    必修四·· 20
    必修五·· 22

高考语文高中课标必背14篇理解性默写全覆盖·················· 25
    1 劝学·· 25
    2 逍遥游·· 27
    3 师说·· 30
    4 阿房宫赋·· 33
    5 赤壁赋·· 36
    6 氓（méng）·· 40

7 离骚 42

8 蜀道难 45

9 登高 47

10 琵琶行 48

11 锦瑟 52

12 虞美人 52

13 念奴娇·赤壁怀古 53

14 永遇乐·京口北固亭怀古 54

人教版高中语文必修教材涉及古代文化常识知识点全覆盖 56

《烛之武退秦师》 56

《荆轲刺秦王》 56

《鸿门宴》 57

《孔雀东南飞》 58

《兰亭集序》 59

《赤壁赋》 59

《游褒禅山记》 59

《琵琶行(并序)》 60

《寡人之于国也》 60

《劝学》 61

《过秦论》 61

《师说》 62

《廉颇蔺相如列传》 62

《苏武传》 63

《张衡传》 64

《归去来兮辞》 64

《滕王阁序》 65

《逍遥游》 65

《陈情表》…………………………………………………… 66
《优美的汉字》……………………………………………… 66
《奇妙的对联》……………………………………………… 67
《姓氏流源与文化寻根》…………………………………… 67

人教版高中语文必修教材课文涉及人物………………… 68
创新素材积累第一辑………………………………………… 68
创新素材积累第二辑………………………………………… 79
创新素材积累第三辑………………………………………… 82
创新素材积累第四辑………………………………………… 86
创新素材积累第五辑………………………………………… 91

人教版高中语文必修教材经典课文教学设计……………… 97
《动物游戏之谜》…………………………………………… 97
《师　说》…………………………………………………… 100
《醉花阴》…………………………………………………… 103
《逍遥游》…………………………………………………… 105
《鸿门宴》…………………………………………………… 109
《登高》……………………………………………………… 112
《短新闻两篇·别了，不列颠尼亚》……………………… 115
《短新闻两篇·奥斯维辛没有什么新闻》………………… 119
《记梁任公先生的一次演讲》……………………………… 125
《声声慢》…………………………………………………… 129
《归去来兮辞》（并序）…………………………………… 131
《虞美人》…………………………………………………… 138
《小狗包弟》………………………………………………… 142
《秋兴八首》（其一）……………………………………… 146
《念奴娇·赤壁怀古》……………………………………… 149

陈老师教育教学论文集 ·· 152
  "导案自学五环节"课堂教学模式的育人价值 ··················· 152
  切实加强师资队伍建设，促进教师的专业化发展 ··············· 155
  语文教学设计中"问题设计"的依据 ···························· 162
  《子路、曾晳、冉有、公西华侍坐》中"礼治"思想新解 ······ 164
  关于高考作文训练策略的浅见浅说 ······························ 169
  简析杜诗《蜀相》的思想内涵 ··································· 177
  论李白个性和理想之矛盾 ··· 179
  学生的一次偶然发问带来的教学反思 ··························· 181
  《文与可画筼筜谷偃竹记》教学回顾 ···························· 182
  语文教改，路在何方？ ·· 184
  距离的美感 ·· 188
  课堂教学中如何培养学生的文学情趣 ··························· 190
  浅谈禅对王维诗歌意境创造的影响 ······························ 193
  课堂教学中如何体现以"学生为本"的思想 ··················· 199
  新课改背景下小学语文教学方法思考 ··························· 203
  小学语文教学中朗读教学实践 ··································· 206
  砥砺前行显英雄本色，锐意进取续实验传奇 ··················· 209
  聚焦教学改革，促进课堂转型 ··································· 214
  来自"教学联合体"的收获 ······································ 236
  小组合作交流学习的心得体会 ··································· 236
  情景导入，问题引领，实现课堂有效教学 ····················· 239
  交流 分享 奋进 成长 ··· 239

陈老师教育教学散记 ·· 250
  教学要有艺术性，但不是表演 ··································· 250
  将短时记忆变成长时记忆 ··· 250
  课堂灵感 ·· 251

教学语言的科学性实际是专业性……251
学科素养很重要，综合素养更重要……252
教师有时要做傻子……252
荆轲不简单……253
陶潜归田，乐了吗？……253
苏东坡一赋两词……254
下水作文一……254
下水作文二……256
自主学习先要激发自主意识……258
这样的课不是好课……258
教师不可随意轻慢地教教材……259
《兰亭集序》告诉我们：生命并非虚无……259
语文是语言类学科而已……259
写景诗歌欣赏三问……260
《陈情表》注重情感渲染铺垫……260
《逍遥游》的论证逻辑……261
经典散文的结构不散……261
在《廉颇蔺相如列传》里读出了什么？……262
2018年国家课题颁奖会议暨西南名校考察学习汇报……262
警惕！大课业负担回潮让课改步履蹒跚……267

人教版高中语文必修教材课文重点字词全覆盖

必修一

第一单元

1. 《沁园春·长沙》

橘（jú）子　　　　　百舸（gě）　　　　　寥（liáo）廓（kuò）

遏（è）止　　　　　遒（qiú）劲（jìng）

峥（zhēng）嵘（róng）岁月

2. 《诗两首》

彷（páng）徨（huáng）　　彳（chì）亍（chù）　　惆（chóu）怅（chàng）

凄婉（wǎn）　　　　　颓（tuí）圮（pǐ）　　　青荇（xìng）

长篙（gāo）　　　　　榆阴（yīn）　　　　　笙（shēng）箫（xiāo）

漫溯（sù）　　　　　斑（bān）斓（lán）　　沉淀（diàn）

3. 《大堰河——我的保姆》

青苔（tái）　　　　　火钵（bō）　　　　　忸（niǔ）怩（ní）不安

冰屑（xiè）　　　　　瓦菲（fēi）　　　　　碾（niǎn）米

团箕（jī）　　　　　荆（jīng）棘（jí）　　虱（shī）子

凌（líng）侮（wǔ）　　叱骂（chì）

第三单元

7. 《纪念刘和珍君》

菲（fěi）薄（bó）　　租赁（lìn）　　　　　黯（àn）然泣下

噩（è）耗　　　　　喋（dié）血（xuè）　　尸骸（hái）

抹（mǒ）杀　　　　　攒（cuán）射　　　　浸（jìn）渍（zì）

殒（yǔn）身不恤（xù）　　长歌当（dàng）哭

桀（jié）骜（ào）不驯（xùn）

8.《小狗包弟》

篱（lí）笆（本字读 bā，此处读 ba）

包袱（本字读 fú，此处读 fu）

作揖（yī）　　　　　吠（fèi）叫　　　　　舔舐（shì）

解剖（pōu）　　　　拍摄（shè）　　　　揪（jiū）心

租赁（lìn）　　　　义愤填膺（yīng）　　修葺（qì）

9.《记梁任公先生的一次演讲》

步履（lǚ）稳健　　　激亢（kàng）　　　　酣（hān）畅

涕（tì）泗（sì）交流　　叱（chì）咤（zhà）风云

博闻强（qiáng）记　　拭（shì）目以待

第四单元

10.《短新闻两篇》

瞩（zhǔ）目　　　　冉冉（rǎn）升起　　　婆娑（suō）

撰（zhuàn）写　　　明媚（mèi）　　　　窒（zhì）息

祷（dǎo）告

11.《包身工》

蠕（rú）动　　　　　水门汀（tīng）　　　睡眼惺（xīng）忪（sōng）

咳嗽（sòu）　　　　执拗（niù）　　　　莴（wō）苣（jù）

游说（shuì）　　　　怜悯（mǐn）　　　　簿子（bù）

铁锭（dìng）　　　　骷（kū）髅（lóu）　　船舷（xián）

皮辊（gǔn）　　　　蹒（pán）跚（shān）　褴（lán）褛（lǚ）

契（qì）据

12.《飞向太空的航程》

翌（yì）年　　　　　莅（lì）临　　　　　横亘（gèn）

着（zhuó）陆　　　　垂涎（xián）　　　　铤（tǐng）而走险

必修二

第一单元

1. 《荷塘月色》

蓊（wěng）蓊郁郁　　踱（duó）步　　　　弥（mí）望
煤屑（xiè）　　　　　渺（miǎo）茫　　　袅（niǎo）娜（nuó）
颤（chàn）动　　　　 宛（wǎn）然　　　　霎（shà）时
梵（fàn）婀（ē）玲　　妖童媛（yuàn）女

2. 《故都的秋》

落蕊（ruǐ）　　　　　一椽（chuán）破屋　夹（jiá）袄
潭柘（zhè）寺　　　　平仄（zè）　　　　颓（tuí）废
歧（qí）韵　　　　　 房檩（lǐn）

3. 《囚绿记》

瞥（piē）见　　　　　涸（hé）辙　　　　譬（pì）如
蕈（xùn）菌　　　　　葱（cōng）茏（lóng）猗（yī）郁
细腻（nì）　　　　　 茎（jīng）叶　　　　揠（yà）苗助长

第二单元

4. 《诗经》两首

氓之蚩蚩（chī）　　　匪（fēi）我愆（qiān）期　将（qiāng）子无怒
乘彼垝（guǐ）垣（yuán）　载（zài）笑载言　尔卜尔筮（shì）
自我徂（cú）尔　　　　淇水汤汤（shāng）　　渐（jiān）车帷裳（cháng）
士也罔（wǎng）极　　　靡（mǐ）室劳矣　　　　夙（sù）兴夜寐（mèi）
咥（xì）其笑矣　　　　犹可说（tuō）也　　　　狁（xiǎn）犹（yǔn）
孔棘（jí）　　　　　　载（zài）饥载渴　　　　靡盬（gǔ）
四牡骙骙（kuí）　　　 小人所腓（féi）　　　　象弭（mǐ）鱼服
雨（yù）雪霏霏　　　　于（xū）嗟鸠兮，无食桑葚（shèn）
岁亦莫（暮）（mù）止

5. 《离骚》

修姱（kuā）　　　　　 鞿（jī）羁（jī）　　　謇（jiǎn）朝（zhāo）谇（suì）

蕙（huì）纕（xiāng）　　揽茝（chǎi）　　　　谣诼（zhuó）
偭（miǎn）规矩　　　　忳（tún）郁邑（yì）　侘（chà）傺（chì）
溘（kè）死　　　　　　鸷（zhì）鸟　　　　　方圜（yuán）
攘诟（gòu）　　　　　芰（jì）荷　　　　　　岌（jí）岌

6.《孔雀东南飞》

公姥（mǔ）　　　　　伶俜（pīng）　　　　　腰襦（rú）
葳蕤（wēi ruí）　　　聘礼（pìn）　　　　　 甸甸（tián）
磐（pán）石　　　　　拊（fǔ）掌　　　　　　否（pǐ）泰
赍（jī）钱　　　　　　踯（zhí）躅（chú）　 摧藏（zàng）

7.《诗三首》

芙（fú）蓉（róng）　　譬（pì）如　　　　　　吐哺（bǔ）
羁（jī）鸟　　　　　　青青子衿（jīn）
契（qì）阔谈䜩（yàn）　暧暧（ài）樊（fán）笼

第三单元

8.《兰亭集序》

癸丑（guǐ）　　　　　 会（kuài）稽（jī）　　修禊（xì）
管弦（xián）　　　　　游目骋（chěng）怀　　夫（fú）人之相与
放浪形骸（hái）　　　 感慨系（xì）之　　　　若合一契（qì）
彭殇（shāng）　　　　 少长（zhǎng）咸集　　激湍（tuān）
临文嗟悼（jiē dào）　 流觞（shāng）曲水

9.《赤壁赋》

壬（rén）戌（xū）　　　酾（shī）酒　　　　　桂棹（zhào）
横槊（shuò）　　　　　余音袅袅（niǎo）　　 渔樵（qiáo）
幽壑（hè）　　　　　　扁（piān）舟　　　　 嫠（lí）妇
匏（páo）樽　　　　　 愀（qiǎo）然　　　　 蜉（fú）蝣（yóu）
山川相缪（liáo）　　　无尽藏（zàng）
舳（zhú）舻（lú）千里　枕藉（jiè）

10.《游褒禅山记》

庐冢（zhǒng）　　　　 盖音谬（miù）　　　　有穴窈（yǎo）然
咎（jiù）　　　　　　 王回深父（fǔ）

第四单元

11.《就认北京大学校长之演说》

肄（yì）业　　弭（mǐ）谤（bàng）　　干（gān）禄（lù）

相勖（xù）　　訾（zǐ）詈（lì）　　商榷（què）

造诣（yì）　　贻（yí）误　　砥（dǐ）砺（lì）

切磋（qiē cuō）

12.《我有一个梦想》

镣（liào）铐（kào）　　蜷（quán）缩（suō）　　兑（duì）现

缔（dì）造　　侈（chǐ）谈　　磐（pán）石

崭（zhǎn）新　　蜕（tuì）变　　赎（shú）罪

真谛（dì）

13.《在马克思墓前的讲话》

芜（wú）杂　　诽（fěi）谤（bàng）　　诅（zǔ）咒（zhòu）

必修三

第一单元

1.《林黛玉进贾府》

阜（fù）盛　　敕（chì）造　　台矶（jī）

贾赦（shè）　　姊（zǐ）妹　　削（xuē）肩

斟（zhēn）茶　　呜咽（yè）　　怯（qiè）弱

敛声屏（bǐng）气　　攒（cuán）珠髻　　绾（wǎn）着

盘螭（chī）　　璎（yīng）珞（luò）　　宫绦（tāo）

玫瑰（guī）　　嫡（dí）亲　　便（biàn）宜（yí）

翠幄（wò）　　驯（xùn）骡　　厢庑（wǔ）

笨拙（zhuō）　　金蜼（wěi）　　彝（yí）鏨（zàn）银

黼（fǔ）黻（fú）　　洋罽（jì）　　匙（chí）箸（zhù）

酒觚（gū）　　顽劣（liè）　　溺（nì）爱

伺（cì）候　　漱（shù）盂　　咳嗽（sòu）

脾（pí）胃　　　盥（guàn）手　　　懵（měng）懂
倭（wō）锻　　　瞋（chēn）视　　　敷（fū）粉
韶（sháo）光　　纨袴（kù）　　　　作（zuō）揖
蹙（cù）眉　　　颦（pín）眉　　　　罥（juàn）烟
两靥（yè）　　　杜撰（zhuàn）　　忖（cǔn）度（duó）
殉（xùn）葬　　　妥当（dàng）　　　遂（suì）心
钗钏（cuàn）

2.《祝福》
送灶（zào）　　　监（jiàn）生　　　寒暄（xuān）
臂膊（bó）　　　　银镯（zhuó）子　　烟霭（ǎi）
朱拓（tà）　　　　陈抟（tuán）老祖　瘦削（xuē）不堪
间（jiàn）或　　　诧（chà）异　　　　悚（sǒng）然
惶（huáng）急　　踌躇（chú）　　　　胆怯（qiè）
不更（gēng）事　　谬（miù）种　　　　暂（zàn）时
负疚（jiù）　　　　俨（yǎn）然　　　　忌讳（huì）
雪褥（rù）　　　　瑟（sè）瑟有声　　尘芥（jiè）
形骸（hái）　　　　夹（jiá）袄　　　　模（mú）样
威吓（hè）　　　　按捺（nà）　　　　荸（bí）荠（qí）
草窠（kē）　　　　醉醺醺（xūn）　　　桌帏（wéi）
讪（shàn）讪　　　宽恕（shù）　　　　鄙薄（bó）
怔（zhèng）怔　　咀（jǔ）嚼（jué）　渣滓（zǐ）
唾（tuò）弃　　　一瞥（piē）　　　　伤疤（bā）
执拗（niù）　　　蹙（cù）缩　　　　炮（páo）烙（luò）
窈（yǎo）陷　　　惴（zhuì）惴不安　洞穴（xué）
歆（xīn）享　　　牲醴（lǐ）

3.《老人与海》
乱窜（cuàn）　　向上蹿（cuān）　　踪迹（jì）
鲭（qīng）鲨　　脊（jǐ）背　　　　两颚（è）
脊鳍（qí）　　　角锥（zhuī）形　　剃（tì）刀
攮（nǎng）　　　皮开肉绽（zhàn）　吞噬（shì）
海鳐（yáo）鱼　　舵（duò）柄　　　胳（gā）肢窝

仓（cāng）皇　　攥（zuàn）住　　黏（nián）液
脊（jǐ）髓（suǐ）　蹂躏（lìn）　　戳（chuō）
撬（qiào）开　　磷（lín）光　　拽（zhuài）掉
榫（sǔn）头　　堤（dī）坡

第二单元

4.《蜀道难》

噫（yī）吁（xū）嚱（xī）　　　鱼凫（fú）
石栈（zhàn）　猿猱（náo）　　扪（mén）参（shēn）历井
以手抚膺（yīng）　巉（chán）岩　喧豗（huī）
砯（pīng）崖　　万壑（hè）　　崔嵬（wéi）
咨嗟（jiē）

5.《杜甫诗三首》

凋（diāo）　　萧（xiāo）森　　砧（zhēn）
朔（shuò）漠　青冢（zhǒng）　环珮（pèi）
渚（zhǔ）

6.《琵琶行》

铮（zhēng）铮然　倡（chàng）女　悯（mǐn）然
转徙（xǐ）　　恬（tián）然　　迁谪（zhé）
荻（dí）花　　秋瑟（sè）瑟　　轻拢（lǒng）
慢捻（niǎn）　霓（ní）裳（cháng）　六幺（yāo）
幽咽（yè）　　冰泉冷涩（sè）　裂帛（bó）
东船西舫（fǎng）　悄（qiǎo）无言　虾（há）蟆（má）
红绡（xiāo）　　钿（diàn）头银篦（bì）
谪（zhé）居　　呕（ōu）哑（yā）嘲（zhāo）哳（zhā）

7.《李商隐诗两首》

惘（wǎng）然　　宵柝（tuò）

第三单元

8.《寡人之于国》

毋（wú）庸置疑　粟（sù）　　弃甲曳（yè）兵

数(cù)罟(gǔ)　　　　洿(wū)池　　　　鱼鳖(biē)
鸡豚(tún)狗彘(zhì)　　畜(xù)养　　　　庠(xiáng)序之教
孝悌(tì)　　　　　　涂有饿莩(piǎo)

9.《劝学》

鞣(róu)以为轮　　　　虽有(yòu)　　　　槁(gǎo)暴(pù)
参(cān)省(xǐng)　　　须臾(yú)　　　　跂(qì)而望
舟楫(jí)　　　　　　蛟(jiāo)龙　　　　跬(kuǐ)步
骐(qí)骥(jì)　　　　驽(nú)马　　　　锲(qiè)而不舍
埃(āi)土　　　　　　二螯(áo)

10.《过秦论》

崤(xiáo)函　　　　　雍(yōng)州　　　　窥(kuī)
昭襄(xiāng)　　　　膏腴(yú)之地　　　合从(zòng)缔交
亡矢(shǐ)　　　　　遗镞(zú)　　　　　制其弊(bì)
流血漂橹(lǔ)　　　　履(lǚ)至尊　　　　鞭笞(chī)
藩(fān)篱　　　　　黔(qián)首　　　　隳(huī)名城
销锋镝(dí)　　　　　劲(jìng)弩(nǔ)　　瓮(wèng)牖(yǒu)
绳枢(shū)　　　　　氓(méng)隶　　　　墨翟(dí)
猗(yī)顿　　　　　　蹑(niè)足　　　　　疲弊(bì)
锄櫌(yōu)　　　　　棘(jí)矜(qín)　　　铦(xiān)
钩戟(jǐ)　　　　　　长铩(shā)　　　　　谪(zhé)戍(shù)
度(duó)长　　　　　絜(xié)大

11.《师说》

庸(yōng)知　　　　　嗟(jiē)乎　　　　　句读(dòu)
阿谀(yú)奉承　　　　欤(yú)　　　　　　老聃(dān)
蟠(pán)　　　　　　经传(zhuàn)　　　　嘉(jiā)奖
贻(yí)笑大方

第四单元

12.《动物游戏之谜》

缅(miǎn)甸　　　　　嬉(xī)闹　　　　　失足坠(zhuì)地
聒(guō)噪　　　　　拟(nǐ)人　　　　　马驹(jū)

配合默契（qì）	舀（yǎo）	汲（jí）取
反馈（kuì）	羱（yuán）羊	坎（kǎn）坷（kě）
潜（qián）力	即（jí）兴	模（mó）式

13.《宇宙的边疆》

晕眩（xuàn）	战栗（lì）	脚趾（zhǐ）
踝（huái）节	召（zhào）唤	夙（sù）望
辽阔无垠（yín）	广袤（mào）	纤（xiān）细
徘（pái）徊（huái）	嵌（qiàn）着	旋（xuán）涡（wō）
椭（tuǒ）圆	束（shù）缚（fù）	即（jí）使
璀（cuǐ）璨（càn）夺目	匀称（chèn）	奄奄（yǎn）一息
俘（fú）获	戎（róng）装	人才济济（jǐ）

14.《一名物理学家的教育历程》

栅（zhà）栏	混（hùn）乱	惊诧（chà）不已
冥（míng）冥世界	目眩（xuàn）	贪婪（lán）
撒手人寰（huán）	潜（qián）心	湮（yān）没
畏葸（xǐ）不前		

必修四

第一单元

1.《窦娥冤》

当垆（lú）	临邛（qióng）	变徵（zhǐ）知契（qì）
情怀冗冗（rǒng）	鼓三通（tòng）	忤逆（wǔ）
燕侣莺俦（chóu）	苌弘（cháng）	孛老（bó）
绣闼（tà）	划的（chǎn）	罪愆（qiān）
撚断脊筋（niǎn）	恓（xī）惶	祗（zhī）候
桃杌（wù）	喝撺（cuān）厢	提（dī）防
盗跖（zhí）	尸骸（hái）	错勘（kān）
杳（yǎo）无	瀽（jiǎn）	前合后偃（yǎn）
古陌（mò）	荒阡（qiān）	哥哥行（háng）

鳏（guān）寡（guǎ）　　孤独亢旱（kàng）　　鞍鞯（jiān）鞍鞴（bèi）

2.《雷雨》

繁漪（yī）　　　　　　惊愕（è）　　　　　　汗涔涔（cén）
谛听（dì）　　　　　　缜密（zhěn）　　　　　半晌（shǎng）

3.《哈姆雷特》

鲁莽（mǎng）　　　　　陛（bì）下　　　　　　殿（diàn）下

第二单元

4.《柳永词两首》

参（cēn）差（cī）　　　罗绮（qǐ）　　　　　　寒蝉（chán）
叠𪩘（yǎn）　　　　　　暮霭（ǎi）

5.《苏轼词两首》

羽扇纶（guān）巾　　　樯（qiáng）橹（lǔ）　　还酹（lèi）江月
一蓑（suō）烟雨　　　　料峭（qiào）　　　　　萧（xiāo）瑟（sè）

6. 辛弃疾词两首

玉簪（zān）螺（luó）髻　　　　　　　　　　　遥岑（cén）远目
鲈鱼堪脍（kuài）　　　揾（wèn）英雄泪　　　舞榭（xiè）歌台
佛（bì）狸（lì）祠

7. 李清照词两首

戚（qī）戚　　　　　　乍（zhà）暖还寒　　　憔悴（cuì）损

第三单元

8.《拿来主义》

自诩（xǔ）　　　　　　残羹（gēng）冷炙（zhì）
冠冕（miǎn）堂皇　　　骨髓（suǐ）　　　　　吝（lìn）啬（sè）
蹩（bié）　　　　　　　孱头（càn）　　　　　自诩（xǔ）

第四单元

11.《廉颇蔺相如列传》

缪（mù）公　　　　　　汤镬（huò）　　　　　盆缶（fǒu）
渑（miǎn）池　　　　　皆靡（mǐ）　　　　　不怿（yì）

颈血（jǐng）　　　孰（shú）计　　　避匿（nì）
虽驽（nú）　　　诈佯（yáng）　　传（zhuàn）舍
衣（yì）褐（hè）

12.《苏武传》
稍迁至栘（yí）中　　厩（jiù）监　　　数（shuò）通
且（jū）鞮（dī）侯单于　置币遗（wèi）单于　缑（gōu）王
昆（hún）邪（yé）王　　浞（zhuó）野侯　　阏（yān）氏（zhī）
左伊秩訾（zī）　　煴（yūn）火　　　雨（yù）雪
啮（niè）雪　　　　旃（zhān）毛　　　牧羝（dī）
廪（lǐn）食　　　　节旄（máo）
於（wū）靬（jiān）王　弋（yì）射　　　纺缴（zhuó）
檠（qíng）弓弩　　　丁令（líng）

13.《张衡传》
逾侈（yú）　　　　　邓骘（zhì）　　　合契（qì）
骸骨（hái）　　　　　璇机（xuán）　　算罔（wǎng）论

必修五

第一单元

1.《林教头风雪山神庙》
赍（jī）发　　　　　迤逦（yǐlǐ）　　掇（duō）将
彤（tóng）云　　　　亲眷（juàn）　　休恁（nèn）
模（mú）样　　　　　髭（zī）须　　　盘缠（chán）
玷（diàn）辱　　　　仓廒（áo）　　　提（dī）防
酒馔（zhuàn）　　　　朔（shuò）风　　搠（shuò）倒
央浼（měi）　　　　　虞（yú）候　　　噎（yē）
用力一剜（wān）　　　碎琼（qióng）　　乱玉搭膊（bó）

2.《装在套子里的人》
祈（qǐ）祷（dǎo）　　降（xiáng）服　　辖（xiá）制
讥（jī）诮（qiào）　　撮（cuō）合　　　谗（chán）言

噩（è）梦　　　　　滑（huá）稽　　　　　怂（sǒng）恿（yǒng）
战战兢（jīng）兢
3.《边城》
蘸（zhàn）酒　　　　茶峒（dòng）　　　　泅（qiú）水
傩（nuó）送　　　　　氽（tǔn）着　　　　　鼙（pán）鼓
踹（chuài）水　　　　碧溪岨（jū）　　　　　镇筸（gān）
俨（yǎn）然　　　　　休憩（qì）　　　　　糍（cí）粑（bā）
悖（bèi）时　　　　　拮（jié）据　　　　　气喘吁（xū）吁

第二单元

4.《归去来兮辞》
惆（chóu）怅（chàng）　载（zài）欣载奔　　盈樽（zūn）
壶觞（shāng）　　　　酌（zhuó）酒　　　矫（jiǎo）首
翳（yì）翳　　　　　　盘桓（huán）　　　幽壑（hè）
崎（qí）岖
5.《滕王阁序》
翼轸（zhěn）　　　　　引瓯（ōu）越　　　台隍（huáng）
棨（qǐ）戟（jǐ）遥临　　　　　　　　　　　懿（yì）范
襜（chān）帷（wéi）　　潦（lǎo）水尽　　　烟光凝（níng）
俨（yán）骖（cān）騑（fēi）于上路
鹤汀（tīng）　　　　　凫（fú）渚（zhǔ）　　萦（yíng）回
披绣闼（tà）　　　　　俯雕甍（méng）　　　川泽纡（yū）
闾（lú）阎（yán）扑地　　　　　　　　　　　舸（gě）舰
黄龙之舳（zhú）　　　　云销雨霁（jì）　　　彭蠡（lǐ）
逸兴遄（chuán）飞　　　白云遏（è）　　　　睢（suī）园
邺（yè）水　　　　　　穷睇（dì）眄（miǎn）
怀帝阍（hūn）　　　　　命途多舛（chuǎn）　涸（hé）辙（zhé）
北海虽赊（shē）　　　　东隅（yú）　　　　　弱冠（guàn）
慕宗悫（què）之长风　　簪（zān）笏（hù）　　叨（tāo）陪鲤对
捧袂（mèi）　　　　　　盛筵（yán）难再　　梓（zǐ）泽（zé）丘墟

6.《逍遥游》

鲲（kūn）　　　　　　抟（tuán）扶摇　　　　　坳（ào）堂
夭阏（è）　　　　　　蜩（tiáo）　　　　　　　决（xuè）起而飞
抢（qiāng）榆枋（fāng）　　　　　　　　　　舂（chōng）粮
晦朔（shuò）　　　　　蟪（huì）蛄（gū）　　　斥鴳（yàn）
翱翔蓬蒿（hāo）　　　数（shuò）数然　　　　　恶（wū）乎待

7.《陈情表》

臣以险衅（xìn）　　　　夙（sù）遭闵（mǐn）凶
行（xíng）年　　　　　悯（mǐn）臣　　　　　终鲜（xiǎn）兄弟
期（jī）功强（qiǎng）近　　　　　　　　　　五尺之僮（tóng）
茕（qióng）茕孑立　　　夙婴（yīng）疾病　　　床蓐（rù）
逮（dài）奉圣朝　　　　猥（kuí）　　　　　　除臣洗（xiǎn）马
猥（wěi）　　　　　　逋（bū）慢　　　　　　刘病日笃（dǔ）
矜（jīn）育　　　　　　过蒙拔擢（zhuó）　　　宠命优渥（wò）
更（gēng）相为命　　　四十有（yòu）四　　　矜（jīn）悯愚诚
不胜（shèng）

第三单元

8.《咬文嚼字》

咬文嚼（jiáo）字　　　岑（cén）寂　　　　　锱（zī）铢（zhū）必较
尺牍（dú）　　　　　　下乘（chéng）　　　　没镞（zú）
烟榻（tà）　　　　　　付梓（zǐ）　　　　　　倒涎（xián）
清沁（qìn）肺腑　　　　罄（qìng）竹难书

9.《说"木叶"》

袅（niǎo）袅　　　　　照浦（pǔ）　　　　　　灼（zhuó）灼
亭皋（gāo）　　　　　寒砧（zhēn）　　　　　迥（jiǒng）然
涔（cén）阳　　　　　万应（yìng）锭　　　　言筌（quán）
窸（xī）窣（sū）　　　　迢（tiáo）远

10.《谈中国诗》

精髓（suǐ）　　　　　凑泊（bó）　　　　　数（shuò）见不鲜
眉眼颦（pín）蹙（cù）　深挚（zhì）　　　　　叫嚣（xiāo）

第四单元

11.《中国建筑的特征》

木榫（sǔn）	屋脊（jǐ）	水榭（xiè）
墁（màn）地	柁（tuó）墩	戗（qiàng）兽
椽（chuan）子	框（kuàng）架	额枋（fāng）
累（lěi）计	房檩（lǐn）	切削（xiāo）
斗拱（gǒng）	蚂（mà）蚱（zha）	穹（qióng）宇

12.《作为生物的社会》

鳟（zūn）鱼	拱券（xuàn）	阈（yù）值
蚁冢（zhǒng）	苜蓿（mùxū）	蜂窠（kē）
黏（nián）菌	毗（pí）邻	鲱（fēi）鱼
鳖（bié）脚		

13.《宇宙的未来》

恍（huǎng）惚	尴（gān）尬（gà）	混（hùn）沌（dùn）
坍（tān）缩	迄（qì）今	告罄（qìng）
模棱（léng）两可	诘（jié）问	

人教版高中语文必修教材课文涉及成语全覆盖

必修一

1. 峥嵘岁月：形容不平凡的年月。
2. 风华正茂：正是风采动人和才华横溢的时候，形容青年朝气蓬勃、年轻有为。
3. 挥斥方遒：是说热情奔放，劲头正足。
4. 百舸争流：形容群舟争相行驶。
5. 天伦叙乐：老人和孩子在一起其乐融融的样子。
6. 危在旦夕：形容危险即在眼前。
7. 从谏如流：指听从好的建议就像水从高处流下一样顺畅自然，形容乐意接受别人的意见。
8. 洞若观火：就像黑夜里看火一样，形容观察事物非常清楚。
9. 以退为进：表面上退却，其实准备进攻的一种战略或战术。
10. 化险为夷：将危险转化为平安。
11. 一去不复返：去了之后就不再回来。
12. 图穷匕见：比喻事情发展到了最后，真相或本意显露出来。
13. 悲歌击筑：亦作"悲歌易水"，常用以抒写悲壮苍凉的气氛。
14. 切齿拊心：形容愤恨到极点。
15. 发上指冠：也作"怒发冲冠"，毛发竖起的样子，形容极度愤怒。
16. 无可奈何：没有办法，无法可想。表示事已如此，再要挽回已是无能为力。
17. 变徵之声：乐声中的徵调变化，常作悲壮之声。

18. 秋毫不犯：也作"秋毫无犯"，指军纪严明，丝毫不侵犯人民的利益。

19. 劳苦功高：出了很多力，吃了很多苦，立下了很大的功劳。

20. 约法三章：比喻以语言或文字规定出几条共同遵守的条款。

21. 人为刀俎，我为鱼肉：喻生杀大权掌握在他人手中，自己处于被人宰割的位置。

22. 长歌当哭：长歌，长声歌咏，也指写诗；当，当作。用长声歌咏或写诗文来代替痛哭，借以抒发心中的悲愤。

23. 目不忍视：眼睛不忍看，形容景象极其悲惨。

24. 耳不忍闻：耳朵不忍听，形容消息极其悲惨。

25. 百折不回：无论受多少挫折都不退缩，形容意志坚强，也作"百折不挠"。

26. 殒身不恤：殒，牺牲；恤，顾惜。牺牲生命也不顾惜。

27. 步履稳健：表面意思指步伐稳重，用在特定场合也可以指办事一步一个脚印，很稳健。

28. 博闻强记：形容知识丰富，记忆力强。

29. 屏息以待：抑止气息静静地等待。

30. 世人瞩目：全世界都在关注某事或人。

31. 婆娑起舞：形容跳起舞来的姿态。

32. 引人注目：吸引人们注意。

33. 发人深思：启发人深入地思考，形容语言或文章有深刻的含意，耐人寻味。

34. 耸入云天：形容，高山，或者参天巨树的高大，比云还要高。

35. 扭转乾坤：比喻从根本上改变整个局面。

36. 放浪形骸：指行为放纵，不受约束。

必修二

1. 蓊蓊郁郁：多形容草木蓬勃茂盛的样子。

2. 混混沌沌：迷糊不清的样子，模糊一片，不分明。

3. 急不暇择：在紧急的情况下来不及选择。

4. 二三其德：形容三心二意。

5. 载笑载言：边笑边说话。

6. 信誓旦旦：信誓，表示诚意的誓言；旦旦，诚恳的样子。誓言说得真实可信。

7. 夙兴夜寐：早起晚睡，形容勤奋。

8. 杨柳依依：古人送行，折柳相赠，表示依依惜别。比喻依依不舍的惜别之情。

9. 九死不悔：纵然死很多回也不后悔，形容意志坚定，不论经历多少危险，也决不动摇退缩。

10. 瞻前顾后：看看前面，又看看后面。形容顾虑太多，犹豫不决。

11. 卓尔不群：指才德超出常人，与众不同。（易误用为形容人的性格孤傲，难以与周围人相处）

12. 日月不淹：日月飞快地运转，一刻也不停留，形容时间过得很快。

13. 楚楚可怜：形容女子娇弱的样子。

14. 坚如磐石：像大石头一样坚固，比喻不可动摇。

15. 去日苦多：已经过去的日子太多了，用于感叹光阴易逝之语。

16. 天下归心：形容天下老百姓心悦诚服。

17. 少长咸集：年少的、年长的都聚集在了一起。

18. 群贤毕至：很多有才能的人都来了。

19. 曲水流觞：古民俗，每年农历三月在弯曲的水流旁设酒杯，流到谁面前，谁就取下来喝，可以除去不吉利。

20. 情随事迁：情况变了，思想感情也随着起了变化。

21. 游目骋怀：纵目四望，开阔心胸。

22. 放浪形骸：指行动不受世俗礼节的束缚。

23. 感慨系之：有所感触，慨叹不已。

24. 沧海一粟：大海里的一颗谷粒，形容物体非常渺小。

25. 正襟危坐：使衣襟端正，使身子端正，这里是使动用法。形容人物严肃或拘谨的样子。

26. 遗世独立：脱离社会，独自生活，不跟别人往来。

27. 不绝如缕：像细线一样连着，差点就断了，多用来形容局势危急或声音细微悠长。

28. 杯盘狼藉：形容宴饮后桌上凌乱的样子。

29. 如泣如诉：好像在哭泣，又像在诉说，形容声音悲切。

30. 余音袅袅：形容音乐悦耳动听，令人沉醉。

31. 终南捷径：指求名利的最近便门路，也比喻达到目的的便捷途径。

32. 容有底止：底止，深的意思；容：或许。或许能很深。

33. 责无旁贷：自己应尽的责任，不能推卸给旁人。

34. 旁稽博采：从多方面考察、吸收各家长处。

35. 骇人听闻：使人听了感到非常震惊。

36. 义愤填膺：由不义的人和事所激起的愤怒感情充满胸膛。

37. 安之若素：对于困危境地或异常情况，一如平常，泰然处之。

38. 心急如焚：心里急得像着了火一样，形容内心焦急万分。

39. 无济于事：对事情没有帮助，指解决不了问题。

40. 空头支票：无法生效的支票，比喻不能实现的诺言。

41. 不言而喻：不用说什么就能明白。

42. 息息相关：呼吸相关联，比喻关系密切。

43. 休戚相关：休，喜悦、吉利；戚，忧愁、悲哀。形容关系密切，利害相关。

44. 休戚与共：忧患祸福彼此共同承担。

45. 豁然开朗：形容由狭窄阴暗突然变为开阔敞亮，也比喻心里突然悟出道理而感觉明朗。

46. 浅尝辄止：只略微尝试一下就停止，比喻做事不深入。

47. 坚韧不拔：形容意志坚强，有毅力，毫不动摇。

48. 卓有成效：卓，特别突出，卓越。指很有成绩、效果。

必修三

1. 谨小慎微：过分小心谨慎，缩手缩脚，不敢放手去做。

2. 寄人篱下：依附于他人篱笆下，比喻依附别人生活。

3. 小家碧玉：旧时指小户人家美丽的年轻女子。

4. 入不敷出：收入不够支出。

5. 横七竖八：有的横，有的竖，杂乱无章，形容纵横杂乱。

6. 吞吞吐吐：想说，但又不痛痛快快地说，形容说话有顾虑。

7. 沸反盈天：声音像水开锅一样沸腾翻滚，充满了空间。形容人声喧闹，乱成一片。

8. 为所欲为：本指做自己想做的事，后指想干什么就干什么。

9. 遍体鳞伤：浑身受伤，伤痕像鱼鳞一样密。形容受伤很重。

10. 皮开肉绽：皮肉都裂开了。形容伤势严重，多指受残酷拷打。

11. 胆战心惊：形容十分害怕。

12. 喜出望外：由于没有想到的好事而非常高兴。

13. 地崩山摧：土地崩裂，山岭倒塌，多形容巨大变故。

14. 一夫当关万夫莫开：意思是山势又高又险，一个人把着关口，一万个人也打不进来，形容地势十分险要。

15. 磨牙吮血：磨利牙齿，吮吸鲜血，多形容像野兽一样嗜杀。

16. 杀人如麻：杀死的人多得像乱麻，形容杀的人多得数不清。

17. 千呼万唤：指呼唤多次，再三催促，形容不轻易出面。

18. 窃窃私语：指在暗中小声说话。

19. 珠盘玉落：形容乐器弹奏的声音清脆悦耳，十分动听。

20. 整衣敛容：现指整理衣服，收起笑容，脸色严肃起来。

21. 秋月春风：比喻良辰佳景、美好岁月。

22. 暮去朝来：比喻时间过得很快。

23. 门前冷落：形容来来往往的人极少。也作"门庭冷落"。

24. 杜鹃啼血：本指杜鹃啼鸣，形容鸟类啼声的悲苦。

25. 司马青衫：司马的衣衫都被泪水浸湿了，形容十分悲伤。

26. 弃甲曳兵：形容打败仗逃跑时的狼狈相。

27. 五十步笑百步：后泛用以比喻缺点或错误的性质相同，只有情节或轻或重的区别。

28. 祸起萧墙：指祸乱发生在家里，比喻内部发生祸乱。

29. 锲而不舍：不断地镂刻，比喻有恒心，有毅力。

30. 席卷天下：形容力量强大，控制了全国

31. 包举宇内：并吞天下，占有一切。

32. 囊括四海：比喻统统包罗在内。指统一全国。

33. 追亡逐北：追击败走的敌军。

34. 因利乘便：凭借有利的形势。

35. 云集响应：大家迅速集合在一起，表示赞同和支持。
36. 斩木揭竿：砍削树木当兵器，举起竹竿作军旗，比喻武装起义。
37. 深谋远虑：指计划得很周密，考虑得很长远。
38. 同日而语：犹言相提并论。把不同的人或不同的事放在一起谈论或看待。
39. 瓮牖绳枢：破瓮做窗，绳作门轴，比喻贫穷人家。
40. 畏葸不前：畏惧退缩，不敢前进。

必修四

1. 开柙出虎：原指负责看管的人未尽责任，后多比喻放纵坏人。
2. 虎兕出柙：虎、兕从木笼中逃出，比喻恶人逃脱，主管者应负责任。
3. 既来之，则安之：原意是既然把他们招抚来，就要把他们安顿下来。后指既然来了，就要在这里安下必来。
4. 分崩离析：崩塌解体，四分五裂，形容国家或集团分裂瓦解。
5. 祸起萧墙：指祸乱发生在家里，比喻内部发生祸乱。
6. 走投无路：无路可走。比喻处境非常困难。
7. 饿殍遍野：饿死的人到处都是。
8. 耳熟能详：指听得多了，能够说得很清楚、很详细。
9. 庸人自扰：指本来没有事，自己瞎着急或自找麻烦。
10. 来龙去脉：本指山脉的走势和去向。现比喻一件事的前因后果。
11. 坚忍不拔：形容在艰苦困难的情况下意志坚定，毫不动摇。
12. 永垂不朽：指光辉的事迹和伟大的精神永远流传，不会磨灭。
13. 雷霆万钧：形容威力极大，无法阻挡。
14. 迎刃而解：原意是说，劈竹子时，头上几节一破开，下面的顺着刀口自己就裂开了。比喻处理事情、解决问题很顺利。
15. 兢兢业业：形容做事谨慎、勤恳。
16. 天伦之乐：泛指家庭的乐趣。
17. 咀嚼鉴赏：细细品味和欣赏。
18. 无济于事：对事情没有什么帮助或益处。比喻不解决问题。
19. 摇摇欲坠：形容十分危险，很快就要掉下来，或不稳固，很快就要垮台。
20. 扬眉吐气：扬起眉头，吐出怨气。形容摆脱了长期受压状态后高兴痛快的样子。

21. 大放厥词：原指铺张辞藻或畅所欲言。现用来指大发议论。

22. 语焉不详：指虽然提到了，但说得不详细。

23. 一帆风顺：船挂着满帆顺风行驶。比喻非常顺利，没有任何阻碍。

24. 不可思议：①佛家语。指思维和言语所不能达到的微妙境界。道教也借用此语。②形容事物无法想象或难以理解。

25. 筋疲力尽：形容非常疲乏，一点力气也没有了。

26. 恫瘝在抱：把人民的疾苦放在心里。

27. 无忧无虑：没有一点忧愁和顾虑。

28. 遮天蔽日：遮蔽天空和太阳。形容事物体积庞大、数量众多或气势盛大。

29. 白头偕老：夫妻相亲相爱，一直到老。

30. 恻隐之心：形容对人寄予同情。

31. 忐忑不安：心神极为不安。

32. 兴高采烈：原指文章志趣高尚，言辞犀利，后多形容兴致高，精神饱满。

33. 慢条斯理：原指说话做事有条有理，不慌不忙。现也形容说话做事慢腾腾，不慌不忙。

34. 提心吊胆：形容十分担心或害怕。

35. 奋不顾身：奋勇向前，不考虑个人安危。

36. 物华天宝：指各种珍美的宝物。

37. 人杰地灵：指有杰出的人降生或到过，其地也就成了名胜之区。

38. 高朋满座：形容宾客很多。

39. 命途多舛：形容在人生道路上历经坎坷，屡遭磨难。

40. 冯唐易老：汉冯唐身历三朝，至武帝时，举为贤良，但唐已九十余岁，不能再做官了。

41. 画栋珠帘：形容房屋装备的华丽。

42. 李广难封：汉名将李广部下因军功而封侯的人很多，而李广本人抗击匈奴，战功显赫，却不见封侯。后以"李广未封"、"李广不侯"、"李广难封"慨叹功高不爵，命运多舛。

43. 老当益壮：年纪虽老而志气更旺盛，干劲更足。

44. 东隅已逝：早年的时光消逝，如果珍惜时光，发愤图强，晚年并不晚。

45. 各抒己见：各人充分发表自己的意见。

46. 艰苦卓绝：坚忍刻苦的精神超过寻常。

47. 充耳不闻：塞住耳朵不听，形容有意不听别人的意见。

48. 置之不理：放在一边，不理不睬。

49. 虚无缥缈：形容空虚渺茫。

50. 袖手旁观：把手笼在袖子里，在一旁观看。比喻置身事外，既不过问，也不协助别人。

51. 自得其乐：自己能从中得到乐趣。

52. 不屑一顾：认为不值得一看，形容极端轻视。

必修五

1. 忍无可忍：再也忍受不下去了。

2. 逼上梁山：比喻被迫起来反抗，现也比喻被迫采取某种行动。

3. 垂头丧气：形容因失败或不顺利而情绪低落、萎靡不振的样子。

4. 没精打采：形容精神不振，提不起劲头。

5. 张冠李戴：比喻弄错了对象或弄错了事实。

6. 平心静气：心情平和，态度冷静。

7. 理所当然：按道理应当这样。

8. 正大光明：心怀坦白，言行正派。

9. 信口开河：随口乱说一气。

10. 深恶痛绝：厌恶、痛恨到了极点。

11. 胜友如云：才智出众的朋友们云集一处。

12. 不即不离：不靠近也不分离。

13. 腾蛟起凤：像蛟龙腾越，凤凰起舞。比喻文辞奇巧优美，才华横溢。

14. 钟鸣鼎食：吃饭时，奏乐列鼎。形容贵族和富贵人家豪华奢侈的生活。

15. 云销雨霁：云消雨散。指满天的云雨顿时消散，形容已经逝去的一切都不会再回来了。

16. 响遏行云：声音高入云霄，把浮动着的云彩也阻止了。形容歌声嘹亮有力，悦耳动听。

17. 天高地迥：迥，遥远。形容天地之间广阔无边。

18. 兴尽悲来：高兴的劲儿过去了，使人悲苦的事又来了。

19. 萍水相逢：萍：在水面上浮生的一种蕨类植物，随水漂泊，聚散不定。浮萍在水里偶然相遇。比喻从来不相识的人偶然相遇。

20. 锱铢必较：对极小的事都计较。

21. 穷且益坚：也作"穷当益坚"。穷：不得志。益：更加。处境困难而意志应当更加坚定。

22. 涸辙之鲋：涸：水干，枯竭。辙：车辙。鲋：鲫鱼。干枯的车辙里的鲫鱼。比喻处于困境急待救援的人。

23. 失之东隅，收之桑榆：东隅：东方，日出处，指早上。桑榆：西方：日落时，余光落在桑树和榆树之间；指晚上。早上有所失，晚上则有所得。比喻这个时候失败了，另一个时候得到补偿。

24. 一介书生：一介，一个，旧时读书人自称，或对一般读书人的雅称。

25. 投笔从戎：投，扔掉，放弃。笔，笔杆子，指文墨生涯。从戎：参军。指弃文就武，放弃文墨生涯去参加军队。

26. 高山流水：原指含蓄在古琴曲里的两种喻义。后用以比喻知音或知己。

27. 盛筵难再：盛：盛大；筵：筵席。盛大的筵席难以再得。

28. 陆海潘江：陆、潘指晋朝的文学家陆机、潘岳。本是称颂陆机和潘岳文才很高，后用以称颂学识渊博，才华横溢的人。

29. 鹏程万里：相传鹏鸟能飞万里路程，比喻前程远大。

30. 不近人情：不合乎人的常情，也指性情或言行怪僻。

31. 扶摇直上：形容上升很快，比喻仕途得意。

33. 孤苦伶仃：孤独困苦，无依无靠。

33. 茕茕孑立：孤独无依的样子。

34. 形影相吊：只有自己的身子和影子在一起互相慰问，形容非常孤单，没有伴侣。

35. 日薄西山：太阳接近西山，比喻人已经衰老或事物衰败腐朽，临近死亡。

36. 气息奄奄：形容人即将断气、死亡的样子，也比喻事物衰败没落，即将灭亡。

37. 朝不谋夕：早晨不能知道晚上会变成什么样子或发生什么情况，形容形势危急，难以预料。

38. 结草衔环：亦作"衔环结草"，原是古代两个受恩报答的故事，比喻感恩报德，至死不忘。

39. 皇天后土：古人对天地的尊称，旧时迷信天地能主持公道，主宰万物。

40. 人命危浅：指人的寿命不长了，随时都会死亡。

41. 咬文嚼字：形容过分地斟酌字句，多指死抠字眼而不注意精神实质。

42. 学富五车：形容读书多，学识丰富。

43. 才高八斗：比喻人极有才华。

44. 心有余悸：危险的事情虽然过去了，回想起来心里还害怕。

45. 流毒无穷：比喻祸害非常严重的事物。

46. 得鱼忘筌：筌是用来捕鱼的，得了鱼，就忘了筌。比喻达到目的后就忘了原来的凭借。

47. 熟能生巧：熟练了就能掌握技巧或窍门。

48. 游刃有余：比喻技术熟练，经验丰富，解决问题毫不费力。

高考语文高中课标必背 14 篇理解性默写全覆盖

1 劝学

荀子

君子曰：学不可以已。

青，取之于蓝，而青于蓝；冰，水为之，而寒于水。木直中（zhòng）绳，𫐓（róu）以为轮，其曲中规。虽有槁（gǎo）暴（pù），不复挺者，𫐓使之然也。故木受绳则直，金就砺则利，君子博学而日参省（xǐng）乎己，则知明而行无过矣。

吾尝终日而思矣，不如须臾之所学也；吾尝跂（qǐ）而望矣，不如登高之博见也。登高而招，臂非加长也，而见者远；顺风而呼，声非加疾也，而闻者彰。假舆马者，非利足也，而致千里；假舟楫者，非能水也，而绝江河。君子生（xìng）非异也，善假于物也。

积土成山，风雨兴焉；积水成渊，蛟龙生焉；积善成德，而神明自得，圣心备焉。故不积跬（kuǐ）步，无以至千里；不积小流，无以成江海。骐骥（jì）一跃，不能十步；驽马十驾，功在不舍。锲而舍之，朽木不折；锲而不舍，金石可镂。蚓无爪牙之利，筋骨之强，上食埃土，下饮黄泉，用心一也。蟹六跪而二螯，非蛇鳝之穴无可寄托者，用心躁也。

【本篇理解性默写】

1. 在《劝学》中,"吾尝终日而思矣,不如须臾之所学也"两句强调了整天空想不如学习收获大的道理。

2. 《劝学》中,"故木受绳则直,金就砺则利",通过"木"与"金"的变化来进一步说明客观事物经过人工改造,可以改变原来的状况。

3. 《孟子·告子上》:"虽有天下易生之物也,一日暴之,十日寒之,未有能生者也。荀子在《劝学》中也有相似的说法,只是用马来做比喻的,这句是:骐骥一跃,不能十步;驽马十驾,功在不舍。

4. 《荀子·劝学》阐述君子广泛地学习并每天省察自己,在行为上就会没有错误的名句是:君子博学而日参省乎己,则知明而行无过矣。

5. 荀子认为人的知识、道德、才能是通过后天不断广泛学习获得的。"金"要锋利,需"就砺";人要改造成为"知明而行无过矣"的君子,就要"博学而日参省乎己",可见,学习的意义是十分重大的。

6. 《劝学》中的"君子生而异也"是说君子的天赋本性跟其他人并没有什么不同,然而学识却超过一般人,是因为"善假于物也",说明了善于利用客观条件弥补自身不足的道理。

7. 《荀子·劝学》中阐明君子的本性跟一般人没什么不同,只是君子善于借助外物罢了的句子是:"君子生非异也,善假于物也。"

8. 荀子在《劝学》中妙用"锲而不舍,金石可镂"的譬喻,正面阐明学习的态度,强调持之以恒方能获得成功。

9. 荀子在《劝学》中用对比的手法说明"学"与"思"关系的名句是:吾尝终日而思矣,不如须臾之所学也。

10. 儒道两家都曾用行路形象地来论述积累的重要性,《老子》中说"九层之台,起于累土,千里之行,始于足下。"荀子《劝学》中说"故不积跬步,无以至千里;不积小流,无以成江海。

11. 《荀子·劝学》以蚯蚓为例,论证了为学必须锲而不舍,坚持不懈;同篇中与之相反的例证是:蟹六跪而二螯,非蛇鳝之穴无可寄托者,用心躁也。

12. 荀子《劝学》写到,与蚯蚓相比,螃蟹虽然具有天生的优势,但因为浮躁,结果"非蛇鳝之穴无可寄托者"。

13. 荀子的《劝学》中用比喻手法,正面强调学习必须专一的一句是:蚓无爪牙之利,筋骨之强,上食埃土,下饮黄泉,用心一也。

14. 《劝学》用"故"归纳的上文内容是：木直中绳，以为轮，其曲中规。虽有槁暴，不复挺者，𫐓使之然也。又用"木受绳则直，金就砺则利"两个比喻进行论证，进而推论出人必须通过学习和参省才能达到"知明而行无过"的境地。

15. 韩愈《师说》中说的"弟子不必不如师，师不必贤于弟子"，与《荀子·劝学》指出的"青，取之于蓝，而青于蓝"的观点是相同的。

16. 《劝学》用博喻的方式强调学习必须日积月累，持之以恒，其中用雕刻作比来正反面说明坚持作用的句子是：锲而舍之，朽木不折；锲而不舍，金石可镂。

17. 《劝学》用行路乘船的比喻说明君子善于通过学习来弥补自己不足的句子是：假舆马者，非利足也，而致千里；假舟楫者，非能水也，而绝江河。

18. 《劝学》用生活中登高望远顺风声彰的例子说明君子善于通过学习来弥补自己不足的句子是：吾尝跂而望矣，不如登高之博见也。登高而招，臂非加长也，而见者远；顺风而呼，声非加疾也，而闻者彰。

2 逍遥游

（战国）庄周

北冥有鱼，其名为鲲（kūn）。鲲之大，不知其几千里也；化而为鸟，其名为鹏。鹏之背，不知其几千里也；怒而飞，其翼若垂天之云。是鸟也，海运则将徙于南冥，——南冥者，天池也。《齐谐》者，志怪者也。《谐》之言曰："鹏之徙于南冥也，水击三千里，抟（tuán）扶摇而上者九万里，去以六月息者也。"野马也，尘埃也，生物之以息相吹也。天之苍苍，其正色邪？其远而无所至极邪？其视下也，亦若是则已矣。且夫水之积也不厚，则其负大舟也无力。覆杯水于坳（ào）堂之上，则芥为之舟，置杯焉则胶，水浅而舟大也。风之积也不厚，则其负大翼也无力。故九万里，则风斯在下矣，而后乃今培风；背负青天，而莫之夭阏（è）者，而后乃今将图南。蜩（tiáo）与学鸠笑之曰："我决（xuè）起而飞，抢榆枋而止，时则不至，而控于地而已矣，奚以之九万里而南为？"适莽苍者，三餐而反,腹犹果然;适百里者,宿舂(chōng)粮;适千里者,三月聚粮。之二虫又何知!

小知(zhì)不及大知,小年不及大年。奚以知其然也?朝(zhāo)菌不知晦朔,蟪蛄(huì gū)不知春秋,此小年也。楚之南有冥灵者,以五百岁为春,五百岁为秋;上古有大椿者,以八千岁为春,八千岁为秋,此大年也。而彭祖乃今以久特闻,众人匹之,不亦悲乎!汤之问棘也是已。穷发之北,有冥海者,天池也。有鱼焉,其广数千里,未有知其修者,其名为鲲。有鸟焉,其名为鹏,背若泰山,翼若垂天之云,抟扶摇羊角而上者九万里,绝云气,负青天,然后图南,且适南冥也。斥鴳(yàn)笑之曰:"彼且奚适也?我腾跃而上,不过数仞而下,翱翔蓬蒿之间,此亦飞之至也。而彼且奚适也?"此小大之辩也。

故夫知效一官,行比一乡,德合一君,而征一国者,其自视也,亦若此矣。而宋荣子犹然笑之。且举世誉之而不加劝,举世非之而不加沮,定乎内外之分,辩乎荣辱之境,斯已矣。彼其于世,未数(shuò)数然也。虽然,犹有未树也。夫列子御风而行,泠(líng)然善也,旬有五日而后反。彼于致福者,未数数然也。此虽免乎行,犹有所待者也。若夫乘天地之正,而御六气之辩,以游无穷者,彼且恶(wū)乎待哉?故曰:至人无己,神人无功,圣人无名。

【本篇理解性默写】

1.《逍遥游》中,在全文的结构上起承上启下作用的句子是:<u>小知不如大知,小年不知大年</u>。

2.《逍遥游》中庄子认为修养最高的人应该达到的境界的三句是:<u>至人无己,神人无功,圣人无名</u>。

3.《逍遥游》中,写宋荣子看淡了世间的荣辱,不会因为外界的评价而更加奋勉或沮丧的句子是:<u>且举世誉之而不加劝,举世非之而不加沮</u>。

4.《逍遥游》中描绘的鲲鹏体形硕大无比,变化神奇莫测,奋飞时双翼遮天蔽日,激起的水花达三千里,奋飞直上九万里的高空。即使是如此,在作者看来也并非逍遥,因为它依然有所待,如:"<u>水击三千里,抟扶摇而上者九万里,去以六月息者也</u>。"

5. 《庄子·逍遥游》中以"朝菌"和"蟪蛄"为例来说明"小年"一词的两句是：朝菌不知晦朔，蟪蛄不知春秋。

6. 《逍遥游》中写宋荣子看淡了世间的荣辱，不会因为外界的评价而改变自己是因为"定乎内外之分，辩乎荣辱之境"。

7. 《逍遥游》中用"我决起而飞，抢榆枋而止，时则不至，而控于地而已矣，奚以之九万里而南为？"写到了蜩与学鸠的自我满足并对大鹏不以为然的态度。

8. 《逍遥游》中写鹏的翼之大，能借助羊角风而上青天的句子是：翼若垂天之云，抟扶摇羊角而上者九万里。

9. 《逍遥游》中斥鴳用自己的飞翔经历和境界去否定大鹏的几句是：我腾跃而上，不过数仞而下，翱翔蓬蒿之间，此亦飞之至也，彼且奚适也？

10. 《逍遥游》中认为"若夫乘天地之正，而御六气之辩"的人才能遨游在无穷无尽的境界中，而无须有所待。

11. 作者举现实生活中的很小的事物也需要依凭外物的实例，形象地说明任何事物都有所凭借的句子是：野马也，尘埃也，生物之以息相吹也。

12. 举现实生活中的实例，通过舟的浮动对水的依赖性，从而得出结论来说明大鹏鸟的飞翔对风的依赖性的句子是：风之积也不厚，则其负大翼也无力。

13. 庄子在从奇妙莫测的描写后接着以现实社会的四种人的具体描述，他们分别能"效""比""合""征"，但却以世俗之见自视，以出类拔萃的佼佼者自居，作为人生的境界，他们也仅仅是斥鴳翱翔于蓬蒿之间罢了。并未入道，没有达到真正的"逍遥"。文中描写四种人的句子分别是：（故夫）知效一官，行比一乡，德合一君，而征一国者。

14. 文中对天空的颜色成因进行了探寻，并发出疑问的两句是：其正色邪？其远而无所至极邪？

15. 文中写当大鹏奋起而飞的时候，那展开的双翅就像天边的云的两句是：怒而飞，其翼若垂天之云。

16. 庄子《逍遥游》中表明列子虽然能御风而行，可是还有局限的，这两句是：此虽免乎行，犹有所待也。

17. 《逍遥游》中指出"且夫水之积也不厚，则其负大舟也无力"，就像倒在堂前洼地的一杯水，无法浮起一个杯子一样，原句是：覆杯水于坳堂之上，则芥为之舟，置杯焉则胶，水浅而舟大也。

18.《逍遥游》中庄子指出宋荣子能够将世人的"誉"和"非"置之度外，就已经达到了一种"定乎内外之分，辩乎荣辱之境"的境界，但他仍然未达到逍遥游的真正境界，即"<u>彼其于世</u>，<u>未数数然也</u>。<u>虽然</u>，<u>犹有未树也</u>"。

19. 李白年轻时胸怀大志，他在《上李邕》一诗中以大鹏自喻："大鹏一日同风起，扶摇直上九万里。"他的这两句诗源自庄子《逍遥游》里的句子："<u>鹏之徙于南冥也</u>，<u>水击三千里</u>，<u>抟扶摇而上者九万里</u>，<u>去以六月息者也</u>。"

20.《庄子·逍遥游》中以"朝菌"和"蟪蛄"为例来说明"小年"，而用冥灵和大椿说明"大年"，原文是：<u>楚之南有冥灵者</u>，<u>以五百岁为春</u>，<u>五百岁为秋</u>；<u>上古有大椿者</u>，<u>以八千岁为春</u>，<u>八千岁为秋</u>。

21. 庄子《逍遥游》以出行备粮为喻，形象地阐明了"有待有大小"的观点，这个比喻是：<u>适莽苍者</u>，<u>三餐而反</u>，<u>腹犹果然</u>；<u>适百里者</u>，<u>宿舂粮</u>；<u>适千里者</u>，<u>三月聚粮</u>。

22. 庄子《逍遥游》共有两次描写鲲鹏，第一次引用《齐谐》的记载：<u>北冥有鱼</u>，<u>其名为鲲</u>。<u>鲲之大</u>，<u>不知其几千里也</u>；<u>化而为鸟</u>，<u>其名为鹏</u>。<u>鹏之背</u>，<u>不知其几千里也</u>。第二次引述成汤问棘的故事：<u>穷发之北</u>，<u>有冥海者</u>，<u>天池也</u>。<u>有鱼焉</u>，<u>其广数千里</u>，<u>未有知其修者</u>，<u>其名为鲲</u>。<u>有鸟焉</u>，<u>其名为鹏</u>，<u>背若泰山</u>，<u>翼若垂天之云</u>，<u>抟扶摇羊角而上者九万里</u>，<u>绝云气</u>，<u>负青天</u>，<u>然后图南</u>，<u>且适南冥也</u>。

3 师说

（唐）韩愈

<u>古之学者必有师</u>。<u>师者</u>，<u>所以传道受业解惑也</u>。<u>人非生而知之者</u>，<u>孰能无惑</u>？<u>惑而不从师</u>，<u>其为惑也</u>，<u>终不解矣</u>。<u>生乎吾前</u>，<u>其闻道也固先乎吾</u>，<u>吾从而师之</u>；<u>生乎吾后</u>，<u>其闻道也亦先乎吾</u>，<u>吾从而师之</u>。<u>吾师道也</u>，<u>夫庸知其年之先后生于吾乎</u>？<u>是故无贵无贱</u>，<u>无长无少</u>，<u>道之所存</u>，<u>师之所存也</u>。

<u>嗟乎</u>！<u>师道之不传也久矣</u>！<u>欲人之无惑也难矣</u>！<u>古之圣人</u>，<u>其出人也远矣</u>，<u>犹且从师而问焉</u>；<u>今之众人</u>，<u>其下圣人也亦远矣</u>，<u>而耻学于师</u>。<u>是故圣益圣</u>，<u>愚益愚</u>。<u>圣人之所以为圣</u>，<u>愚人之所以为愚</u>，

其皆出于此乎？爱其子，择师而教之；于其身也，则耻师焉，惑矣。彼童子之师，授之书而习其句读（dòu）者，非吾所谓传其道解其惑者也。句读之不知，惑之不解，或师焉，或不（fǒu）焉，小学而大遗，吾未见其明也。巫医乐师百工之人，不耻相师。士大夫之族，曰师曰弟子云者，则群聚而笑之。问之，则曰："彼与彼年相若也，道相似也，位卑则足羞，官盛则近谀（yú）。"呜呼！师道之不复，可知矣。巫医乐师百工之人，君子不齿，今其智乃反不能及，其可怪也欤！

圣人无常师。孔子师郯（tán）子、苌（cháng）弘、师襄、老聃（dān）。郯子之徒，其贤不及孔子。孔子曰：三人行，则必有我师。是故弟子不必不如师，师不必贤于弟子，闻道有先后，术业有专攻，如是而已。

李氏子蟠，年十七，好古文，六艺经传（zhuàn）皆通习之，不拘于时，学于余。余嘉其能行古道，作《师说》以贻（yí）之。

【本篇理解性默写】

1.《荀子·劝学》中指出："青，取之于蓝，而青于蓝。"这与韩愈《师说》中所表达的"是故弟子不必不如师，师不必贤于弟子"的观点是相同的。

2. 韩愈在《师说》中用"位卑则足羞，官盛则近谀"表现出当时的士大夫以地位为标准，耻于从师的心理。

3. 中国是一个有着尊师传统的国家，韩愈在《师说》中指出教师作用的一句是："师者，所以传道受业解惑也。"

4. 在《师说》中，韩愈所指的老师和教小孩子读书的老师是不一样的，即"彼童子之师，授之书而习其句读者，非吾所谓传其道解其惑者也"。

5.《师说》中，强调了从师是为了学道，和人的年龄大小无关的两句是："吾师道也，夫庸知其年之先后生于吾乎？"

6. 韩愈在《师说》中说从师与年纪无关，比自己年纪大的人，闻道在自己之先，要以之为师；而"生乎吾后，其闻道也亦先乎吾，吾从而师之"。

7. 韩愈在《师说》中认为"学了小的（句读之事）方面而丢了大的（道、业）方面的这类人是不明智的"这一观点的两句是"小学而大遗，吾未见其明也"。

8. 韩愈在《师说》中用对比手法揭示了古代圣人和时下一般人形成巨大

差距的原因。古代圣人在自身已很优秀的前提下还不断学习,而时下一般人"其下圣人也亦远矣,而耻学于师"。

9. 韩愈在《师说》中慨叹,因士大夫之族与巫医乐师百工之人对待从师学习的态度不同,产生了一种出人意料的结果:"巫医乐师百工之人,君子不齿,今其智乃反不能及,其可怪也欤!"

10. 韩愈《师说》中说明自己写这篇文章是为了赞扬李蟠能行古人从师之道的句子是:"好古文,六艺经传皆通习之,不拘于时,学于余。"

11. 韩愈在《师说》中表达自己写作目的的两句是余嘉其能行古道,作《师说》以贻之。

12. 韩愈在《师说》中阐述择师的标准的句子是:"道之所存,师之所存也。"

13. 《论语》中有"三人行则必有我师焉",韩愈在《师说》中引用了此语是:"三人行,则必有我师。"

14. 《师说》中说人都会有疑惑,因此不从师而问,这些疑惑始终不会解答的句子是:"人非生而知之者,孰能无惑?惑而不从师,其为惑也,终不解矣。"

15. 圣人更加明智,一般人更为愚钝,都是对待从师而问的不同态度造成的。因此韩愈说:"是故圣益圣,愚益愚。圣人之所以为圣,愚人之所以为愚,其皆出于此乎?"

16. 有些人碍于面子不从师学习,但会对子女教育很重视,这是很糊涂的,对这些人韩愈这样说:"爱其子,择师而教之;于其身也,则耻师焉,惑矣。"

17. 韩愈在《师说》中强调,老师和弟子也可以互相学习,因为:"闻道有先后,术业有专攻,如是而已。"

18. 韩愈在《师说》中感慨,不耻相师的风气消失得已经很久了,人们已经不习惯从师解惑了,他这样说:"嗟乎!师道之不传也久矣!欲人之无惑也难矣。"

19. 韩愈在《师说》中批评士大夫耻于相师风气时,赞扬了巫医乐师等人的互相学习之风,说他们:"巫医乐师百工之人,不耻相师。"

20. 韩愈在《师说》中形象描绘了士大夫之族耻于相师行为,说他们:"士大夫之族,曰师曰弟子云者,则群聚而笑之。"

21. 韩愈认为,不了解句读而从事学习,但更主要解决疑惑却不从师,这是本末倒置的行为，原文这样说："句读之不知，惑之不解，或师焉，或不焉。"

22. 孔子作为圣人仍然要从师学习，韩愈在《师说》列举了孔子的老师，并进一步说明："郯子之徒，其贤不及孔子。"

4 阿房宫赋

（唐）杜牧

六王毕，四海一，蜀山兀，阿（ē）房出。覆压三百余里，隔离天日。骊山北构而西折，直走咸阳。二川溶溶，流入宫墙。五步一楼，十步一阁；廊腰缦回，檐牙高啄；各抱地势，钩心斗角。盘盘焉，囷囷（qūnqūn）焉，蜂房水涡，矗不知其几千万落。长桥卧波，未云何龙？复道行空，不霁何虹？高低冥迷，不知西东。歌台暖响，春光融融；舞殿冷袖，风雨凄凄。一日之内，一宫之间，而气候不齐。

妃嫔媵嫱（yìngqiáng），王子皇孙，辞楼下殿，辇（niǎn）来于秦。朝歌夜弦，为秦宫人。明星荧荧，开妆镜也；绿云扰扰，梳晓鬟也；渭流涨腻，弃脂水也；烟斜雾横，焚椒兰也。雷霆乍惊，宫车过也；辘辘远听，杳不知其所之也。一肌一容，尽态极妍，缦立远视，而望幸焉。有不见者，三十六年。燕赵之收藏，韩魏之经营，齐楚之精英，几世几年，剽（piāo）掠其人，倚叠如山。一旦不能有，输来其间。鼎铛（chēng）玉石，金块珠砾，弃掷逦迤（lǐyǐ），秦人视之，亦不甚惜。

嗟乎！一人之心，千万人之心也。秦爱纷奢，人亦念其家。奈何取之尽锱铢（zī zhū），用之如泥沙？使负栋之柱，多于南亩之农夫；架梁之椽，多于机上之工女；钉头磷磷，多于在庾（yǔ）之粟粒；瓦缝参差，多于周身之帛缕；直栏横槛，多于九土之城郭；管弦呕哑，多于市人之言语。使天下之人，不敢言而敢怒。独夫之心，日益骄固。戍卒叫，函谷举，楚人一炬，可怜焦土！

呜呼！灭六国者六国也，非秦也；族秦者秦也，非天下也。嗟乎！使六国各爱其人，则足以拒秦；使秦复爱六国之人，则递三世可至万世而为君，谁得而族灭也？秦人不暇自哀，而后人哀之；后人哀之而不鉴之，亦使后人而复哀后人也。

【本篇理解性默写】

1. 不吸取经验教训就会重蹈覆辙。杜牧在《阿房宫赋》中借秦的灭亡向当朝统治者敲响警钟的句子是："后人哀之而不鉴之，亦使后人而复哀后人也。"

2. 《阿房宫赋》中，总括秦的纷奢是建立在对人民的剥削和掠夺之上的，并且挥霍无度，将剥削来的钱财像泥沙一样浪费掉，给人民带来深重的灾难，揭露秦的自私无道的语句是："奈何取之尽锱铢，用之如泥沙？"

3. 《阿房宫赋》中，"明星荧荧，开妆镜也"两句运用倒置式的暗喻，以璀璨晶亮的明星来比喻纷纷打开的妆镜，既贴切又形象。

4. 《阿房宫赋》中，写秦始皇迅即垮台的句子是："戍卒叫，函谷举，楚人一炬，可怜焦土！"

5. 《阿房宫赋》中，从最普遍的民心人性的角度，说明人心没有区别，都追求幸福快乐、都挂念家小，对秦统治者的残民以自肥做了有力的抨击的语句是："（嗟乎！）一人之心，千万人之心也。秦爱纷奢，人亦念其家。"

6. 《阿房宫赋》中作者泼墨写意，粗笔勾勒，言阿房宫占地之广，状其楼阁之高的句子是："覆压三百余里，隔离天日。"

7. 《阿房宫赋》中，将阿房宫中的乐声与市井言语作对比的句子是："管弦呕哑，多于市人之言语。"

8. 杜牧的《阿房宫赋》中用"鼎铛玉石，金块珠砾"两个四字短语，写出了秦统治者的奢侈，他们对六国的金银珠宝毫不珍惜："弃掷逦迤，秦人视之，亦不甚惜。"

9. 杜牧在《阿房宫赋》中指出了秦和六国的灭亡原因："（呜呼）！灭六国者六国也，非秦也；族秦者秦也，非天下也。"

10. 杜牧《阿房宫赋》中说明阿房宫从骊山北边建起，折而向西，一直通到咸阳，渭水和樊川两条大河从宫中穿过的句子是："骊山北构而西折，直走咸阳。二川溶溶，流入宫墙。"

11. 杜牧的《阿房宫赋》中描写阿房宫的结局是被项羽一把火烧掉的句子是："楚人一炬，可怜焦土。"

12. 杜牧《阿房宫赋》一文用阿房宫中歌舞给人感受写出宫殿繁多占地广大的两句是："歌台暖响，春光融融；舞殿冷袖，风雨凄凄。"

13. 秦灭六国，结束长年征战，这是对历史的贡献，但本该休养生息的时候，秦王却大兴土木，这在《阿房宫赋》是这样写的："六王毕，四海一，蜀山兀，阿房出。"

14.《阿房宫赋》对精巧的长桥和复道是这样描绘的："长桥卧波，未云何龙？复道行空，不霁何虹？"

15.《阿房宫赋》对楼、阁、廊、檐描写的句子是："五步一楼，十步一阁；廊腰缦回，檐牙高啄；各抱地势，钩心斗角。"

16.《阿房宫赋》以俯视的视角对宫殿群整体描绘的句子是："盘盘焉，囷囷焉，蜂房水涡，矗不知其几千万落。"

17.《阿房宫赋》以夸张的手法突出表现阿房宫占地广大，以致地理温度都有了差异的句子是："一日之内，一宫之间，而气候不齐。"

18.《阿房宫赋》以观察者的口吻描述在繁多密集、高低错落建筑群中的感受的句子是："高低冥迷，不知西东。"

19.《阿房宫赋》写到宫中女子的身份来历的句子是："妃嫔媵嫱，王子皇孙，辞楼下殿，辇来于秦。"

20.《阿房宫赋》以铺陈的笔法写宫女生活的句子是："明星荧荧，开妆镜也；绿云扰扰，梳晓鬟也；渭流涨腻，弃脂水也；烟斜雾横，焚椒兰也。"

21.《阿房宫赋》写秦王宫内专横霸道，反衬宫人内心凄苦的句子是："雷霆乍惊，宫车过也；辘辘远听，杳不知其所之也。"

22.《阿房宫赋》中写宫人极其美貌，希望得到秦王宠幸的句子是："一肌一容，尽态极妍，缦立远视，而望幸焉。"

23.《阿房宫赋》中有的宫人长期被冷落，凄惨命运的句子是："有不见者，三十六年。"

24. 贾谊《过秦论》讲到秦的灭亡说"斩木为兵，揭竿为旗，天下云集响应，赢粮而影从，山东豪俊遂并起而亡秦族矣"，杜牧在《阿房宫赋》这样说："戍卒叫，函谷举，楚人一炬，可怜焦土！"

25. 杜牧在《阿房宫赋》中不仅批评了秦统治者的贪婪奢侈，也对六国对人民的巧取豪夺进行了批判，说："燕赵之收藏，韩魏之经营，齐楚之精英，几世几年，剽掠其人，倚叠如山。一旦不能有，输来其间。"

26.《阿房宫赋》中，将阿房宫中的柱子与耕作的农夫作对比的句子："使负栋之柱，多于南亩之农夫。"

27.《阿房宫赋》中，将阿房宫中的屋梁上的椽子与织布机前的工女的作对比的句子:"架梁之椽,多于机上之工女。"

28.《阿房宫赋》中,将阿房宫中的钉头与粮食作对比的句子:"钉头磷磷,多于在庾之粟粒。"

29.《阿房宫赋》中,将阿房宫中的瓦缝与衣服纹理作对比的句子:"瓦缝参差,多于周身之帛缕。"

30.《阿房宫赋》中,将阿房宫中的栏杆与全国的城市楼宇栏杆作对比的句子:"直栏横槛,多于九土之城郭。"

31.《召公谏厉王弭谤》中"国人莫敢言,道路以目",而厉王却很高兴,完全没有意识到危机的来临。相似内容在《阿房宫赋》中是这样说的:"使天下之人,不敢言而敢怒。独夫之心,日益骄固。"

32. 历史不容假设,但若六国及秦能意识到自己的问题并及时改正,可能历史会另一番样子,对此杜牧在《阿房宫赋》中发出感慨:"嗟乎!使六国各爱其人,则足以拒秦;使秦复爱六国之人,则递三世可至万世而为君,谁得而族灭也?"

5 赤壁赋

(宋)苏轼

壬戌之秋,七月既望,苏子与客泛舟游于赤壁之下。清风徐来,水波不兴。举酒属(zhǔ)客,诵明月之诗,歌窈窕之章。少焉,月出于东山之上,徘徊于斗牛之间。白露横江,水光接天。纵一苇之所如,凌万顷之茫然。浩浩乎如冯(píng)虚御风,而不知其所止;飘飘乎如遗世独立,羽化而登仙。

于是饮酒乐甚,扣舷而歌之。歌曰:"桂棹(zhào)兮兰桨,击空明兮溯流光。渺渺兮予怀,望美人兮天一方。"客有吹洞箫者,倚歌而和(hè)之。其声呜呜然,如怨如慕,如泣如诉,余音袅袅,不绝如缕。舞幽壑之潜蛟,泣孤舟之嫠(lí)妇。

苏子愀(qiǎo)然,正襟危坐而问客曰:"何为其然也?"客曰:"'月明星稀,乌鹊南飞',此非曹孟德之诗乎?西望夏口,东望武昌,山川相缪(liáo),郁乎苍苍,此非孟德之困于周郎者乎?方其破荆州，下江陵，顺流而东也，舳舻（zhúlú）千里，旌旗蔽空，酾（shī）酒临江，横槊（shuò）赋诗，固一世之雄也，而今安在哉？况吾与子渔樵于江渚之上，侣鱼虾而友麋鹿，驾一叶之扁舟，举匏（páo）樽以相属。寄蜉蝣于天地，渺沧海之一粟。哀吾生之须臾，羡长江之无穷。挟飞仙以遨游，抱明月而长终。知不可乎骤得，托遗响于悲风。"

苏子曰："客亦知夫水与月乎？逝者如斯，而未尝往也；盈虚者如彼，而卒莫消长也。盖将自其变者而观之，则天地曾不能以一瞬；自其不变者而观之，则物与我皆无尽也，而又何羡乎！且夫天地之间，物各有主，苟非吾之所有，虽一毫而莫取。惟江上之清风，与山间之明月，耳得之而为声，目遇之而成色，取之无禁，用之不竭，是造物者之无尽藏（zàng）也，而吾与子之所共适③。"

客喜而笑，洗盏更酌。肴核既尽，杯盘狼藉④。相与枕藉（jiè）乎舟中，不知东方之既白。

【本篇理解性默写】

1.《赤壁赋》开篇交代了本文的时间、人物、地点、事件："壬戌之秋，七月既望，苏子与客泛舟游于赤壁之下。"

2. 描绘出赤壁秋江的朗爽与澄净，也恰好体现作者怡然自得的心境的是："清风徐来，水波不兴。"

3. 作者用"月出于东山之上，徘徊于斗牛之间"来描写月出美景；用"白露横江，水光接天"来写月下江面的景象。

4. 写作者任凭一叶扁舟飘荡，在水波不兴的辽阔江面上自由来去的语句是："纵一苇之所如，凌万顷之茫然。"

5. 苏轼泛舟于长江，看到万顷江面平如镜，皎洁月色辉万里，水天一色，只有自己这一叶孤舟时，似乎感觉到超脱世外，如仙子一样立于虚空之中的语句是："浩浩乎如冯虚御风，而不知其所止；飘飘乎如遗世独立，羽化而登仙。"

6.《赤壁赋》中表现作者饮酒而歌，其中歌词是："桂棹兮兰桨，击空明兮溯流光。渺渺兮予怀，望美人兮天一方。"

7.《赤壁赋》中直接描写客人箫声具有悲伤与幽怨特点的句子是："其声呜呜然，如怨如慕，如泣如诉，余音袅袅，不绝如缕。"

8. 《赤壁赋》中用高超的手法侧面烘托箫声极大的感染力的两句是:"舞幽壑之潜蛟,泣孤舟之嫠妇。"

9. 文中直接引用曹操《短歌行》中的两句诗是:"月明星稀,乌鹊南飞。"

10. 在《赤壁之战》中,曹操写信给孙权说:"今治水军八十万众,方与将军会猎于吴。"《赤壁赋》中描写曹操水军南下的情形是:"舳舻千里,旌旗蔽空。"

11. 苏轼描写曹操吟诵其《短歌行》一诗的情形是:"酾酒临江,横槊赋诗。"

12. 用比喻的修辞手法,感叹我们个人在天地间生命的短暂和个体的渺小的句子是:"寄蜉蝣于天地,渺沧海之一粟。"

13. 苏轼在《赤壁赋》中用"哀吾生之须臾,羡长江之无穷",发出了人生短暂的浩叹。

14. 写希望与神仙相交,与明月同在的语句是:"挟飞仙以遨游,抱明月而长终。"

15. 文中表达人生与天地"变"与"不变"的哲理的语句是:"盖将自其变者而观之,则天地曾不能以一瞬;自其不变者而观之,则物与我皆无尽也。"

16. 表达作者对待荣辱得失的豁达态度的句子是:"且夫天地之间,物各有主,苟非吾之所有,虽一毫而莫取。"

17. 赤壁的清风明月,让作者找到了解脱"悲"的出路,于是作者写道:"惟江上之清风,与山间之明月,耳得之而为声,目遇之而成色,取之无禁,用之不竭,是造物者之无尽藏也,而吾与子之所共适。"

18. 写客人聆听苏子一席话后,由"悲"转"喜",表现主客酣畅宴饮情景的语句是:"肴核既尽,杯盘狼藉。"

19. 在《赤壁赋》中,苏轼用"舳舻千里,旌旗蔽空"两句概括了曹操的军队在攻破荆州后顺流而下的军容之盛。

20. 写作者与友人在一只小船中举杯共饮的句子是:"驾一叶之扁舟,举匏樽以相属。"

21. 以月亮作比,描写世间万物变化的规律的句子是:"盈虚者如彼,而卒莫消长也。"

22. 从"不变"的角度,描述人与万物的关系的是:"自其不变者而观之,则物与我皆无尽也。"

23. 文中告诉我们别人的东西虽然微小但也不能据为己有的是:"苟非吾之所有，虽一毫而莫取。"

24. 写作者在长江边，与客人像樵夫一样生活闲适、心境宁静、别无所求的句子是:"况吾与子渔樵于江渚之上，侣鱼虾而友麋鹿。"

25. 《赤壁赋》中客人把自己和曹操进行了对比:曹操当时是"舳舻千里，旌旗蔽空"，而你我只是"渔樵于江渚之上，侣鱼虾而友麋鹿";曹操当时是"酾酒临江，横槊赋诗"，而你我只是"驾一叶之扁舟，举匏樽以相属"。这一段再现了曹操当年沿江而下时的盛大场面和英雄气概。可是像曹操这样的"固一世之雄也，而今安在哉"？真是"浪淘尽，千古风流人物"。

26. 《赤壁赋》写清风明月为吾耳目享用的句子是:"耳得之而为声，目遇之而成色。"

27. 《赤壁赋》中写客人触景生情怀想故人的诗句:"西望夏口，东望武昌，山川相缪，郁乎苍苍，此非孟德之困于周郎者乎？"

28. 《赤壁赋》中写作者与客人尽兴畅游，尽情欢饮而醉卧舟中的语句:"相与枕藉乎舟中，不知东方之既白。"

29. 《赤壁赋》写清风与明月可尽情享用，无人禁止、无穷无尽的句子是:"取之无禁，用之不竭。"

30. 曹操慨叹人生短暂"譬如朝露"，苏轼则云"哀吾生之须臾，羡长江之无穷"。

31. 庄子说人在宇宙中如一稊（tí）米，苏轼在《赤壁赋》中则说"渺沧海之一粟"。

32. 写在皎洁的月光照耀下白茫茫的雾气笼罩江面，天光、水色连成一片的诗句是:"白露横江，水光接天。"

33. 诗人在饮酒后，借对远在天边的女子的思念来明志的句子是:"渺渺兮予怀，望美人兮天一方。"

34. 写出曹操在江边持酒而饮，横执长矛吟诗作赋的骄态，极力渲染其不可战胜的赫赫气势的句子是:"酾酒临江，横槊赋诗。"

35. 叙写江水流逝却始终长流不息，月亮盈亏却无所增减的哲理的句子是:"逝者如斯，而未尝往也；盈虚者如彼，而卒莫消长也。"

36. 苏轼的《前赤壁赋》中可与《后赤壁赋》中的"山高月小，水落石出"相映成趣的语句是:"清风徐来，水波不兴。"

37. 写客人表达自己的人生理想的语句是:"挟飞仙以遨游,抱明月而长终。"

38. 苏轼在《赤壁赋》中写自己朗诵《诗经·陈风·月出》的两句诗是:"诵明月之诗,歌窈窕之章。"

38. 成语"沧海一粟"由苏轼《赤壁赋》中的"寄蜉蝣于天地,渺沧海之一粟"演化而来。

40. 苏轼《赤壁赋》中抒发人生短暂、长江无穷的慨叹,认为此次赏游长江之景"知不可乎骤得",所以只能"托遗响于悲风"。

6 氓（méng）

《诗经》

氓之蚩蚩（chī chī），抱布贸丝。匪来贸丝，来即我谋。送子涉淇，至于顿丘。匪我愆（qiān）期，子无良媒。将（qiāng）子无怒，秋以为期。

乘彼垝垣，以望复关。不见复关，泣涕涟涟。既见复关，载笑载言。尔卜尔筮，体无咎（jiù）言。以尔车来，以我贿迁。

桑之未落，其叶沃若。于（xū）嗟鸠兮，无食桑葚（shèn）！于嗟女兮，无与士耽（dān）！士之耽兮，犹可说（tuō）也。女之耽兮，不可说也！

桑之落矣，其黄而陨（yǔn）。自我徂（cú）尔，三岁食贫。淇水汤汤（shāng），渐（jiān）车帷裳。女也不爽，士贰其行。士也罔极，二三其德。

三岁为妇，靡室劳矣。夙兴夜寐，靡有朝矣。言既遂矣，至于暴矣。兄弟不知，咥（xì）其笑矣。静言思之，躬自悼矣。

及尔偕老，老使我怨。淇则有岸，隰（xí）则有泮（pàn）。总角之宴，言笑晏晏。信誓旦旦，不思其反。反是不思，亦已焉哉！

【本篇理解性默写】

1. 《氓》中，描写女主人公静下心来反思这段无望的婚姻，发出无限感慨的句子是:"静言思之,躬自悼矣。"

2.《氓》一文中,初露男子的粗暴性格,同时也写出女子温柔体贴的句子是:"将子无怒,秋以为期。"

3.《氓》中,表现女子悔恨多于哀伤,决绝而不留恋,并体现出她刚烈的性格特点的语句是:"反是不思,亦已焉哉!"

4.《氓》中,以"淇"和"隰"的有界来反衬爱情的终结和痛苦的无边的句子是:"淇则有岸,隰则有泮。"

5. 女子对爱情态度专一,男子对爱情却怀有二心。这种鲜明的对比在《氓》一文中,集中体现在"女也不爽,士贰其行"两句中。

6.《诗经·氓》中表现女主人公每天都早起晚睡,辛勤劳作的两句是:"夙兴夜寐,靡有朝矣。"

7. 从《诗经·氓》最后一章里的"总角之宴,言笑晏晏"来看,男女主人公年少时关系非常融洽。

8.《氓》中表明女子和氓顺利成婚的句子是:"尔卜尔筮,体无咎言。以尔车来,以我贿迁。"

9.《诗经·氓》中用起兴手法表现女子正处年轻貌美之时的两句是:"桑之未落,其叶沃若。"

10.《诗经·氓》中以桑叶凋落喻指女子年华逝去的两句是:"桑之落矣,其黄而陨。"

11.《氓》开篇"氓之蚩蚩,抱布贸丝"两句表现了男子求婚时的敦厚。

12.《氓》中用赋的手法写男子向女子求婚的句子是:"匪来贸丝,来即我谋。"

13.《氓》中表现女子绵绵情意,涉水渡河将氓送走的句子是:"送子涉淇,至于顿丘。"

14.《氓》中点明女子无奈拖延婚期的原因的句子是:"匪我愆期,子无良媒。"

15.《氓》中写女子因为思念而眺望男子的句子是:"乘彼垝垣,以望复关。"

16.《氓》中表现女子未见心上人而伤心难过的语句是:"不见复关,泣涕涟涟。"

17.《氓》中表现女子见到心上人后又说又笑的语句是:"既见复关,载笑载言。"

18.《氓》中写桑葚是甜的,鸠多食则易致醉;比喻爱情是美好的,人多迷恋则易上当受骗的句子是:"于嗟鸠兮,无食桑葚!于嗟女兮,无与士耽!"

19.《氓》中女子以自己的亲身经历沉痛地总结出一条爱情的教训,男子也许会移情别恋,劝解女子不要太痴情的句子是:"士之耽兮,犹可说也。女之耽兮,不可说也。"

20.《氓》中女主人公自从嫁给氓后,一直过着艰难困苦生活的语句是:"自我徂尔,三岁食贫。"

21.《氓》中以淇水的水波浩荡,打湿布幔来反衬女子婚姻的不幸、内心伤痛的句子是:"淇水汤汤,渐车帷裳。"

22.《氓》中写男子变化无常,三心二意的句子是:"士也罔极,二三其德。"

23.《氓》的女主人公自从嫁给氓后,多年来家务繁重的语句是:"三岁为妇,靡室劳矣。"

24.《氓》中写出男子心满意足之后就凶暴起来的句子是:"言既遂矣,至于暴矣。"

25.《氓》中写男子当年海誓山盟,如今却违背誓言的句子是:"信誓旦旦,不思其反。"

26.《氓》中体现自己的遭遇并没有得到娘家人的理解的语句是:"兄弟不知,咥其笑矣。"

27.《氓》中女主人公认识到,与氓"白头偕老"只能让自己承受苦痛:"及尔偕老,老使我怨。"

7 离骚

(战国)屈原

长太息以掩涕兮,哀民生之多艰。余虽好(hào)修姱(kuā)以鞿(jī)羁兮,謇(jiǎn)朝谇(suì)而夕替。既替余以蕙纕(xiāng)兮,又申之以揽茝(chǎi)。亦余心之所善兮,虽九死其犹未悔。怨灵修之浩荡兮,终不察夫民心。众女嫉余之蛾眉兮,谣诼(zhuó)谓余以善淫。固时俗之工巧兮,偭(miǎn)规矩而改错。背绳墨以追曲兮,竞周容以为度。忳(tún)郁邑余侘傺(chàchì)兮,吾独穷困乎此时也。宁溘(kè)死以流亡兮,余不忍为此态也!鸷鸟之不群兮,自前世而固然。何方圜之能周兮?夫孰异道而相安?屈心而抑志兮，忍尤而攘诟（gòu）。伏清白以死直兮，固前圣之所厚。

悔相（xiàng）道之不察兮，延伫乎吾将反。回朕车以复路兮，及行之未远。步余马于兰皋兮，驰椒丘且焉止息。进不入以离尤兮，退将复修吾初服。制芰（jì）荷以为衣兮，集芙蓉以为裳。不吾知其亦已兮，苟余情其信芳。高余冠之岌岌（jíjí）兮，长余佩之陆离。芳与泽其杂糅兮，唯昭质其犹未亏。忽反顾以游目兮，将往观乎四荒。佩缤纷其繁饰兮，芳菲菲其弥章。民生各有所乐兮，余独好修以为常。虽体解吾犹未变兮，岂余心之可惩？

【本篇理解性默写】

1. 在《离骚》中，屈原诉说自己曾因佩戴草蕙而遭到贬逐，也曾被加上采摘白芷的罪名，但他坚定地表示："亦余心之所善兮，虽九死其犹未悔。"

2. 《离骚》中表明当时社会中的人们违背准则，把苟合取悦别人奉为信条的语句是："背绳墨以追曲兮，竞周容以为度。"

3. 《离骚》中，屈原表达自己虽爱好修洁，严于律己，但早晨被诟骂，晚上被免职的句子是："余虽好修姱以鞿羁兮，謇朝谇而夕替。"

4. 屈原在《离骚》中，借前贤能够坚守正道来勉励自己的句子是："伏清白以死直兮，固前圣之所厚。"

5. 在《离骚》中，诗人用比兴的手法借助鲜花香草写自己要修养自己的品行的句子是："制芰荷以为衣兮，集芙蓉以为裳。"

6. 诗人以饱蘸激情的笔墨，发出了长声叹息而掩面流泪，哀伤人民生活多灾多难的感叹，这两句是："长太息以掩涕兮，哀民生之多艰。"

7. 用比喻写自己因德行高尚而被加上罪名、遭受贬黜的句子是："既替余以蕙纕兮，又申之以揽茝。"

8. 写诗人怨恨君王（楚怀王）过分荒唐昏聩，轻信谣言而始终不能明了自己心迹的句子是："怨灵修之浩荡兮，终不察夫民心。"

9. 描写当时社会流行投机取巧的时俗和违背规矩恶劣风气的句子是："固时俗之工巧兮，偭规矩而改错。"

10. 描写诗人感到烦闷失意，为时所困而走投无路的句子是："忳郁邑余侘傺兮，吾独穷困乎此时也。"

11. 表现诗人宁愿突然死去，也不肯做出世俗小人的模样的句子是："宁溘死以流亡兮，余不忍为此态也！"

12. 借凶猛的鸟与一般的鸟不合群而居来比喻自己不为世俗所容的句子是："鸷鸟之不群兮，自前世而固然。"

13. 用方和圆不相合的比喻，引出志趣不同者无法相安的两个反问句是："何方圜之能周兮？夫孰异道而相安？"

14. 表现诗人甘受委屈，压抑意志，忍受责骂和侮辱的句子是："屈心而抑志兮，忍尤而攘诟。"

15. 《离骚》中委婉表达自己后悔选择做官，想要归隐的两句是："悔相道之不察兮，延伫乎吾将反。"

16. 表达趁着迷途未远，赶紧回到正路的两句是："回朕车以复路兮，及行迷之未远。"

17. 通过写自己退隐后骑马到达长满兰草的水边和长满椒树的山冈来表明自己从朝廷隐退是为了修养自己的两句是："步余马于兰皋兮，驰椒丘且焉止息。"

18. 写自己因入朝为官遭受责骂就退而修服来加强品德修养的两句是："进不入以离尤兮，退将复修吾初服。"

19. 表明即使没有人了解自己也无所谓，只要自己内心高洁就可以的两句是："不吾知其亦已兮，苟余情其信芳。"

20. 《离骚》中写到通过加高自己的帽子和加长自己的佩带来表明要使自己品格更加高洁的两句是："高余冠之岌岌兮，长余佩之陆离。"

21. 《离骚》中诗人表明自己佩带芳草和玉佩，使自己光明纯洁的品质更加显著的两句是："芳与泽其杂糅兮，唯昭质其犹未亏。"

22. 《离骚》中诗人表明自己虽被贬而回头远望，既被贬而前往四方的语句是："忽反顾以游目兮，将往观乎四荒。"

23. 《离骚》中诗人表明自己服饰芳香，品行弥彰的语句是："佩缤纷其繁饰兮，芳菲菲其弥章。"

24. 《离骚》中诗人表明人生各有各的乐趣，而自己却穷其一生追求美政的两句是："民生各有所乐兮，余独好修姱以为常。"

25. "虽体解吾犹未变兮，岂余心之可惩？"这是我国伟大诗人屈原在他的名篇《离骚》里发出的慨叹，表达了他不懈地追求自我修养，以美政兴国的理想。

26. 《离骚》中屈原以美女自比，用"众女嫉余之蛾眉兮，谣诼谓余以善淫"两句来比喻自己遭人嫉妒、受人攻击的处境。

27. 在《离骚》中，面对污浊的、看不到希望的环境，屈原感到烦闷忧郁、潦倒失意，孤独而走投无路，他发出了痛苦而无奈的浩叹："忳郁邑余侘傺兮，吾独穷困乎此时也。"

28. 今天讲"道不同不相为谋"，《离骚》中有两句也是说这个道理的，这两句是："何方圜之能周兮？夫孰异道而相安？"

29. 屈原写自己坚持特立独行的品格，即使粉身碎骨也不改变心志的句子是："虽体解吾犹未变兮，岂余心之可惩？"

30. 表现诗人坚持真理、献身理想的诗句是："亦余心之所善兮，虽九死其犹未悔。"

31. 表现诗人坚持真理、捍卫真理的诗句是："虽体解吾犹未变兮，岂余心之可惩？"

32. 表现诗人疾恶如仇、不同流合污的诗句是："宁溘死以流亡兮，余不忍为此态也。"

33. 表现诗人刚正不阿、一身正气的诗句是："伏清白以死直兮，固前圣之所厚。"

34. 表现诗人洁身自好、自我完善的诗句是："民生各有所乐兮，余独好修以为常。"

35. 表现诗人一如既往、修身洁行的诗句是："不吾知其亦已兮，苟余情其信芳。"

36. 屈原在《离骚》中诉说许多小人嫉妒他的德行而且诽谤他淫荡的两句诗是："众女嫉余之蛾眉兮，谣诼谓余以善淫。"

8 蜀道难

（唐）李白

噫吁嚱（yīxūxī），危乎高哉！蜀道之难，难于上青天！蚕丛及鱼凫（fú），开国何茫然！尔来四万八千岁，不与秦塞通人烟。西当太白有鸟道，可以横绝峨眉巅。地崩山摧壮士死，然后天梯石栈相钩连。上有六龙回日之高标，下有冲波逆折之回川。黄鹤之飞尚不得过，猿猱（náo）欲度愁攀援。青泥何盘盘，百步九折萦岩峦。扪（mén）参历井仰胁息，以手抚膺坐长叹。

问君西游何时还？畏途巉（chán）岩不可攀。但见悲鸟号古木，雄飞雌从绕林间。又闻子规啼夜月，愁空山。蜀道之难，难于上青天，使人听此凋朱颜！连峰去天不盈尺，枯松倒挂倚绝壁。飞湍瀑流争喧豗（huī），砯（pīng）崖转石万壑雷。其险也如此，嗟（jiē）尔远道之人胡为乎来哉！

剑阁峥嵘而崔嵬，一夫当关，万夫莫开。所守或匪亲，化为狼与豺。朝避猛虎，夕避长蛇，磨牙吮血，杀人如麻。锦城虽云乐，不如早还家。蜀道之难，难于上青天，侧身西望长咨嗟！

【本篇理解性默写】

1. 李白在《蜀道难》中，用连禽、兽都难以越过蜀道中的高山来衬托蜀道难的两句诗是"黄鹤之飞尚不得过，猿猱欲度愁攀援"，真是"物犹如此，人何以堪"！

2. 《蜀道难》中，运用夸张的修辞手法，写出秦蜀之间崇山峻岭、不可逾越的句子是："西当太白有鸟道，可以横绝峨眉巅。"

3. 《蜀道难》中，表明蜀道历史悠久，和外界交通不便的句子是："蚕丛及鱼凫，开国何茫然！尔来四万八千岁，不与秦塞通人烟。"

4. 在《蜀道难》一诗中，李白引用神话传说为其增添了浪漫主义色彩。如引用"五丁开山"这一神话的句子是："地崩山摧壮士死，然后天梯石栈相钩连。"

5. 李白在《蜀道难》中通过描写行人手摸星辰、仰天叹息来衬托蜀道之高险的句子是："扪参历井仰胁息，以手抚膺坐长叹。"

6. 李白《蜀道难》中，写山路高险，连绵的群峰离天不足一尺远，一棵棵枯松从悬崖峭壁上倒挂下来的两句是："连峰去天不盈尺，枯松倒挂倚绝壁。"

7. 李白《蜀道难》中，以侧面描写来表现青泥岭曲折高险的诗句是："青泥何盘盘，百步九折萦岩峦。"

8. 李白《蜀道难》开篇就用强烈抒情语句，感叹蜀山的高险，体现这种感叹的句子是："噫吁嚱，危乎高哉！蜀道之难，难于上青天！"

9. 李白《蜀道难》中用大胆的想象夸张表现蜀山的高峻，江水的湍急的两句是:"上有六龙回日之高标,下有冲波逆折之回川。"

10. 李白《蜀道难》中表现入蜀友人的关心的两句是:"问君西游何时还?畏途巉岩不可攀。"

11. 李白《蜀道难》中描写山中幽僻阴森景象的两句是:"但见悲鸟号古木,雄飞雌从绕林间。又闻子规啼夜月,愁空山。"

12. 李白《蜀道难》中描写瀑布激流,岩石飞转惊心动魄的画面的两句是:"飞湍瀑流争喧豗,砯崖转石万壑雷。"

13. 李白《蜀道难》中用蜀人惊问入蜀人来侧面突出蜀道之险的语句是:"其险也如此,嗟尔远道之人胡为乎来哉?"

14. 李白《蜀道难》中描绘剑阁地势险要,易守难攻的语句是:"剑阁峥嵘而崔嵬,一夫当关,万夫莫开。"

15. 李白《蜀道难》中表现出对军阀拥兵作乱的隐忧的句子是:"所守或匪亲,化为狼与豺。"

16. 李白《蜀道难》中形象表现蜀中战乱凶险的语句是:"朝避猛虎,夕避长蛇,磨牙吮血,杀人如麻。"

17. 李白《蜀道难》中表现希望寓居蜀地友人尽早离开的语句是:"锦城虽云乐,不如早还家。"

18. 李白《蜀道难》中最后直接感叹蜀道之难的语句是:"蜀道之难,难于上青天,侧身西望长咨嗟!"

9 登高

(唐)杜甫

风急天高猿啸哀,渚清沙白鸟飞回。
无边落木萧萧下,不尽长江滚滚来。
万里悲秋常作客,百年多病独登台。
艰难苦恨繁霜鬓,潦倒新停浊酒杯。

【本篇理解性默写】

1. 杜甫在《登高》中,由高到低写出所见所闻,渲染秋江景物特点的句子是:"风急天高猿啸哀,渚清沙白鸟飞回。"

2. 今人常用杜甫《登高》中的"无边落木萧萧下,不尽长江滚滚来"两句来表达旧事物终将衰落,历史长河仍将向前之意。

3. 杜甫在《登高》中,发出"万里悲秋常作客,百年多病独登台"的感慨,抒发了漂泊异乡、年老体衰的惆怅之情,也蕴含着与生命的衰弱顽强抗争的精神。

4. 杜甫《登高》中,道出郁积于心的自身之苦和国运之恨,无限悲凉难以排遣的句子是:"艰难苦恨繁霜鬓,潦倒新停浊酒杯。"

5. 杜甫的《登高》中"风急天高猿啸哀,渚清沙白鸟飞回"一联俯仰结合,声色并茂,有动有静,对仗工整,可谓佳句。

6. "文章憎命达",这是杜甫对李白的评价,而他自己又何尝不是这样呢?《登高》中"万里悲秋常作客,百年多病独登台",《登岳阳楼》中"亲朋无一字,老病有孤舟"和《旅夜抒怀》中的"名岂文章著,官应老病休"都形象地反映了他生前生活的窘迫和仕途的坎坷。

10 琵琶行

(唐)白居易

浔阳江头夜送客,枫叶荻(dí)花秋瑟瑟。主人下马客在船,举酒欲饮无管弦。醉不成欢惨将别,别时茫茫江浸月。

忽闻水上琵琶声,主人忘归客不发。寻声暗问弹者谁,琵琶声停欲语迟。移船相近邀相见,添酒回灯重开宴。千呼万唤始出来,犹抱琵琶半遮面。转轴拨弦三两声,未成曲调先有情。弦弦掩抑声声思,似诉平生不得志。低眉信手续续弹,说尽心中无限事。轻拢慢捻抹复挑,初为《霓裳》后《六幺(yāo)》。大弦嘈嘈如急雨,小弦切切如私语。嘈嘈切切错杂弹,大珠小珠落玉盘。间关莺语花底滑,幽咽泉流冰下难。冰泉冷涩弦凝绝,凝绝不通声暂歇。别有幽愁暗恨生,此时无声胜有声。银瓶乍破水浆迸,铁骑突出刀枪鸣。曲终收拨当心画,四弦一声如裂帛。东船西舫悄无言,唯见江心秋月白。

沉吟放拨插弦中，整顿衣裳起敛容。自言本是京城女，家在虾（há）蟆陵下住。十三学得琵琶成，名属教坊第一部。曲罢曾教善才服③，妆成每被秋娘妒。五陵年少争缠头，一曲红绡不知数。钿（diàn）头银篦击节碎，血色罗裙翻酒污。今年欢笑复明年，秋月春风等闲度。弟走从军阿姨死，暮去朝来颜色故。门前冷落鞍马稀，老大嫁作商人妇。商人重利轻别离，前月浮梁买茶去。去来江口守空船，绕船月明江水寒。夜深忽梦少年事，梦啼妆泪红阑干。

我闻琵琶已叹息，又闻此语重唧唧。同是天涯沦落人，相逢何必曾相识！我从去年辞帝京，谪居卧病浔阳城。浔阳地僻无音乐，终岁不闻丝竹声。住近湓江地低湿，黄芦苦竹绕宅生。其间旦暮闻何物？杜鹃啼血猿哀鸣。春江花朝秋月夜，往往取酒还独倾。岂无山歌与村笛，呕哑（ōu yā）嘲哳④（zhāo zhā）难为听。今夜闻君琵琶语，如听仙乐耳暂明。莫辞更坐弹一曲，为君翻作《琵琶行》。

感我此言良久立，却坐促弦弦转急。凄凄不似向前声，满座重闻皆掩泣。座中泣下谁最多？江州司马青衫湿。

【本篇理解性默写】

1.《琵琶行》中的"嘈嘈切切错杂弹，大珠小珠落玉盘"两句，作者由琴声想到珠玉声，是声音的类比联想。

2.《琵琶行》中，描写琵琶女初次出场时的情态的诗句是："千呼万唤始出来，犹抱琵琶半遮面。"

3. 有些人离家在外，一时生活不太如意，当偶然遇到和自己境遇相似的人时，往往会发出《琵琶行》中"同是天涯沦落人，相逢何必曾相识"的感慨。

4. 杜鹃是我国古诗词中常见的意象，因其啼声甚哀，往往传达一种凄凉之情或思念之意。《琵琶行》中的"其间旦暮闻何物？杜鹃啼血猿哀鸣"两句就表达了一种凄凉之意。

5. 白居易在《琵琶行》中，在用大量笔墨正面描写琵琶女演奏的高超技艺之后，又从侧面利用周围环境和景物来烘托的两句是："东船西舫悄无言，唯见江心秋月白。"

6. 白居易《琵琶行》中"同是天涯沦落人，相逢何必曾相识"两句巧妙地将琵琶女沦落的悲哀与自己失意的悲愤结合起来，意味深远，堪称全篇的诗眼。

7. 白居易《琵琶行》中"间关莺语花底滑，幽咽泉流冰下难"两句用莺啼花底、泉流冰下来描摹音乐，非常传神。

8. 白居易《琵琶行》中，音乐描写堪称一绝，其中表现琵琶声低沉徘徊，近似停顿的诗句是："冰泉冷涩弦凝绝，凝绝不通声暂歇。"创造了无声胜有声强烈艺术效果的两句是："别有幽愁暗恨生，此时无声胜有声。"猛然爆发出一阵雄壮铿锵、激越昂扬的强音，将全曲推向高潮的两句："银瓶乍破水浆迸，铁骑突出刀枪鸣。"乐声最后突然停止，创造意犹未尽的艺术效果的句子是："曲终收拨当心画，四弦一声如裂帛。"

9. 白居易《琵琶行》诗交代时间、地点和环境来奠定感情基调的两句是："浔阳江头夜送客，枫叶荻花秋瑟瑟。"

10. 白居易《琵琶行》中作者自问自答，表明自己听完琵琶曲后泪水湿透青衫的句子是："座中泣下谁最多？江州司马青衫湿。"

11. 白居易《琵琶行》描写琵琶女弹奏时有拢、捻、抹、挑四个动作，弹奏的曲子既有《霓裳羽衣曲》又有《六幺》的句子是："轻拢慢捻抹复挑，初为《霓裳》后《六幺》。"

12. 白居易在《琵琶行》中用"岂无山歌与村笛，呕哑嘲哳难为听"句说明偏僻之地粗俗的乡野音乐很难听，以此表现琵琶女技艺的高超。

13. "月"作为我国古典诗歌中的传统意象，在《琵琶行》中，白居易与友人告别时吟唱："醉不成欢惨将别，别时茫茫江浸月。"借月引发思乡之情，别离之绪。

14. 白居易在《琵琶行》一诗中描绘音乐像暴雨、人语的句子是："大弦嘈嘈如急雨，小弦切切如私语。"

15. 白居易《琵琶行》中写主人送客饯别，却无丝竹管弦助兴的两句是："主人下马客在船，举酒欲饮无管弦。"

16. 白居易《琵琶行》中第一次写到琵琶声，引起了主人客人的关注的诗句是："忽闻水上琵琶声，主人忘归客不发。"

17. 白居易《琵琶行》中描写主客邀请琵琶女的四句诗文是："寻声暗问弹者谁，琵琶声停欲语迟。移船相近邀相见，添酒回灯重开宴。"

18. 白居易《琵琶行》中侧面表现琵琶女色艺俱佳的诗句是："曲罢曾教善才服，妆成每被秋娘妒。"

19. 通过人物娴熟的动作和沉静的神态来表现音乐高妙的诗文是:"转轴拨弦三两声,未成曲调先有情。弦弦掩抑声声思,似诉平生不得志。低眉信手续续弹,说尽心中无限事。"

20. 白居易《琵琶行》中琵琶女自述来历身份时说:"自言本是京城女,家在虾蟆陵下住。十三学得琵琶成,名属教坊第一部。"

21. 《琵琶行》中琵琶女讲述青年时受众人追捧,极尽欢乐的场面是:"五陵年少争缠头,一曲红绡不知数。钿头银篦击节碎,血色罗裙翻酒污。"

22. 琵琶女慨叹美好时光的短暂易逝诗句是:"今年欢笑复明年,秋月春风等闲度。"

23. 琵琶女认为自己被冷落的直接原因是:"弟走从军阿姨死,暮去朝来颜色故。"

24. 为了生活,琵琶女只好嫁给商人,《琵琶行》中这样说:"门前冷落鞍马稀,老大嫁作商人妇。"

25. 琵琶女孤独地守在江口空船上的原因是:"商人重利轻别离,前月浮梁买茶去。"

26. 《琵琶行》中环境描写很有特色,借助清冷的月光传达哀伤的感情,其中表现琵琶女现在孤独凄凉境遇的诗句是:"去来江口守空船,绕船月明江水寒。"

27. 过去的受众人追捧,今天的被世人冷落,这巨大的落差给琵琶女带来深刻影响,表现她这样心理的诗句是:"夜深忽梦少年事,梦啼妆泪红阑干。"

28. 由琵琶女讲述身世遭遇过渡到诗人讲述遭遇的诗句是:"我闻琵琶已叹息,又闻此语重唧唧。"

29. 《琵琶行》中写诗人从京城被贬谪到浔阳的诗句是:"我从去年辞帝京,谪居卧病浔阳城。"

30. 《琵琶行》中诗人描写浔阳居住地条件恶劣的诗句是:"住近湓江地低湿,黄芦苦竹绕宅生。"

31. 《琵琶行》中写到诗人在良辰美景只能取酒独倾的诗句是:"春江花朝秋月夜,往往取酒还独倾。"

32. 《琵琶行》直接表现诗人听了琵琶弹奏后的评价语句是:"今夜闻君琵琶语,如听仙乐耳暂明。"

33. 《琵琶行》中琵琶女遇到知音,借助琵琶声再次尽情抒发内心悲伤,以致让听众落泪的诗句是:"感我此言良久立,却坐促弦弦转急。凄凄不似向前声,满座重闻皆掩泣。"

34.《琵琶行》诗人邀请琵琶女再次演奏,并为其填词《琵琶行》的诗句是:"莫辞更坐弹一曲,为君翻作《琵琶行》。"

11 锦瑟

(唐)李商隐

锦瑟无端五十弦,一弦一柱思华年。
庄生晓梦迷蝴蝶,望帝春心托杜鹃。
沧海月明珠有泪,蓝田日暖玉生烟。
此情可待成追忆?只是当时已惘然。

【本篇理解性默写】

1. 往事不堪回首,纵回首已是惘然,这是人类共同的情感。李商隐在《锦瑟》中表达这种感受的句子是:"此情可待成追忆?只是当时已惘然。"

2.《锦瑟》中,以锦瑟起兴,引起对华年往事追忆的句子是:"锦瑟无端五十弦,一弦一柱思华年。"

3. 李商隐《锦瑟》中的"沧海月明珠有泪,蓝田日暖玉生烟"两句,用阴阳冷暖的不同境界展现了高洁的感情、执着的爱慕和无尽的哀思。

4. 古典诗词善以杜鹃表达悲切之意,如李商隐《锦瑟》中的"庄生晓梦迷蝴蝶,望帝春心托杜鹃"。

12 虞美人

(南唐)李煜

春花秋月何时了?往事知多少。小楼昨夜又东风,故国不堪回首月明中。雕栏玉砌应犹在,只是朱颜改。问君能有几多愁?恰似一江春水向东流。

【本篇理解性默写】

1.《虞美人》中,表现李煜这位亡国之君的愁绪如春水奔流倾泻、无穷无尽的诗句是:"问君能有几多愁?恰似一江春水向东流。"

2. 崔护《题都城南庄》中的"人面不知何处去,桃花依旧笑春风"写出了桃花依旧但不见人面的物是人非之感;李煜《虞美人》中的"雕栏玉砌应犹在,只是朱颜改"也写出了这样的感受,由此勾起作者无穷的亡国伤感之情。

3. "明月"与"东风"是古诗词中常用的意象,李煜《虞美人》一词中也用到了这两个意象的句子是:"小楼昨夜又东风,故国不堪回首月明中。"

13 念奴娇·赤壁怀古

(宋)苏轼

大江东去,浪淘尽,千古风流人物。故垒西边,人道是,三国周郎赤壁。乱石穿空,惊涛拍岸,卷起千堆雪。江山如画,一时多少豪杰。遥想公瑾当年,小乔初嫁了,雄姿英发。羽扇纶(guān)巾,谈笑间,樯(qiáng)橹灰飞烟灭。故国神游,多情应笑我,早生华发。人生如梦,一尊还酹(lèi)江月。

【本篇理解性默写】

1.《念奴娇·赤壁怀古》中,表现词人凭吊英雄人物,抒发自己壮志难酬的苦闷心情,只好以一杯清酒祭月的诗句是:"人生如梦,一尊还酹江月。"

2.《念奴娇·赤壁怀古》中,描写周瑜指挥赤壁之战时正值青春年少的英雄形象的诗句是:"遥想公瑾当年,小乔初嫁了,雄姿英发。"

3. 在《念奴娇·赤壁怀古》中,作者从视觉和听觉角度,生动描写赤壁雄奇壮阔的景观的句子是:"乱石穿空,惊涛拍岸,卷起千堆雪。"

4.《念奴娇·赤壁怀古》中"羽扇纶巾,谈笑间,樯橹灰飞烟灭"几句,刻画出了周瑜的儒将风度和运筹帷幄的形象。

5. 苏轼《念奴娇·赤壁怀古》中,"江山如画,一时多少豪杰"两句,将自然景观与怀古之情融为一体,具有承上启下的过渡作用。

6. 苏轼《念奴娇·赤壁怀古》中借古伤怀抒发理想幻灭、人生失意的诗句是："故国神游，多情应笑我，早生华发。"

7.《念奴娇·赤壁怀古》中的"赤壁"不是历史上赤壁之战的古战场，因此诗人才说："故垒西边，人道是，三国周郎赤壁。"

8.《念奴娇·赤壁怀古》将眼前滚滚东去的长江与时间长河融为一体，赞颂缅怀了历史上的英雄，这几句诗句是："大江东去，浪淘尽，千古风流人物。"

14 永遇乐·京口北固亭怀古

（宋）辛弃疾

千古江山，英雄无觅孙仲谋处。舞榭（xiè）歌台，风流总被雨打风吹去。斜阳草树，寻常巷陌，人道寄奴曾住。想当年，金戈铁马，气吞万里如虎。　元嘉草草，封狼居胥，赢得仓皇北顾。四十三年，望中犹记，烽火扬州路。可堪回首，佛狸祠下，一片神鸦社鼓。凭谁问：廉颇老矣，尚能饭否？

【本篇理解性默写】

1. 刘裕曾在京口起兵北伐，征讨桓玄，平定叛乱，收复洛阳、长安等地，辛弃疾在《永遇乐·京口北固亭怀古》中赞叹刘裕北伐的赫赫战功的两句是："想当年，金戈铁马，气吞万里如虎。"

2.《永遇乐·京口北固亭怀古》中，辛弃疾认为北伐抗金应当做好充分准备，如果像宋文帝刘义隆那样草率出兵，虽有"封狼居胥"之雄心，也只怕会是"赢得仓皇北顾"的结局。

3. 在《永遇乐·京口北固亭怀古》中，词人借历史影射现实，说南宋的失败，金人的南侵，国家的耻辱随着时光的流逝，而渐渐地被人们淡忘了的句子是："可堪回首，佛狸祠下，一片神鸦社鼓。"

4. 在《永遇乐·京口北固亭怀古》一词中，"元嘉草草，封狼居胥，赢得仓皇北顾"借刘义隆的典故，批判了南宋朝廷草率北伐的行为。

5. 辛弃疾《永遇乐·京口北固亭怀古》中"舞榭歌台，风流总被雨打风吹去"两句，感慨当年的英雄豪杰们，经过风吹雨打，现在也成了历史。

6. 南宋诗人辛弃疾在《永遇乐·京口北固亭怀古》中写道"千古江山，

英雄无觅孙仲谋处",表达了英雄的流风余韵已荡然无存,自己希望像英雄那样建功立业的雄心壮志难以实现的惆怅。

7. 辛弃疾在《永遇乐·京口北固亭怀古》中,借"四十三年,望中犹记,烽火扬州路"回忆了当年金兵入侵战火纷飞的场面,表达了自己的沉痛之情。

8. 辛弃疾《永遇乐·京口北固亭怀古》中的"凭谁问:廉颇老矣,尚能饭否?"句借历史故事曲折地表明了词人自己人老心不老,志在为国效力的爱国情怀。

9. 《永遇乐·京口北固亭怀古》中的当年"气吞万里如虎"的刘裕的宫殿早已荡然无存,成了寻常百姓居住地,所谓"斜阳草树,寻常巷陌,人道寄奴曾住",并由此抒发英雄无觅的怅惘之情。

人教版高中语文必修教材涉及古代文化常识知识点全覆盖

《烛之武退秦师》

1. 《左传》：是我国第一部叙事详尽的编年体史书，相传为春秋末年鲁国史官左丘明所作，为后世叙事散文树立了典范。"传"意为注释，《左传》即是给儒家经典《春秋》所做的注释。《左传》也称《左氏春秋》《春秋左氏传》，与《公羊传》《谷梁传》合称"春秋三传"。

2. 晋侯、秦伯围郑："侯""伯"：春秋时期公、侯、伯、子、男五等爵位中的两种。爵位、爵号，是古代皇帝对贵戚功臣的封赐。后代爵称和爵位制度往往因时而异。

3. 敢以烦执事："执事"在古代有多种意思：①从事工作，主管其事；②有职守之人，即官员；③指供役使者，仆从；④对对方的敬称；⑤侍从。本文指对办事的官吏的敬称。

4. 子：古代对男子的尊称。

5. 大夫：官职等级名。夏商周时，官分卿、大夫、士三级，大夫又分上、中、下三等。后来成为对有官位者的通称。

《荆轲刺秦王》

1. 《战国策》：是一部国别体史学著作，又称《国策》，主要记述了战国时期的游说之士的政治主张和言行策略，也可说是游说之士的实战演习手册。

2. 荆卿：古代对人的敬称。

3. 郎中：宫廷的侍卫，民间又称医生。

4. 易水：也称易河，河流名，因燕太子丹送荆轲刺秦于此作别，后人常用"易水"指代"荆轲"或"易水歌"。

5. 变徵、羽：古时音乐分宫、商、角、徵、羽、变宫、变徵七音，"变徵"是徵音的变调，声调悲凉；羽，声调激愤。

6. 陛下："陛"指殿前的台阶，"陛下"原来指的是站在台阶下的侍者。臣子向天子进言时，不能直呼天子，必须先呼台下的侍者而告之。后来"陛下"就成为与帝王面对面应对的敬称。

7. 九宾：九宾之礼，是我国古代外交上最为隆重的礼节，有九个迎宾赞礼的官员司仪施礼，并延引上殿。

8. 箕踞：坐在地上，两腿张开，形状像箕，是一种轻慢傲视对方的姿态。

《鸿门宴》

1. 《史记》：是我国第一部纪传体通史，上起传说中的黄帝，下到汉武帝。分本纪、世家、列传、书、表五类。

2. 季父：叔父。古代兄弟或姊妹间长幼排序为伯、仲、叔、季。

3. 河：古代指黄河。

4. 亚父：对对方的敬称，意为仅次于父亲。

5. 参乘：亦作"骖乘"，古代乘车，站在车右担任警卫的人。

6. 窃：私下，常用作表示个人意见的谦辞。

7. 关中：所指范围不一，古人习惯将函谷关以西地区称为关中。

8. 山东：古代"山东"之"山"，可指崤山、华山、太行山等数种不同的山，因而所指地域不尽相同。文中指崤山以东，也就是函谷关以东的地区。

9. 妇女无所幸：幸，封建君主对妻妾的宠爱；指封建帝王到达某地，叫巡幸；召幸特指皇帝对嫔妃的召见。

10. 毋内诸侯，诸侯：古代中央政权所分封的各国国君的统称。周代分公、侯、伯、子、男五等。

11. 项王、项伯东向（南向、北向、西向）坐

东向：古时官场座次尊卑有别，十分严格。官高为尊居上位，官低为卑

处下位。通常古人尚右，以右为尊，方位上右为东位，东向属于上位。另外，古代"堂"南北长东西短，在堂上举行的礼节活动是南向为尊，皇帝聚会群臣，他的座位一定是坐北向南的，因此，古人常把称王称帝叫作"南面"，称臣叫作"北面"。"室"东西长而南北窄，因此室内最尊的座次是坐西面向东，其次是坐北面向南，再次是坐南面向北，最卑是坐东面向西。文中项王座次最尊，张良座次最卑。

12. 竖子：对人的蔑称。

《孔雀东南飞》

1. 《孔雀东南飞》：是我国古代汉民族最长的叙事诗，与《木兰辞》并称"乐府双璧"。

2. 建安、建安文学：东汉末年汉献帝的第五个年号，这个时期的东汉朝廷的政治大权主要由曹操所掌握，文学领袖很多都是曹家人物，在曹操父子的推动下形成了以曹氏父子（曹操、曹丕、曹植）为代表的建安文学。

3. 结发：古代成婚之夕，男左女右共髻束发。后称原配为结发夫妻。

4. 罗敷：古代美女的通称。

5. 槌床便大怒：床，在古代指一种简易的坐具，小的只能坐一个人。

6. 伏惟：下级对上级或晚辈对长辈说话表示恭敬的习惯用语。

7. 新妇入青庐："新妇"是古代年轻妇女对夫家的长辈或平辈的自称；"青庐"是青布搭成的篷帐，是举行婚礼的地方，东汉至唐有此风俗。

8. 初阳岁：冬至以后，立春以前。

9. 初七及下九，嬉戏莫相忘："初七"，农历七月七日，旧时妇女这天晚上在院子里陈设瓜果，祈求织女星帮助她们提高刺绣缝纫的技巧。"下九"，古人以农历每月的二十九为上九，初九为中九，十九为下九；在汉代，每月十九日是妇女欢聚的日子。

10. 六合正相应："六合"指结婚选好日子，要年、月、日的干支（干，天干，指甲、乙、丙、丁……支，地支，指子、丑、寅、卯……年、月、日的干支合起来共六个字，例如甲子年，乙丑月、丙寅日）都相适合，这叫"六合"。又指东、西、南、北、天、地，如《过秦论》中"履至尊而制六合"

11. 黄泉：地下的泉水，借指人死后埋葬的地方，也指阴间。

《兰亭集序》

1. 癸丑：中国传统纪年农历的干支纪年中一个循环的第50年称"癸丑年"。干支纪年中有天干：甲、乙、丙、丁、戊、己、庚、辛、壬、癸；地支：子、丑、寅、卯、辰、巳、午、未、申、酉、戌、亥。十天干和十二地支依次相配，组成六十个基本单位，古人以此作为年、月、日、时的序号，叫"干支纪法"。

2. 禊事：古代的一种习俗，三月三日人们到水边洗濯，嬉游，以祈福消灾。

3. 契：用木或竹刻成，分成两半，合在一起可为凭验。

《赤壁赋》

1. 既望：过了望日，农历每月十六日。古代对农历一个月中某些特殊的日子有特定的称谓。如每月第一日为"朔"，十五日为"望"，十六日为"既望"，最后一日为"晦"。

2. 斗牛：斗宿和牛宿。中国有二十八宿之称，其中北方七宿为斗、牛、女、虚、危、室、壁。斗和牛都在其中。斗宿，就是北斗七星，大熊星座的七颗最亮的星，勺子状。牛宿，有星六颗，即摩羯座六星，因其星群组合如牛角而得名。

3. 美人：古人常用来作为圣主贤臣或美好理想的象征。

4. 蜉蝣：一种小飞虫，夏秋之交生在水边，生存期很短，古人说它朝生暮死。人们常用它比喻人生短促。

《游褒禅山记》

1. 游褒禅山记："记"是古代的一种文体，可记叙描写，也可议论抒情，属于散文的范畴。主要是记载事物，通过记事、记物、写景、记人来抒发作者的感情或表达自己的见解，即景抒情，托物言志。

2. 浮图：也作"浮屠""佛图"，本意是佛或佛教徒，也指和尚、佛塔。

3. 以其乃华山之阳名之也："阳"古人在说到地名时，多用"阳"指山的南面或水的北面，用"阴"指山的北面或水的南面。

4. 临川王某记:"某"古人作文起稿,写到自己的名字,往往只作"某",或在"某"上冠姓,等到誊写时才把姓名写出。根据书稿编的文集,也常保留"某"的字样。

《琵琶行(并序)》

1. 左迁:贬官,降职。犹言下迁。汉代贵右贱左,故将贬官称为左迁。迁:调动官职,包括升级、降级、平级转调三种情况。为易于区分,人们常在"迁"字的前面或后面加一个字,升级叫迁升、迁授、迁叙,降级叫迁削、迁谪、左迁,平级转调叫转迁、迁官、迁调,离职后调复原职叫迁复。

2. 司马:各个朝代所指官位不尽相同。战国时为掌管军政、军赋的副官,隋唐时是州郡太守的属官。

3. 谪:封建时代特指官吏降职,调往边外地方,如谪迁、谪降、谪戍、谪居和贬谪等。

4. 教坊:唐高祖置内教坊于禁中,掌教习音乐的机构,属太常寺,凡祭祀朝会用太常雅乐,岁时宴享则用教坊俗乐。

5. 杜鹃啼血:杜鹃鸟,俗称布谷,又名子规、杜宇、子鹃。春夏季节,杜鹃彻夜不停啼鸣,啼声清脆而短促,唤起人们多种情思。如果仔细端详,杜鹃口腔上皮和舌部都为红色,古人误以为它啼得满嘴流血,又杜鹃高歌之时,正是杜鹃花盛开之际,人们见杜鹃花那样鲜红,便把这种颜色说成是杜鹃啼的血。

6. 江州司马青衫湿:"青衫"指青色的衣衫,黑色的衣服。在古代指代内容非常丰富:①古时学子所穿之服;②借指学子、书生;③唐代官职低的服色为青黑色,后借指失意的官员;④泛指官职卑微。唐代官职低的服色为青黑色。后人用"司马青衫"形容悲伤凄切的情感。

《寡人之于国也》

1.《孟子》:为儒家重要的经典,翔实地记载了孟子的思想、言论和事迹。与《大学》《中庸》《论语》合称为"四书"。"四书"是我国封建社会正统教育的必读书和科举取士的初级标准书。

2. 庠序：古代的地方学校，后也泛称学校或教育事业。《史记·儒林列传》："闻三代之道，乡里有教，夏曰校，殷曰序，周曰庠。"

3. 孝悌：孝，指尽心奉养和服从父母；悌，指敬爱、顺从兄长。孔子非常重视孝悌，认为孝悌是做人、做学问的根本。

《劝学》

1. 故不积跬步："跬"，古代称人行走，举足一次为"跬"，举足两次为"步"，故半步称"跬"。

2. 君子：特指有学问有修养的人。"君子"一词出自《易经》，被全面引用最后上升到士大夫及读书人的道德品质。始自孔子，并被以后的儒家学派不断完善，成为中国人的道德典范。

《过秦论》

1. 并吞八荒：八方最偏远的地方，也代指天下。
2. 敲扑：刑具。短的叫敲，长的叫扑。
3. 百越：古代越族居住在桂、浙、闽、粤等地，每个部落都有名称，统称百越，也叫百粤。
4. 陶朱：春秋时越国范蠡，他帮越王勾践灭吴后，离开越国回到陶，自称陶朱公。因善于经营生意而致富，后人以此作为富人的代称。
5. 戟：以戈和矛合为一体的长柄兵器。
6. 九州：兖州、冀州、青州、徐州、豫州、荆州、扬州、梁州、雍州，代指中国。
7. 七庙：本指四亲（高祖、曾祖、祖、父）庙、二祧（高祖的父和祖父）庙和始祖庙。《礼记·王制》："天子七庙，三昭三穆，与太祖之庙而七。"后泛指帝王的宗庙。
8. 连衡：即"连横"，即采用离间之计，使六国各自同秦国联合，从而逐个击破的策略。后来也用以比喻结盟。
9. 战国四公子：战国末期养"士"（包括学士、方士、策士或术士以及食客）之风盛行。当时，以养"士"著称的有魏国的信陵君魏无忌、齐国的孟尝君田文、赵国的平原君赵胜、楚国的春申君黄歇。因其四人都是王公贵族，后人称之为"战国四公子"。

10. 郡：古代的行政区域。秦统一天下设三十六郡，隋唐后州、郡互称，明清称府。

11. 阡陌：田间小路。南北方向叫"阡"，东西方向叫"陌"。泛指田野。

《师说》

1. 句读：古人指文辞休止和停顿处。文辞语意已尽处为句，未尽而须停顿的地方为读。

2. 六艺经传：六艺：指《诗》《书》《礼》《易》《乐》《春秋》六部经书，又称作"六经"。另也指礼、乐、射、御、书、数六种技能。传，是解释经书的书，如《春秋左氏传》《诗经毛氏传》等。

《廉颇蔺相如列传》

1. 《史记》：中国的第一部纪传体通史。全书共一百三十卷，有十表、八书、十二本纪、三十世家、七十列传，记载了上自传说中的黄帝时代下至汉武帝元年共三千多年的历史，被鲁迅誉为"史家之绝唱，无韵之《离骚》"。

2. 斋戒：古人在祭祀或行大礼前，洁身清心，以示虔诚。

3. 列观：一般的宫殿。观，宫廷中高大华丽的楼台。

4. 有司：官吏的通称。古代设官分职，各有所司，故称。（司空、司徒、司寇、司马）

5. 九宾：古代外交上最隆重的礼节，由傧者九人依次传呼接引宾客上殿。

6. 汤镬：汤镬：煮着滚水的大锅。古代常作刑具，是古代的一种酷刑，用滚水烹煮罪人。

7. 寿、为寿：向人敬酒或献礼。

8. 上卿：是古代官名。春秋时是高级长官，分为上、中、下三级（即上卿、中卿、下卿）。战国时作为爵位的称谓，一般授予劳苦功高的大臣或贵族。

9. 刎颈之交（人与人之间的交往有多种称法）：刎颈，割脖子；交，交情，友谊。比喻可以同生死、共患难的朋友。古人对人与人之间的交往有多种称法。贫贱而地位低下时结交的朋友叫"贫贱之交";情谊契合、亲如兄弟的朋友叫"金兰之交";在遇到磨难时结成的朋友叫"患难之交";情投意合、友谊深厚的朋友叫"莫逆之交";从小一块儿长大的异性好朋友叫"竹马之交";以平民身份相交往的朋友叫"布衣之交";辈分不同、年龄相差较大的朋友叫"忘年交";不拘于身份、形迹的朋友叫"忘形交";不因贵贱的变化而改变深厚友情的朋友叫"车笠交";在道义上彼此支持的朋友叫"君子交";心意相投、相知很深的朋友叫"神交"("神交"也指彼此慕名而未见过面的朋友)。

《苏武传》

1. 《汉书》：是我国第一部纪传体断代史，记载西汉的历史，作者班固。《汉书》是继《史记》之后我国古代又一部重要史书，与《史记》《后汉书》《三国志》并称为"前四史"。

2. 丈人：古代对老人和长辈的尊称，如"子路从而后，遇丈人"（《论语》）。唐朝以后，丈、丈人专指妻父，又称泰山；妻母称丈母或泰水。

3. 节：又称"旄节"，以竹为竿，上缀以牦牛尾，是使者所持的信物（凭证）。

4. 假吏：临时充任的官吏。

5. 斥候：侦察兵。

6. 单于、阏氏："单于"是匈奴人对他们部落联盟首领的专称；"阏氏"是匈奴单于的配偶的称号，如同王后。

7. 蛮夷：古代用以指边远民族。

8. 奉车：皇帝出行时的侍从，掌管皇帝的车马。

9. 后土：地神，相对皇天而言。

10. 宦骑：侍卫皇帝的骑马的宦官。

11. 黄门驸马：宫中掌管车辆马匹的官。

12. 上林、上林苑：皇帝游猎的场所，在长安西，周围三百里。

13. 驸马：中国古代帝王女婿的称谓；又"黄门驸马"，指宫中掌管车辆马匹的官。

14. 和亲：西汉为缓和汉、匈关系，嫁宗室女与匈奴单于。使两个对立民族停止战争，捐弃仇怨，转而建立和平、友好、亲睦的关系。

《张衡传》

1. 《后汉书》：一部记载东汉历史的纪传体史书，由南朝刘宋时的范晔所著，与《史记》《汉书》《三国志》合称"前四史"。

2. 三辅、两都、二京："两都"指西汉的都城长安和东汉的都城洛阳，也称"二京""三辅"，汉朝以京兆尹、左冯翊、右扶风三个地区为三辅，在今陕西西安附近。

3. 太学：古代设在京城的全国最高学府，魏晋至明清或设太学，或设国子学，或两者同时设立，均为传授儒家经典的最高学府。

4. 孝廉、公府："孝廉"，汉朝由地方官（太守）向中央举荐品行端正的人任以官职，被推举的人称为"孝廉"；之后"孝廉"这个称呼也变成明朝、清朝对举人的雅称。"公府"指太尉、司徒、司空三公的公署。

5. 尤致思于天文阴阳历算："阴阳"，中国古人观察到的自然界中各种对立又相连的大自然现象，以哲学的思想方式归纳出的概念。

6. 公车特征拜郎中，再迁为太史令："公车"是汉代官署名，臣民上书和征召，都由公车接待。"郎中"，战国时为宫廷侍卫，自唐至清成为仅次于尚书、侍郎的高级官员，分掌各司事务。"太史令"也称太史，官职名，掌管起草文书、记载史事、编写史书，兼管国家典籍、天文历法、祭祀等。

7. 下车：《礼记·乐记》："武王克殷，反商，未及下车，而封黄帝之后蓟。"后称官吏初到任为"下车"。

8. 视事三年，上书乞骸骨："视事"指官员到职工作。"乞骸骨"，古代大臣年老了请求辞职，意为请求赐还自己的身体，回家乡去。

9. 通五经，贯六艺："五经"指《诗》《书》《礼》《易》《春秋》五部经书，"六艺"指礼、乐、射、御、书、数。

10. 傅会：文章的组织、布局、命意、修辞，也作"附会"。

11. 阉竖：对宦官的蔑称。

12. 豪右：豪族大户。秦汉时，豪族住在城市的右边，故称"豪右"。

《归去来兮辞》

1. 辞：赋的一种，又称楚辞、楚辞体，后人一般也将辞赋并称。富有抒情的浪漫气息，押韵和句式既自由又整齐，多以"兮"字来帮助和谐语气，表情达意。

2. 仲秋：古人把春夏秋冬四个季节中的三个月分别用孟、仲、季表示，"孟"是第一，"仲"是第二。仲秋为秋季的第二个月，即农历八月，按照中国的农历，八月为秋季的第二个月，古时称为仲秋，因此民间称为中秋。

3. 三径：古代隐士住处的代称。

4. 帝乡：天帝居住的地方，也即所谓仙境。

《滕王阁序》

1. 棨戟：有套的戟，古时官吏出行时用做前导的一种仪仗。

2. 钟鸣鼎食：古代贵族鸣钟列鼎而食，所以用钟鸣鼎食指代大家世族。

3. 望长安于日下："日下"指京城，古代以太阳比喻帝王，帝王所在处称为"日下"。

4. 贪泉：在广州附近的石门，传说饮此水会变得贪婪，吴隐之喝下此水操守反而更加坚定。

5. 勃，三尺微命，一介书生："三尺"是古代礼服上束带下垂的长度。古代服饰制度规定束在腰间的绅的长度，因地位不同而有所区别，士规定为三尺。

6. 三江：泛指长江中下游。

7. 下榻：在某地住宿。

8. 投笔：投笔从军。

9. 东隅：日出的地方，表示早。

10. 桑榆：日落的地方，表示晚。

11. 请缨：请求皇帝赐给长缨（长绳），去缚住敌人。后用此指投军报国。

12. 弱冠：指20岁，古代以20岁为弱年，行冠礼，为成年人。

《逍遥游》

1. 晦：阴历每月最后一日；望：望日是阴历十五，既望是十六；朔：阴历每月的第一日。

2. 六气：阴、阳、风、雨、晦、明。

3. 仞：古代长度单位，周制为八尺，汉制为七尺。

《陈情表》

1. 表（书、奏、章、议）：古代臣下呈给帝王的一种文书。表的主要作用就是表达臣子对君主的忠诚和希望以及陈说政治的请求和愿望。表的内容是议论和叙事，往往带有抒情色彩。我国古代臣子写给君主的呈文有各种不同的名称。战国时期统称为"书"，如李斯《谏逐客书》。到了汉代，这类文字分成章、奏、表、议四小类。"章以谢恩，奏以按劾，表以陈情，议以执异。"（《文心雕龙》）此外，还有一种专议朝政的文章，又统称"表"。表的基本特征是"动之以情"。

2. 秀才：汉代以来选拔人才的一种察举科目。与后代科举的"秀才"含义不同。

3. 外无期功强近之亲，内无应门五尺之僮："外"，自己一房之外的亲族。"期功"，古代丧服的名称，古代以亲属关系的远近制定丧服的轻重。期，穿一周年孝服的人；功，穿大功服（九个月）、小功服（五个月）的亲族，指关系比较近的亲属。

4. 结草：代指报恩。

5. 东宫：太子居住的地方，也代指太子。

6. 牧：古代称州的长官。

7. 犬马：臣子自谦。

《优美的汉字》

1. 汉字的形体经历了由甲骨文、金文、大篆、小篆、隶书、草书、行书、楷书的演变过程。分为古代汉字阶段（商代—秦代，甲骨文—小篆）和隶书楷书阶段（汉代—现代，隶书—楷书）。

2. 隶书是两汉时通行的主要字体，笔画平直，略有波浪起伏，书写简便。

3. 草书形成于汉代，是辅助隶书的简便字体，主要用于起草文书和通信，使用连笔，书写快捷，但难于辨认。

4. 行书出现在东汉晚期，楷书产生后，逐渐演变成介于草书和楷书之间的字体，易书写，比草书易辨认。

5. 楷书也叫"正楷""真书"，汉魏之际形成，南北朝时期逐渐成为主要字体，一直使用到现在。"楷"有"规则"之意，字形方正严整，笔画平易圆转，更便于书写。

6. 汉字是方块字，有独体和合体之分。独体主要是以图形为基础发展变化而来的"象形字""指事字"；合体是以独体字为基础而构成的，包括"会意字""形声字"。

7. 关于汉字的形成，前人有所谓"六书"：象形、指事、会意、形声、转注、假借。现代学者认为，六书前四种是构字法，后两种是用字发。

8. 书法与篆刻为汉字插上了艺术的翅膀，使一个个平实的方块字灵动起来。

《奇妙的对联》

1. 对联也叫"楹联""楹帖""对子"，由骈文和律诗演变而来。形成于唐宋，盛行于明清。

2. 对联由上联、下联组成。字数多少无规定，要求对仗工整，平仄协调。对仗的要求是：字数相等，词形相同，结构相当。平仄协调，要求平仄相异。平声舒缓，仄声短促，上联最后一字必为仄声，下联最后一字必为平声。

3. 对联为竖行书写，中间不加标点。张贴时，上联在右边，下联在左边。

《姓氏流源与文化寻根》

1. 上古时期，姓氏有别。姓的偏旁为"女"，反映母系氏族社会的特点，只知有母，不知有父，只有通过不同的姓来区分不同的部落。

2. 夏商周三代，姓氏一分为二，贵族男子称氏，贱者有名无氏。称姓是为了区别婚姻，避免同姓通婚。

3. 夏商周三代，常以封地名、国名、官职名、居住地、职业技艺及祖先的字为氏。

4. 秦汉时代，姓氏合二为一，而一般的老百姓只有名，不配有氏。

人教版高中语文必修教材课文涉及人物

自编创新素材积累

创新素材积累第一辑

本辑人物：陶渊明、苏轼、苏武、王勃、牛顿、爱迪生、居里夫人。

一、用心活出真实自我的隐者——陶渊明

1. 官场的污浊没能玷污彭泽小令那菊花般的高洁。他来了，带着一阵阵菊香，带来了与自然结合的豁达心胸。面对宫阙，他选择了归园，但他的丰碑永远树立在田园郊野之上。五柳树下，与无怀氏与葛天氏对饮，静观窗前菊花依然迎风盛开。（白博辉）

2. 他的眼中再也容不下官僚之间的惺惺作态，他的耳中再也听不得献媚或中伤他人之言，这满是糜烂腐朽之气的地方令他感到窒息。陶潜愤然拂袖而去，他要去看家乡的秀水青山，听那清风奏响的松涛，嗅那淡酒与秋菊的芬芳，他是自由的歌者，要在属于他的天地歌唱。（王梓楠）

3. 微风袭来，一间破旧房子边的五棵柳树随风起舞，树叶唱出了属于自己的歌。周围没有艳丽的鲜花、弱不禁风的细草，只有挺拔的五柳和坐在房中的他。（王鑫雨）

4. "少年罕人事，游好在六经"，陶元亮自幼通习儒学，闲静淳善，受道家影响，一生追求回归自然。他就似一只独栖的鸟儿，"世与我而相违"，却又"性本爱丘山""尝从人事，皆口腹自役。"他仕途多舛，却于田园中寻得了真正的自由与幸福。植庭中五柳，于阴下抚琴，足矣。（王越阳）

5. 时光如水，它的束缚是寒冷；梦幻如酒，它的束缚是痴迷；心灵如镜，

它的束缚是距离。而陶渊明正在独自寻觅自由。"采菊东篱下，悠然见南山"，随心所欲，追逐的正是自由的轻快，没有束缚，享受的是自由的安宁。（胡英文）

6. 日薄西山，飞鸟相还，东篱之下，他手采菊花，悠然度日，远去了车马之喧，远去了尔虞我诈，面对着钟情的菊花，真意无须言语。他生活得自在，处处洋溢着超脱与淡雅。

7. 你是一朵超然的菊，绽放在南山之麓；你是一只自由的舟，徜徉于诗歌之海；你是一片淡雅的竹，驻生于茅店之侧；你是一方婉约的水，流淌于世俗之外！（孙佳慧）

8. 官场厌而返乡是为假隐；厌官场而归田，是谓真隐。仅仅一个县令，见微知著，就能映射出世官场的黑暗。不为五斗米折腰，是做人的气节；采菊东篱下之悠然，是隐士的安闲。陶渊明，他是真正的隐士，真正的智者。（盛浩源）

9. 披一件蓑衣，种豆南山，将欲望扔进云山深处；举一杯浊酒，赏菊听松，将灵魂融入自然之中。草露沾衣，与露水为伴；采菊南山，与菊花为伍。纵然短褐穿结，仍不戚戚于贫贱，不汲汲于富贵。心似琉璃，淡泊名利，弯腰种豆，种下的是一片超脱尘世的宁静。（王佳莹）

10. 一任彭泽令，一句"堪为五斗米折腰耳？"陶元亮结束了最后一次入仕，毅然离去。他已然懂得田园之乐，于是躬耕田亩，琴书诗词，这何尝不是他最深切的感悟！（贺佳瑀）

11. 尘世中的嘈杂，充斥了名利物质的笑声是进不得五柳先生的耳朵的。那些笑声会让他想起他的那些花儿，在东篱下，南山边，静静为他开着。那一方缭绕着菊香的田园，才是他心之所向。他要离开那些笑，快些奔向他的那些花儿。（党文蔚）

12. 陶渊明厌弃官场，从心所欲，追求个人自由，村上春树说："不是所有的鱼都生活在同一片海里。"那么就会出现海子的"面朝大海，春暖花开"，也会出现辛弃疾的"东风夜放花千树，更吹落，星如雨，宝马雕车香满路"。陶渊明不喜欢任何指正性的确认，始终走在一条与世俗疏离的道路上。他的田园，如同被潮水围拢的一座孤岛，却用被怯懦包裹在内心的勇气，发出了黑暗乱世之中的微弱光芒。（任宇飞）

13. 蒲公英是一种遍地开花的野花，它不需要人的管理照料，只靠阳光和雨露的滋养，便可以成活。风一吹，白色的蒲公英一点一点地从茎上脱落，

随风而逝自由地飘向远方，世人只说陶渊明爱菊，因他厌弃官场，从心所欲，可有谁想过，蒲公英何尝不是他的写照？（白欣雨）

14. "不为五斗米折腰"，为了保持自身的傲岸，你追求自由，厌弃官场，像笼中的小鸟，想要飞得更高，向往自由。你会用尽办法打开困住自己的笼子，愿你翱翔于蓝天时，不会留恋笼中的安逸生活。（欧阳世超）

15. 一丛野菊，两间田舍，三四米木篱笆，五棵垂柳，六七株青竹，对陶潜而言，这已足够。他如芦苇，脚下是淤泥，头顶即穹窿。他宁将自己连根拔起，悠悠然，拂过山岚，直上云天。（周禹妍）

16. 牡丹，花之富贵者也；菊，花之隐逸者也。五柳先生不喜欢牡丹，唯爱菊。菊花淡雅，芬芳自现，五柳先生就如同这菊花般，性情自由，认为"世与我而相违"只向往"悦亲戚之情话，乐琴书以消忧"般的逍遥日子。（闫靓）

17. 一袭布衣，两袖清风，换来陶渊明心灵上的放飞自我。大隐隐于世，即使身处泥潭，他也不沾染分毫污浊。赋诗五柳，把酒东篱，何须有羡鱼之情！（包佳琪）

18. 菊花盛放，东篱之下，采桑种豆，悠然自得。（闫晓敏）

19. 他已经厌倦了那个利欲熏心的官场。他气愤地说："我岂能为五斗米折腰向乡里小儿？"于是辞官归田。像天上的鸟儿，生来就要与天空做伴。（罗杨）

20. 从"彭泽去家百里，公田之利，足以为酒"到"及少日，眷然有归之情，何则？质性自然，非矫力所得。"敢问世上有几人有他这面朝自由背朝钱的勇气与豪情呢？（阿如罕）

21. 在榆阴柳影下，淡雅清溪旁，执一杯美酒，诵明月之诗，歌窈窕之章。闹腾的尘世外，竟有这一片宁静，多亏有你的守候，这世界才不会只有喧嚣。（宋婷婷）

22. 你一身仙骨，注定不会沦落世俗。归隐田园，躬耕、望野、品酒、赏花，这些，便已足够。（安宁）

23. 你只看到他的超脱，却读不懂他的落寞。你嘲笑他不与争锋的懦弱，他可怜你只能在尘世漂泊。他会向你证明，为五斗米折腰有多不值得，他告诉你，仕途，越向前行越需要失去真我。他是陶潜，一个不与世俗合作的隐者。（陈香凝）

24. 你鄙弃"为五斗米折腰"的唯唯诺诺，你追求"采菊东篱下，悠然见

南山"的自由自在。你不以物喜,不以己悲。你相信,清水出芙蓉,天然去雕饰。所以你坚持,静以修身,俭以养德。(陈福建)

25. 视功名如粪土是你不羁的个性,向往田园生活是你最真的本性,你的率性与洒脱向我们证明了:最普通的生活才是最美好的。(包玲玲)

二、超然豁达的文化符号——苏轼

1. 心静如水,装下的是整片天空;心明如月,映射的是太阳的光辉。苏东坡,不断被贬谪,但他也没有抱怨,依然笑对人生;鲲鹏翱翔万里,不会在意蜩与学鸠的嘲笑,不会臣服于千里的狂风,相反,他会借风而行,旷达于世。(胡英文)

2. 尼采说:"一个人知道自己想要什么,就可以忍受任何一种生活。"苏子曾因乌台诗案跌入人生与仕途的低谷,饱受排挤与陷害,但他从未颓靡,始终有着向上天怒问"谁怕"的勇气,怀着"饱食惠州饭,细和渊明诗"的超脱旷达之心。"人间有味是清欢""且将新火试新茶,诗酒趁年华"。舍去功名利禄,才换得了真正的快意人生。(王越阳)

3. 一个人可以豁达到什么程度?佛曰:"不可说。"且看东坡站在西山上,任北风呼啸,心向南方。他是一个秉性难改的乐天派,一壶老酒足以慰风尘;他是一个懂得自洽的失路人,山水之乐足以宽吾心。泛舟于赤壁之下,饮酒属客,笑曰:"富贵荣华,与我何妨?天下之美,乃吾所往。"江上扁舟,一蓑烟雨任平生。(白博辉)

4. 太耀眼的光芒总是引起小人嫉妒的目光,卑劣的小人们媚笑着走来,历史的阴霾从此要羁绊苏轼一生,乌台暗流褪尽了昔日的荣耀,颠沛流离取代了曾经的风光霁月。信而见疑,忠却被谤,这样的挫折他始料未及,这样的遭遇注定坎坷,因为小人们总喜欢在暗中加害于他。但苏轼毕竟是苏轼,他能驾一叶扁舟,出没于惊涛骇浪而从容应对,豁达处之。在白露横江、清风徐来之际,他以自己更加旷达、疏狂的性情和那俯仰万世的思想,来压制内心深处对人生变迁、世事无常的感伤。他豁然开朗,悟出了"自其不变者而观之,则物与我皆无尽也"的哲理。在这场与邪恶的拔河比赛中,苏轼取得了心灵上的胜利。于是,他远离了喧嚣,回归于清纯空灵。于是他寄情于优美的诗文,沉淀出不朽的艺术。于是,凄苦得以超越,灵魂得以提升,奇迹得以出现。历史永远记住了这个响彻千古的名字———苏轼。(姜婉秋)

5. 苏东坡的一生有如麦子的一生，乌台诗案前，他年少成名，潇洒风流，正如那未熟的新麦，笔直向上。乌台诗案后，他被现实压垮了腰，被小人抨击，被朋友陷害，似永无出路。然而一时的失意是成功所必需的铺垫，之后，苏轼以前后赤壁赋震惊了文坛。正好似那麦粒，颗颗闪着金黄。（王子羽）

6. 枝柯涌流日月精华，花萼孕育出一朵尘世绝唱，不经意间，已成就千年的美丽。他是文人的奇迹，一杆竹管潇洒地涂画，便能镌刻山河，撼动寰宇；超然的风范更能倾倒众生，俯仰万世。他的文是高山流水般的风雅，清新畅达，洗尽浮华，流传华夏，万古不衰！（孙佳慧）

7. "不以物喜，不以己悲"，不畏权势，不同流合污，以天下苍生为重，以节义贞操为重。他的"一蓑烟雨任平生"道尽了千古的道理。他一生风雨，一生坎坷。然而，他走到哪里，他的名字就回响到哪里。（陈畅）

8. 心若宇宙般宽阔，又何必计较尘埃般大小的烦恼的存在，苏东坡就是这样。内心如浩瀚的宇宙，天下苍生便是宇宙的中心，光荣与屈辱皆为尘埃，而他自己则是宇宙之外的虚无。（吴扬）

9. 伴着沙湖道上穿林打叶的雨声，他在风中悠然的漫步着。一枝竹杖，一双草鞋，轻捷更胜骑马之人，东坡居士，一位行走在狂风暴雨中的勇士，他无所畏惧，一往直前，轻蔑地说出那一句："谁怕，一蓑烟雨任平生！"（王璐瑶）

10. 有人像竹般坚挺，有人却是水般柔和，水是描述东坡最形象的词。他有智慧，不因一跌谷底便轰然倒地。在谷上他可以一览天下大景，但在谷底，他可数细数幽兰几何，枕藉舟中，又何尝不是快乐呢？（贺佳瑀）

11. 心如大海般宽阔，便不必计较如蜉蝣般渺小的烦恼，苏轼就是内心如大海，荣辱顺逆即为蜉蝣，能容一切。（王皞玮）

12. 屡屡被贬，越贬越远，但苏东坡没有壮志难酬之恨，亦没有重可覆舟之仇。他从南方被贬到最南方，一路上他尝遍榛果美食，游遍奇山异水。偶尔起兴，他便架舟于江渚之上，感慨人生，最后枕藉于舟上，好不自在。超脱者谓谁，被贬者苏东坡也。（包佳琪）

13. 一生坎坷曲折，接连遭贬却乐观豁达，有名句"日啖荔枝三百颗，不辞长作岭南人"来表达自己随遇而安，无为名利所左右的高贵品质。现如今，人们对功名趋之若鹜，对金钱寤寐思服。不少人为之而"操劳"呕心沥血，更有甚者为它而"奔波"的精疲力竭，心力交瘁。而这些所缺少的，就是苏轼所具备的旷世超脱，看淡名利，不计较得失的博大胸怀。（张涵）

14. 高可与云霄齐飞，卑可与落泥为伴，他是高高在上的官，也是与"春梦婆"对峙的民。他不把自己困于世间任何一个囚笼，人言滔滔，他自笑傲。（陈楠）

15. "回首向来萧瑟处，归去，也无风雨也无晴"是他的旷达超脱，不计较得失的体现，纵使数度贬谪，远去京城，不复当年显耀，他依然故我，看淡荣辱，淡泊名利。纵使他当年的好朋友章惇对他百般迫害刁难，他却依旧一笑置之，随遇而安。苏东坡，好似一缕清风，悄无声息地来到人间，淡淡拂过每个人的心，他从不计较什么，也不想卷走什么，待到一个合适的时机，再悄悄地消散，留给世人一个潇洒的背影和无数华美的诗篇。（崔红驰）

16. 东坡之毅，扎根如树。无论身处何种险境，总能扎根于此，并乐观面对，论心境，其宽如海；论志，其立于树，艰难困苦都不会成为这样人路上的阻碍。心能容纳百川，便不会沉沦。（闫晓敏）

17. 苟非吾之所有，虽一毫而莫取！这是你的符号，也是历史、文化的符号。无数的人在传颂你的美名，在模仿你的身行，但都难以与你比肩，为什么？因为那座心灵的赤壁，唯有你，才能突围。（孙海超）

18. 豁达超脱，是你的名片；自由不羁，是你的宣言。竹杖、芒鞋，舞一曲飘逸；小轩、松岗，叹一缕悠长。（韩笑）

19. 你豪放，所以视得失如浮云；你细腻，所以屡感慨于万物。自古英雄皆寂寥，奈何秋水对冷桥？（关昊天）

20. 我们总算有个理由看淡一切了，过去的过去了，未来的还没来，只有现在称得上永远。正好，永远的我正享受着永远的现在，悠然怡然豁然。（郭岩）

21. 赤壁怀古，你慨叹"大江东去，浪淘尽，千古风流人物"；密州出猎，你高呼"会挽雕弓如满月，西北望，射天狼"；徐州出行，你吟啸"竹杖芒鞋轻胜马，谁怕？一蓑烟雨任平生"；把酒对月，你轻唱"但愿人长久，千里共婵娟"。宠辱不惊，坐怀不乱，苏东坡，你用你的豁达与洒脱，雍容了整个北宋。（智慧）

22. 世界为何物？人生为何物？得意时饮酒作赋，落寞时作赋饮酒。诗酒让你沉溺在自己人格转换之中，迷失在自己的围城。东坡居士，祝你早日突围成功。（才赫）

23. 月下把酒，你情——潇洒浪漫；江边吟诗，你文——磅礴恢宏。只愿清风能吹走你忧，白云能带走你愁，让心自由飞翔，让梦随风飘荡。（杨岩）

三、穷且益坚牧羊人——苏武

1. 苏武不是一个聪明的人,他无法体会山间清泉那迂回终入大海的灵动妙意。支持他志节不改的,只有心中一座高山,巍然矗立,他的志节同此山长存。沧海可以桑田,而山岳不易撼动。造化之力尚难为之,而匈奴的卑劣伎俩便更显得渺小而可笑了。(姜婉秋)

2. 冰封万里,万里飘雪,在那寒涧之中,挺立的不只是身躯,还有那灵魂。在与那雪水相依偎的日子里,你应该是十分欢喜的吧。你犹如那雪莲,尽管无人赞许,却依旧保持自我纯真,始终昂扬着你那高贵的头颅。(姜姗姗)

3. 时光飞逝,十九年的忠贞没有被北海的荒凉消磨,一颗赤子之心令无数人感动。命途多舛,你不悔;岁月蹉跎,你不愧。你以自己的坚守,诠释了什么是忠诚。(宋佳乐)

4. 十九载风餐露宿茹毛饮血,换来虚名一个。人生在世难图一遇,大汉天子不经意的一顾却胜过单于一片痴心,你负了单于,或者说,你负了自己。(张强)

5. 十九年的坚守只为心中爱国,十九年的苦难成就英雄本色。岁月带走你青春容颜,留下的是大写的"执着"。(布春雨)

6. 大漠孤烟,你心中一直燃烧着那盏明灯,闪耀着人性的光芒。(孟范平)

四、天外飞仙——王勃

1. 伫立于水天相接的江面,感受这世间的浮沉,满腔的热血与激情跃然纸上,笔纸间的摩擦写进了你对美好生活的向往,"时运不齐,命途多舛"的壮志难酬,有的是你那"失之东隅,收之桑榆"的自勉,失去的永远是风景,不会埋没的是那颗穷且益坚老当益壮的心。(王佳莹)

2. 他自强不息,永不言败。尽管仕途坎坷,命途多舛,报国无门,但他仍能坚守住报国的初心,不屈于命运,说出"穷且益坚,不坠青云之志"的豪情壮语。可惜天妒英才,这只本应绝云气,负青天,抟扶摇而上九万里的大鹏鸟还未来得及一展宏图就英年早逝,留下千古名作让后人追怀。(王璐瑶)

3. "勃三尺微命,一介书生",滕王阁上的他,面对众多位高权重的人,没有自卑,有的是得意扬扬,才高于世,一篇《滕王阁序》述不尽他的才与他的凌云壮志。尽管被贬如大雨倾盆,也浇不灭他的壮志,如电闪雷鸣也劈不折他的清节傲骨。(肖毓)

4. 王勃，如流星一般炫目出世，被赞誉为神童，年少才高。却因《檄英王鸡》一文被免官罢职，接着便遭受了接二连三的打击。塞翁失马，焉知非福。这时的他的文学造诣达到了顶端，一代才子，即使堕入尘埃，却仍依旧灿烂。酌贪泉而觉爽，处涸辙以犹欢。虽一时失势，却在蓄力等待东风的来临。正如那垂危的老树，待到雨后，便会枯木逢春。（包颖）

5. 挥笔即成《滕王阁序》，才惊四座，傲视群雄，这是王子安过人才学的一次呈现。他如松，倔强而不屈，他有过官大亨通的想法，但他更想守行不移。（贺佳瑀）

6. 有的人像树，从不依靠，从不寻找，非常勇敢，非常骄傲。王子安就是这样的人，年少有为，意气风发。以昂扬的姿态伫立在那里，任凭风雨的摧残，他依旧伫立在那里，站成永恒。（张涵）

7. 风中飞扬的是他的飘逸的长发，空中传来的是他的爽朗的笑声，鲜衣怒马，狂傲不羁。虽然这世间所留下的他的美好过于短暂，但就像夜空中那一刹流火，谁也不敢说，不曾被他震撼。（陈楠）

8. 王勃如初生的旭日般在初唐的文学家中闪耀着夺目的光彩，被列入"初唐四杰"。年少时，才高八斗，学富五车，引经据典，信手拈来。如《滕王阁序》百世传芳，惊艳了时光，一生不改初心，奈何天妒英才，英才早逝，可惜！（张婉婷）

9. 他不是诗仙，不是诗圣，不是诗鬼，可是他却是真正的旷世奇才。他少年成才，可因一篇《檄英王鸡》被逐出王府。他仕途坎坷，报国无门，却没有停止对生命价值的思考。出于对生命的热爱，他发出了"不坠青云之志"的宣言。自己虽然失意，但济世的信心并未泯灭。人生有太多不如意，可生活还是要继续，要相信：希望永远就在自己心里。（罗杨）

10. 他有过"冯唐易老，李广难封"的无奈，也有过"直挂云帆济沧海"的志向，但他更是滕王阁上的旷世奇才，他是意气风发不肯低头的，命途多舛让他少了长立于世的时间，却让他有了在自己的世界做一介书生的机会，人生虽短但全无遗憾。一千多年过去，世间已沧海桑田，唯有他和他笔下的"秋水共长天一色"未曾老去。（崔飨）

12. 年少成名，一篇《滕王阁序》流芳百世；英年早逝，不禁慨叹天妒英才。怀才不遇没能阻遏他深邃目光，却使他感悟到了人生苦短，发出了与年龄不符的慷慨之词。也许流星般短暂的一生在世人眼中是不折不扣的悲剧，

但有时悲苦也是一种高贵的命运。如今的赣江之上，夕阳依旧，也许在这一江春水之上，还依稀有着一丝守望的风。（白博辉）

五、镭的母亲——居里夫人

1. 无数个日出，无数个月升，在每个人都安然入睡之时，只有她——居里夫人，无刻不与成吨矿渣为伴，同各样化学试剂为友，只为最终那微小，却能照亮全人类的淡蓝色荧光。于她而言，奖杯只是孩子的玩具，玻璃试管才是她的武器。她为全人类斗争，为全世界斗争，为那淡蓝色的希望斗争！她实现了自己的价值，不在名利中，而是在那炼出镭的欢悦中，在那永垂不朽的"居里夫人"中！（王越阳）

2. 作为一名炼金术士，需要勇敢地尝试各种配方并不断坚持，才能得到想要的，甚至需要祭品。她以十几吨废渣为底料，以自己的青春和生命作配料，炼制七天七夜，终于得到一张全新的配方，可以造成范围辐射伤害的"神奇药剂"。（吴浩然）

3. 爱因斯坦说："玛丽·居里是一个唯一没有被盛名宠坏的人"。她视荣誉如粪土，将他人求之不得的奖章送给女儿当玩具。人们将她坚强的毅力铭记在心，却无法想象她探索过程的艰辛。漫漫探索路，她不知多少次因过度劳累而躺在病床上，但她始终为了自己的目标快乐地劳累着。（王佳莹）

4. "花谢花飞花满天，红消香断有谁怜"，破陋的实验室，她却执着于千百次失败。她是一道曙光，刺破世界所有的阴霾，扶摇直上。只要你真的坚持，人生最坏的结果不过是大器晚成。（陈畅）

5. 居里夫人是一名战斗不息的人生斗士，无论生活如何困苦，希望如何渺茫，她都不曾放弃，如果说那探索之路是那漆黑的天空，那么因她的坚强意志，使这片夜空繁星闪耀，熠熠发光。（姜姗珊）

6. 几吨的化学原料，在她的手中得到了质的飞越，淡蓝色的光芒昭示着"镭"的诞生。然而，正如巴尔扎克为了文学创作用黑咖啡自我销蚀一般，化学原料的辐射也销蚀了居里夫人的生命。但那些投身于科学事业燃尽自己生命的"战士"们，值得我们去赞颂。（杨晶晶）

7. 艰难困苦，玉汝于成。一间小木屋搭起的不仅仅是家人的避风港，筑就的还是科学事业的辉煌，承担的更是伟大的人格尊严的。居里夫人在这件破旧的小木屋里，历经千辛万苦，经历数百次失败，最后练出了这珍贵的0.1

克的镭。这0.1克的镭不仅仅是科学史上的明珠，更是居里夫人最珍贵的孩子。（闫靓）

8. 几百年前的法国闪映了一束蓝色的光芒，一个女人以青春为代价实现了一个举世的创举，提炼出了一种新的元素——镭，她就是玛丽·居里。在镭元素的提炼过程中，她的容颜逐渐被吞噬，她的健康也慢慢被销蚀。她依旧无怨无悔，自始至终都跻身于科学事业的第一线，玛丽·居里的品质值得我们赞扬，更值得我们学习。（吴慧颖）

9. 沙中淘金，靠的并非勇气，漫漫黄沙之中，找寻其中的珍贵，靠的是毅力与能力。无中生有并不简单，而成功则更不易。镭可以散发出绚烂的蓝色，而背后却是一个女人全部的青春。居里夫人，一生都是最美的人。（闫晓敏）

10. 她从化工厂把含镭的废料运来再放入电锅里蒸，用棒子搅，实验室里全是呛人的浓烟，她却片刻不离，她从800吨水400吨化学药品100吨铀沥矿中提取出0.1克氯化镭，自己却瘦了30斤，她牺牲了自己青春，只为实现提取放射性镭的梦想，她放弃了金钱名利，将科学分享给了全世界。（崔飨）

六、物理痴人——牛顿

1. 如果我问你："煮过鸡蛋吗？"你一定会毫不犹豫地点头，但如果我问你："煮过怀表吗？"你一定要笑我疯了。可就是有这样一个痴迷的人儿误将自己的怀表煮了，他就是天才科学家——牛顿。牛顿痴迷于科学，每每做起研究都如饥似渴，甚至不舍得将双眼离开实验台一秒，哪怕是用来寻找鸡蛋的一秒。那个曾抱着水车模型躲在角落的他，早已蜕变成了科学道路上的"巨人之肩"。牛顿煮的不只是鸡蛋，不只是怀表，而是那翻滚在沸水中，却始终在表盘下分秒不停，默默滴答着的，最质朴、最忠诚的奉献之心啊！（王越阳）

2. 我们煮鸡蛋，煮的是味道；牛顿煮鸡蛋，煮的是境界。（敖灵童）

3. 是鸡蛋，还是怀表？是分神，还是专注？于吃饭而言，牛顿的分神会令他失去一顿早饭；但于学术而言，他的专注会让他更加接近成功。也正是他的专注，才得以让他拥有如此伟大的成就及后世无比崇高的地位。（盛浩源）

4. 这是何等的热爱工作，何等的投入，我相信这"鸡蛋"品尝出来的味道一定是美味无穷的，一颗初心胜过繁华万千。追逐梦想的路上，多少人能从一而终，但是，他做到了"衣带渐宽终不悔，为伊消得人憔悴"。（姜姗珊）

5. 牛顿拥有这世上无与伦比的创造力与专注力，因此，他无法将更多的精力放在满足肉身的需求上。对他而言，精神世界的满足和对真理的探索才是最主要的。只要沉浸在科学真理之中，即使煮的是怀表，那也将会是一顿美餐。（包佳琪）

6. 是有多么投入和认真，才会误将怀表投入锅中？牛顿的一生，一直在为人类社会的进步而奋斗着，他把全部的精力投入到科学中，但却连这样一件小事都没有注意过。他的成就就像一座高塔一样耸入云霄。试问，如果没有牛顿伟大的发明和奇思妙想，我们还要多久才能步入今天这个发达的世界？（崔红驰）

七、改变人类生活方式的发明家——爱迪生

1. 有人可以为一次的成功而失败上十次百次，似流星陨落，燃烧自己，只为留下一尾绚烂。恶魔的背后是天使，有位来自黑暗的天使，他叫爱迪生。（包强强）

2. 时代的洪荒把每个人的生命都变成一枚薄薄的纸片。而真正的勇士在任何情况下都会焕发光彩。他是一道曙光，点亮了漆黑的夜晚。（陈畅）

3. 数万年前的一把火让猿变成了人，数万年后爱迪生的一盏灯让夜变成了昼。（魏正然）

4. 他是凡间的普罗米修斯，给人类带来了光明。在盗取"火种"的路上他使用了上千种的材料，终于发明出人类第一盏有使用价值的电灯。如今的世界在夜晚灯火通明，这是这位普罗米修斯经过数千次尝试带来的"火种"。他带来的光明永远照耀着人间，他坚持不懈的精神鼓舞着世人。（王璐瑶）

5. 如果全世界都在亮着，爱迪生一定会想到，他的发明的可用性；但他一定想不到，每当照亮的灯亮起，全世界人民都在怀念他，仿佛看到他无数次试验后也依旧严肃认真的面庞。（高冰美）

6. 一盏电灯点亮了千百年来永夜，为人们带来了彻底的光明。在那点点灯火下，又汇起他的身影，他虽不是光的本身，但却为我们带来了光明。谢谢您，光明的信使，人间的普罗米修斯。（贺佳瑀）

7. 黑夜如此漫长，充满未知，也充满危险，而电灯的出现就像夜路上突然出现的扶手，带来了"光明"，也带来了希望。（王皞玮）

8. 爱迪生手中的斗转星移，为人类开启了电学大门。金属丝的更迭，预示着真理的近在眼前。钨丝中了头彩，它将名流科学史，它成就了爱迪生，

爱迪生也成就了它。从此钨丝不仅会在科学实验室中见到，它会迈开步子，进入大街小巷，千家万户，照亮黑暗。（党文蔚）

9. 爱迪生是一位举世闻名的科学家，他曾说过："天才要靠99%的努力和1%的灵感。"这句话也是他的真实写照。电灯为漆黑的夜晚带来了光芒，它如此的小巧，可却使得爱迪生进行了近千次的试验。正如毛泽东所言"世上无难事，只要肯攀登。"试想，一个人究竟要有多么大的毅力与恒心才会永不停歇的将一件事进行上千次？他正如破壳的嫩芽，怀着对生命的探索和未来的期盼，去奋力搏击，只为探得生命的光芒和心中的远方。（包颖）

10. 一千次的失败，只为第一千零一次的成功。一个发明开启了一个新时代，蕴藏着发明者无尽的心血与泪水。它如同花朵一般，经历萌芽，生长的层层关卡，终于有一天迸发出诱人的芬芳。爱迪生历经磨难，终于为世界点亮了一盏灯。（闫靓）

11. 爱迪生历经重重磨难，失败了无数次，终于发明世界上第一盏台灯。电灯不仅仅证明了黑暗的环境，也照亮了人们畏惧黑暗的心。从此，人们再也不惧黑夜征途，再也不会有午夜梦醒时的无助，时间将会最大限度地被利用。（崔红驰）

12. 光明之火，需得经历重重历练。任何一道看似简单的步骤都会决定其成败。而爱迪生却在重重困难之中找到了光明之火。发现、探索、利用、让人类可以不再依靠太阳，寻找自己的光亮。（闫晓敏）

13. 若是没有爱迪生，是否还会有温迪生，牛迪生？我们不可否认，历史长河里有无数唯一的成就，这些成就都源于刻苦的钻研。（刘家俊）

创新素材积累第二辑

本辑人物：董狐、赵盾、士季、鉏麑、灵辄。

一、千年信史——董狐

1. 在你眼中，史如明镜，善不能隐，恶不得藏，功就是功，过便是过。无论有何苦衷，不管有何隐情……一概不得辩驳！铁面无私，落笔生根，好一个强项太史，好一个千古董狐！（黄华）

2. 有人在创造历史，而有人在记录历史；有人在幻想历史，但有人在澄

清历史。董狐，一个书法不隐，为后世留下真实历史而奋斗的史官，永垂不朽！（才赫）

3. 你董狐，真不愧"古之良史"！你仰不愧于天，俯不怍于地，不畏强势，奋笔直书，还人民一个真相，还历史一个清白。铁肩担道义，你是铁骨铮铮的男儿！（孙海超）

4. 哪个说百无一用是书生，我只道直言不讳笔生锋。目可鉴日月，身如不屈松。愿意用生命与鲜血还原事实。留给我们最公正的真相。可赞！大丈夫不畏强权。（杨岩）

5. 管你够高、够狠、极义、极仁、极贤，是臣请善臣事，是君请行君道，是非不管，一律铁笔伺候。他记的不是历史，是良心！（徐嘉俊）

6. 昨日的惨淡，今日的萧索，在他的眼前一一浮现，纵使被世人唾弃又如何？纵然遗臭万年又如何？定当手刃昏君，为了晋国，为了人民，纵然牺牲自我，又如何？（额德）

二、仁厚长者——赵盾

1. 人生为一大事来，他的一生都在做一件事——忠君爱国。劝谏无果，追杀逃亡，却始终无法割舍对祖国的爱恋，忠君爱国即是乐，不用浮名万世传。遥远苍穹，他便是那最闪亮的星。（吴亚楠）

2. 面对无辜的苍生，他毅然回头。他不能，弃百姓于水火，享个人之荣华；他不能，忿然而不谏，同僚之不谦，赤胆忠心报国心，怜悯众生亡国恨，愿背千古骂名，只留内心无愧，大丈夫顶天立地，洒脱于世，他，就是赵盾。（王月媛）

3. 进谏，上朝，施恩，尽职。忠诚宽厚，忧国辅君职；心怀苍生，忧民做己任。他，一生沉浮，一世英名。宣子者，英雄也。（李玉婷）

4. 高尚的爱国情怀征服了冷面杀手，平日的以礼相待使家丁甘愿为你而死，首山相助不求回报，多次死里逃生仍不忘黎民苍生，在你身上永远闪烁着心怀天下、为国为民的人性光辉。（贾铭）

5. 恭宽信敏惠，你雪中送炭映真情；仁义礼智信，你为民蒙冤心亦甘；温良恭俭让，好一个谦谦君子识忠良。面对别人的误会，你忍辱负重。知你者为你心忧，不知你者谓你何求？到底是忠民爱国，永垂不朽。（刘霞）

三、古今第一谏士——士季

1. 为臣，他是尊礼重义的；为友，他是明信谦和的；为君子，他是当之无愧的。哪里来的精神让他直言进谏？是勇气。哪里来的勇气让他三进及溜？是忠贞。哪里来的运气让他全身而退？是智慧。君子之道，六德俱全。（郭钰）

2. 直言不讳，是对国家的忠；不畏权势，是你的勇；一马当先，是你的智，忠勇智集于一身的你——士季——担得起"古今第一谏士"的名号。（才赫）

3. 士季，你那一抢，抢出了国家的利益；你那一让，让出了朋友的真情；你那一谏，谏出了天下美名。（夏东亮）

4. 士季，你忠诚人民，守信为友。智勇双全，坚贞果敢。谁说为了富贵要在同僚背后放箭，你偏为了朋友两肋插刀。（李研）

四、仁义刺客——鉏麑

1. 你残忍的刀锋无数次插入炽热的胸膛，你眼中是血，心中有善！贼民之主，不忠；弃君之命，不信！谁说刺客没有道德？这个杀手不太冷。（陈香凝）

2. 你，杀人无数，却也有慈悲之心；你冒险为财，却也懂民贵君轻。你；一个坏人，却也遵守诺言：这就是你，冷酷无情的外表隐藏着一颗火红的心。（宋婷婷）

3. 你是一名杀手，却拥有一颗良善之心。是你告诉我们，杀手也有道德；是你告诉我们，人性起初善良……因为有你，这个世界不算黑暗，因为有你，我们心怀天堂！（李欣欣）

4. 鉏麑，昔日的你，也许是凶神恶煞，双手沾满罪恶的血迹，今日的你，却挥洒着忠义的光辉，彰显着英雄本色！你的生，践行了罪与恶，你的死，诠释了忠和信。（董晓颖）

5. 身为刺客，肩负使命，为忠行事；身为仁士，忠于人民，舍生取义。以忠诚彰显光辉，用正义见证永恒！（秦丽曼）

6. 很多人不懂为何你如此年轻便草草了结了自己灵动的生命。但显然有种东西，比生命重要。鉏麑，你没有贼民之主，你也没有弃君之命，你有的，只是触槐而死的寂寞和悲凉。你在碰触到死亡的那一刻，有没有感到释然？（冯如一）

7. 光阴黄金难买，一世如驹过隙，你用一世光阴，保全万民之主，自古英雄舍生取义，你虽为刺客却忠民爱国。如烟往事俱忘，心底无私天地宽，你将以一世清名屹立天地间。（刘霞）

五、孝义先锋——灵辄

1. 他本可以假装忘记，完成任务后回去领赏；他本可以果断放弃，躲避良心的谴责……但他没有，他将舍食予母视为不得不还的人情债，他用生命报恩诠释"义"的真谛。（郭钰）

2. 你为了一饭之恩，回报了自己年轻的生命。你灵辄，不求忠君爱国美名扬，只求涌泉相报心无愧。孝义冲破云霄，在万丈高空腾起几个大字："今天，你灵辄了吗？"

3. 灵辄，一名普普通通的甲士，却有着我们最真实的感动。受饿三天，接受施舍，只因心念慈母；甲兵数百，倒戈相向，只因曾受一饭之恩。他用他的真诚向我们证明了孝悌之心人皆有之，他用他的生命为我们诠释了滴水之恩当涌泉相报的古老真理。是他，打碎了亲人间利益链条；是他，击垮了人世间最丑恶的恩将仇报。灵辄，生命虽逝，美名长存！（陈香凝）

4. 昔日翳桑之饿人，身处逆境，仍心系老母，似卧冰求鲤，似温席暖床，孝孝孝。今朝灵公之甲士，危难时刻，竟倒戟相向，如结草衔环，如犬马之劳，义义义。（佟春莹）

5. 昔日受点水，今朝报涌泉。翳桑饿人饥寒不忘家中母，危难之时挺身而出救恩人。是孝子，是义士，是英雄，是灵辄。（徐涌峰）

创新素材积累第三辑

本辑人物：氓妻、成卒、屈原、焦母、焦仲卿和刘兰芝、曹操、王羲之、王安石。

一、爱恨交织的清醒与愚顽——氓（氓妻）

1. 她，温婉贤淑，如三月温暖的阳光；她，勤劳热情，如八月似火的骄阳。有妻如此，夫复何求？他，始乱终弃，如弃道边的蓬草；他，虚伪冷漠，似河边冰冷的沙石。有夫如此，亦已焉哉。（吴亚南）

2. 你在最美的年华遇见他，便以为可以共饮一杯水，同翻一座山，但当星光荒凉了夜晚，当祈望换来无尽的等待，你已经耗尽一生。（邓佳琪）

3. 善良是你的本质，热情是你的性格，"不见复关，泣涕涟涟"是你对爱的痴情。为了爱，你甘于贫寒；为了情，你坚守诺言；为了尊严，你勇于承担；你就是这样一个女性，敢爱敢恨，绝不纠缠。（侯雪莹）

4. 曾经的两小无猜，之后的你侬我爱，最终的走向决裂。责任，你不知承担，诺言，你不懂遵守，你得到了自由，却失去了真爱。（韩晓旭）

5. 花言巧语载妇归，待得珠黄恶语催。喜新厌旧枉丈夫，风雨来时应畏雷。（孙成强）

6. 人道海水深，不抵相思半。海水尚有涯，相思渺无畔。曾经他抱布贸丝仅是找一个见她的借口，曾经她远望复关只是再送他的念头。而今，"执子之手与子偕老"的誓言终抵不过鸡零狗碎的销蚀，"等闲变却故人心"的悔恨最终还是取代了"妾拟将身嫁与"的天真。（张秋月）

二、行走在历史深处的寂寞身影——戍卒

1. 你带着对家乡的思念来到边疆守卫祖国，兵刃相交，不是你的本意，可为了祖国，你又别无选择。少一点儿战争不好吗？为何像现在这样摧残生命？（韩旭）

2. 饱尝思乡之苦，满怀爱国之情。正值花样年华，踏上苦厄凶险的征途，直到须发尽白才走上归家之路。他自豪于对国家的赤诚，也悲慨消逝不见的青春。（包春萌）

3. 卫戍国家是你的职责，和平生活是你的心愿。冬去春来，家乡等你已等到了物是人非。（孙鲲鹏）

4. 薇草初柔，战士整装征邑边；棠棣又开，所戍未定奔波苦；雁阵惊寒，望尽天涯无归路；缺月又圆，叹尽月满人分散。终于策马奔故乡，却没了依依杨柳、桃花粉面，更不知还有没有"家"将流失的灵魂收留？（张秋月）

三、卑微污浊世界的一缕清凉——屈原

1. 以香草自喻，以长歌抒情，以投江明志。屈原，身处浊世，心却澄澈，你的精神像火炬一样，指引夜行荒野寂寞的人们。（林枫）

2. 生于忧患，以高洁的气节成就人生传奇；逝于汨罗，用忠贞赢得生前

身后名。他有这样的价值观,亦余心之所善兮,虽九死其犹未悔。他有这样的境界,长太息以掩涕兮,哀民生之多艰……不朽的灵魂,是对正直最深刻的注解。(腾飞)

3. 汨罗江中滔滔水,暗锁英魂得永生。几千年的风尘,任岁月的黄沙将你瘦削的身影拉伸,投射到历史的长卷,映射起民族的辉煌。于是你凛凛走来,高唱着上下求索。(苏民)

4. 你峨眉微蹙,不畏强暴;你高冠长佩,体解未悔。你血化作江水,润泽四方;你骨沉入江底,万民仰望。(冯如一)

5. 心系人民,心系国家,心系天下,这一切似乎是你的本能,纵使受到种种误解,即便屡次流放荒蛮,但也不能使你的爱国之心改变。(田春妍)

6. 没有易水送别的豪情,没有乌江自刎的悲壮,却是一声惊天地泣鬼神的"举世混浊我独清,众人皆醉我独醒"造就的一种文化人格:卑污世界的一片净土,滚滚红尘的一缕清风。(侯秀娟)

四、聚讼不休的"恶婆"——焦母

1. 暂且莫看仲卿结局如何,暂且莫论焦母有何过错。她是一位母亲,仅此便足以说明一切。(左宏图)

2. 你顺从了封建礼教,他们顺从了爱情。你逼迫他们违背自己,他们结束了你的奢望。(郭岩)

3. 天赐好儿媳,不懂去珍惜。自恃家世好,狗眼看人低。自毁亲儿情,鸳鸯死相依。谨告天下母,莫再苦相逼。(王浩然)

4. 也许是出于爱,也许是出于利,你用你不可忤逆的身份,将两个年轻人的心捏得粉碎。你没想到吧?一纸休书换来的不是家业复兴,而是两具冰冷的尸骨。都怪你!你看轻了誓言,看轻了爱情,偏偏看重了你自己。(陈香凝)

五、比翼齐飞的同命鸳鸯——焦仲卿和刘兰芝

1. 心坚似金志如山,情深意浓两难断。怨世难容真情现,终将携手赴黄泉。今生无缘永相伴,来世轮回比翼还。不做鸿雁游于天,宁负苍天不负兰。(王心彤)

2. 温柔似水的女子,因为爱情,变得更柔、更美,但你远比我们想象的坚强。凄美如斯,坚毅如彼,愁苦如你,好想暖你的双手,直到你不再饮泣。

（刘艳洋）

3. 孔雀东南飞，五里一徘徊。我在此间泣，斯人去不来。原来，爱情可以如此壮烈地收场；原来，人可以如此勇敢的死去；原来，生命可以如此辉煌地消散。问世间情为何物，直教生死相许。（黄华）

4. 为爱痴狂，独守坚贞，你是一个弱女子，骨子里却有男儿气，你为我们诠释了一种真情——死了都要爱。（张猛）

5. 奄奄黄昏后，寂寂人定初。这是怎样的悲凉啊！你们一个"举身赴清池"，一个"自挂东南枝"，看似悲剧的结局，实则完美的宣示，宣示对爱的忠贞。当纯真与黑暗狭路相逢，孔雀东南飞告诉我们，纯真获得永生。（佟春莹）

六、乱世之"枭雄"——曹操

1. 酾酒临江，横槊赋诗，一个新的帝国已经在你手中缔造。世人的非议，后辈的评说，这些对你不再重要。或许，再给你一次机会，你仍会"挟天子以令诸侯"，因为这才是你，一代枭雄。（魏志超）

2. 破荆州，下江陵，建个千秋伟业。你用热血书写乱世春秋；酾酒临江，横槊赋诗，你用才情演绎叱咤三国。曹孟德，治世之能臣，乱世之枭雄。（于海天、张帆）

3. 他像一杆旗帜，竖起了那个年代热血沸腾的灵魂，在高处呐喊，再不要白骨露于野，再不要千里无鸡鸣。（周志彤）

七、认真活在当下的智者——王羲之

1. 飘若浮云，矫如惊龙，称赞的是你的书法；为人耿直，傲岸不羁，表扬的是你的品格。（关仕博）

2. 活着，还是死去？这是个问题。他们"超脱"，所谓"齐彭殇一死生"，而你知道，生命的意义在于活着为世界增光，死去为后人照亮，你点醒了多少在"众妙之门"的徘徊者。你留给世界的不仅是墨迹，更是你的生命。王羲之未死，只是淡去在墨中。（才赫）

3. 墨水里融入人生，笔尖下绽放生命。（黄天鹏）

4. 看死生入木三分，在那个生死概念混淆的年代，你思想独到，震撼千古"死生亦大矣"。仿佛一道闪电，瞬间照亮混沌世界的人生之路。（贾铭）

5. 你如清澈水波中的一条自由的小船，沉浸在良辰、美景、赏心、乐事

之中,你以放荡不羁取代迂腐陈旧,你以乐观豁达为后人谱写了一支希望与幸福的交响曲。(明海楠)

6. 狼毫一挥是生命的舞动,砚纸是你的舞台,满载生命的厚重,楷如泰山稳立,行如清冽之风,草如龙凤舞动,你让人们真正了解了什么是书法,兰亭已矣,永不消逝的是这一次豪迈的舞动。(滕珊)

八、文以人传的改革家——王安石

1. 生活是人过出来的不是想出来的,成功是做出来的不是盼出来的。"志"是前提,"力"是基础,"物"是条件,尽吾志而不能至者,可以无悔矣。(郭钰)

2. 历史的变迁冲刷不掉你的千年感叹,它深刻、柔韧、恳切……尽志不至,可以无悔。(王月媛)

3. 只要用力呼吸,就能看到奇迹,你用你的文章警策后人,只要有一丝希望,就要付出百倍努力。即使失败,我们也可以坦荡荡说一句——我曾不顾一切地努力过,所以不后悔。(韩泽瑞)

4. 一次野游,一次错过,让你明白了,生命就像一次旅程,坎坷也会有所收获,失败不是永恒,坚持总会成功。(杨林宇)

5. "翰林风月三千首,吏部文章二百年",王安石,宋词艺术的一座奇峰。这个脸庞消瘦的智者,这个目光深邃的改革家,如同他故居的那几株白梅,桀骜不驯,孤芳自赏,向世界传递永不消逝的暗香。(杨鑫玉)

创新素材积累第四辑

本辑人物:李白、杜甫、贾谊、白居易、李商隐、柳永、李清照、司马迁、孟子、辛弃疾、韩愈、鲁迅、窦娥、廉颇、莎士比亚、哈姆雷特。

一、携天风海雨降临人间的诗仙——李白

1. "笔落惊风雨,诗成泣鬼神"是你超人的才思,"五花马,千金裘,呼儿将出换美酒"是你不俗的气度,"安能摧眉折腰事权贵,使我不得开心颜"是你凌人的胆魄……傲岸不羁、豁达超脱,真性情,真君子。(张晗)

2. 为展宏图,四处游学求仕;一朝成名,便是尊座卿相;身处宦海,却

仍壮志难酬。戏国忠，羞力士，是恃宠而骄还是怨愤难平？赐金放还，背起长剑，寻仙访道，纵情山水，是为寻找心中的理想还是躲避俗世的污浊？李太白，你注定是那落入凡间的谪仙人，官场的黑暗冷却不了你济世的雄心，长剑一挥，劈开长愁之水；举觞一饮，魂游天上人间；秀口一吐，辉煌半个盛唐。（智慧）

3. 一腔热血、一身傲骨，你狂笑着从蜀中走来，经历辉煌后又走向沉寂。一辈子，你见证了一个盛世，却失意了自己的人生。最后，你向江中的月亮飞去，到那一个空间，再找寻属于仙人的天地。（韩诗琪）

4. 当西域的浪漫遇到中土的广博，当胡羌的豪迈遇到大唐雍容，你的出现便不再是偶然。力士脱靴，贵妃研墨，玄皇调羹，是开明大度的唐成就了你，而你还给他们的，是半世的辉煌。（魏志超）

二、悲天悯人的歌者——杜甫

1. 拄一支竹杖，你从泥泞的小路走来，沉郁顿挫地吟咏如同晨光，照亮半壁诗空；着一袭布衣，你自华丽的大唐褪去，悲天悯人地哀叹似明镜，映出一朝民生。（迟碧璇）

2. 雄伟壮丽的诗篇，豪迈大气的情感，发自肺腑的感叹，这是杜甫，一个承载了衰败唐朝的名字。永远无人能理解你的伤感，因为那一腔爱国情来得太真太满。衰弱的身躯撑不起愁思的沉重，你的一生，注定苦厄多难。但你认定这样的命运无怨无悔，国家，让你牵挂了一生，惦念了一世。（刘艳洋）

3. 忘不掉"无边落木萧萧下"的长河落叶，忘不掉"百年多病独登台"的穷愁潦倒。一身才气，两肩道义，却伴你青灯永夜，秋风茅屋中书写辉煌，两湖漂泊中演绎伟大，这中间蕴含了一个千古绝响。（韩诗琪）

三、生不逢时怀才不遇的文人——贾谊

1. 虽落寂于长沙，仍心念君国，作《吊屈原赋》以自表；于大汉之鼎盛之时，更居安思危，上《过秦论》以警世。无论处江湖之远，还是居庙堂之高，贾谊，心系天下，感念苍生。（佟春莹）

2. 才调谁堪敌，一篇"过秦"留美名。笔下走龙蛇，胸中百万兵。有道是：急盼了却君王天下事，可叹君王问鬼神。（孙海超）

3. 未央宫的知遇未使你有得意之骄，屈于长沙太傅没能使你有落魄之躁。

不骄不躁，穷且益坚，大汉有负于你，你不负于历史。（张振东）

四、天涯难遇的知音——白居易

1. 浔阳江边，秋风萧瑟，他遇见了她。无情的时光早已蹉跎了她的容颜，在如泣如诉的琴声中，讲述自己的故事：也曾美若天仙，也曾风光无限，也曾有资格去天真地幻想——一个不属于自己的明天！可她弄不懂，琴艺愈发卓绝的她，如今却只好独守空船，就像她不懂，为什么很多事弄得越懂，就会越心痛？浔阳江边，瑟瑟秋风中，他遇见了她，还不如说，他遇见了自己。（陈香凝）

2. 谁说"居大不易"？你终于将"居易"镌刻在了文学的丰碑上。那一日泪湿青衫，感动的不仅是琵琶女，还有后世无数人。交流不易，理解更难，遇到知音，任谁不曾发出那一声感慨：同是天涯沦落人，相逢何必曾相识。（黄华）

五、惝恍迷离意境的描绘者——李商隐

1. 我以锦瑟喻流年，夜雨寄北情绵绵。奈何马嵬坡前死，却道无题别亦难。（宋辉）

2. 独唱悲歌，最苦涩，赶不走的哀愁。当年的风，他乡的雨，还有一丝愁在心头萦绕，到底怎样才能抚平你的心？如果没办法，就在朦胧的余晖中，轻轻将你挂念。（刘艳洋）

3. 你的眼前，仿佛有一层纱，朦胧了这世界，朦胧了这情感，也朦胧出了美。你用哀怨、忧伤的笔调，也朦胧了我们双眼，而你却似乎未着一丝痕迹。（关昊天）

4. 何当共剪西窗烛，却话巴山夜雨时，透出一缕相思；春蚕到死丝方尽，蜡炬成灰泪始干，包含一丝叹息；此情可待成追忆，只是当时已惘然，流露些许无奈。（侯雪莹）

5. 你的诗，时而迷离，时而清晰；时而欢笑，时而哭泣……官场与你只有三个街区，你却喜欢彩虹与月亮的距离，你羡慕天上比翼双飞的鸟，你又知道那必然落寞沉寂。你带给我们的是不知所措的叹惋。（夏东亮）

六、婉约细腻的浅斟低唱——柳永

1. 职场失意的你又将与爱人别离，此情此景，寒蝉也为你凄切。一个

漂泊的心，一份未知的惶恐令你瑟瑟发抖。人生该怎样度过？明天的路在何方？我们也不知答案，只希望你此行平安。（才赫）

2. 这是一个多情婉约的男子，泛舟西湖，满目美景，他不禁慨叹："三秋桂子十里荷花"；一声秋蝉，唤来晓风残月，纵有良辰美景，也难耐白衣卿相的凄凉。（杨鑫玉、刘颖）

七、蹉跎岁月中的一朵清雅百合——李清照

1. 花袭人衣，酒醉人意。卿本佳人，奈何孤寂？黯然销魂，唯别而已。点点离人泪，愁碎了易安心。（刘婉玥、陆子旭）

2. 你有女性特有的敏感"知否？知否？应是绿肥红瘦"，你有女性独具的细腻"莫道不消魂，帘卷西风，人比黄花瘦"；你有文人悲悯的情怀"寻寻觅觅，冷冷清清，凄凄惨惨戚戚"，你甚至有大丈夫的气度"至今思项羽，不肯过江东"……你那么完美，惹得天公妒，当时的赌书泼茶，如今的倚窗自凉。易安，你的生活纵然不平坦，但你的诗文因之而多娇。（陈香凝）

3. 云中锦书，将一种相思变为两处闲愁；寻寻觅觅，只为与君长相厮守；往事如烟，只剩"物是人非事事休，欲语泪先流"的哀婉；似水流年，徒留"只恐双溪舴艋舟，载不动，许多愁"的感叹。李清照，你犹如一株清雅的百合，在历史的幽谷绽放异样的光彩。（智慧）

4. 女儿心比男儿烈，散尽家财岁荒野。乍暖还寒心悲切，梧桐雨中自摇曳；怎耐愁难开解，把酒东篱倚窗斜。（杨鑫玉、刘颖）

5. 你眉中带愁，心头有忧。虽是一介女流，却因曼妙的诗文名满西楼。不知那落花可曾带走你的愁？不知那舴艋舟能否载动你的忧？（冯如一）

6. 斯人离去，孤身一人，载满一船忧伤，叹息落花随流水，未语泪先垂。漫漫长夜，凄凄西风，憔悴的身形，竟比黄花还瘦！守着窗儿，满地黄花堆积，雁过也，正伤心。（陈福建）

八、著成信史照尘寰的笔吏——司马迁

你冷眼看世界，历史是一个车轮，如何运转自有其规律，你只是个记录者；你热心写苍生，你用你的坦荡表达对帝王将相的尊敬和厌憎。悲惨的遭遇没能摧毁你坚忍的意志，苦难岁月磨砺出的强大人格精神照亮历史的天空。（才赫）

九、仁者亚圣——孟子

1. 他不拘礼法，声言"人人可得为尧舜"；他无畏权威，喊出"民贵君轻"的豪言；他自诩"吾善养吾浩然正气"：威武不屈、富贵不淫、贫贱不移。（韩笑）

2. 亚圣育人先育行，桃李遍地不求名。道出善乃人本性，仁政为民君为轻。（王心彤）

十、爱国心至死不灭的文将军——辛弃疾

你是骁勇善战，心怀拳拳爱国心的神武将军，高歌"醉里挑灯看剑，梦回吹角连营"；你满腹才华，却始终壮志难酬，感叹"廉颇老矣，尚能饭否？"南宋有你，是幸；不用你，是失。我们有你，是幸；文坛有你，是大幸。（曹佳慧）

十一、倡领时代先锋的大家——韩愈

几千年，你的一声呐喊响彻天际："师道之不传也久矣。"道出了天下为师者的心声，何为师，何为道？你做了最好的解释，传到授业解惑，你发现了，你笃行着。（陈香凝）

十二、民族旗手——鲁迅

1. 一个在大时代奏响警世号角的人，一个站在巨龙身上豪迈奔走的人。这个名字无须修饰，他就是一面中华民族的旗帜。（刘艳洋）

2. 一个真正的医生，他只有两把刀：一把用来挽救人的生命，一把用来解剖民族的心灵。（杨鑫玉、刘颖）

十三、指斥天地的弱女——窦娥

1. 天可怜见，你自小孤苦；贤良淑德，却遭遇飞横祸。我们可以理解你的不幸与冤屈，却实在难懂你"大旱三年"的祈愿，因为它与"水漫金山"一样，只能让贫苦不幸的百姓买单（张强）

2. 三岁亡母，七岁离父，成亲不到两年成寡妇，窦娥，你真苦；强迫再嫁，宁死不从，遭遇冤陷信官府，窦娥，你真傻；黑白颠倒，是非混淆，含冤而死显征兆，窦娥，你真冤。（韩晓旭）

十四、能屈能伸的大丈夫——廉颇

1. 会前计议，忠臣本色；盛设甲兵，武勇谋略；宣言辱蔺，率直刚烈；

负荆请罪，坦荡磊落……廉将军，顶天立地者！（秦丽曼）

2. 你高大威猛，疾恶如仇；你简简单单，赤诚爱国；肉袒负荆，光明磊落。廉颇，真正的英雄。（韩泽瑞）

十五、开掘人性真善美的诗人——莎士比亚

1. 悲剧在你的笔下开出花来。（刘婉玥、陆子旭）

2. 他的悲剧，抑或是他们的悲剧，征服的不仅仅是噙在眼中的泪水，还有那许多久未擦拭的心。（杨鑫玉、刘颖）

3. 据说，英国人宁愿失去英伦三岛，也不愿失去莎士比亚。我说，他不属于一个时代，而属于所有的世纪。（张红杰）

4. 人生如戏，戏如人生。戏里有正直与邪恶的斗争，戏里有真诚与虚伪的较量，戏里有为了名誉与尊严的决战！你用跌宕离奇的故事描述人性善恶，你用如梦幻般的诗文讴歌光明战胜黑暗，你是伟大的戏剧家、人类灵魂的反光镜——莎士比亚。（佟春莹）

十六、忧郁王子——哈姆雷特

1. 活着还是死去？是生存还是毁灭？当哈姆雷特遇到，嗯，这是个问题。（李凝雨）

2. 生活给予我们无尽的痛苦。是为了让我们在黑暗中成长，在悲哀中坚强。别抱怨，冬天到了。春天，还会远吗？（韩笑）

3. 真正的勇士，就是要用手中的利刃劈开无尽的黑暗。光明，你向往光明！哪怕只是一瞬间，在倒下之前，你看到了，你含笑远去。（贾铭）

创新素材积累第五辑

本辑人物：烛之武、郑伯、秦伯、张良、刘邦、项羽、范增、樊哙、项伯、曹无伤、荆轲、秦舞阳、燕太子丹。

一、忠、智、勇的化身——烛之武

1. 数十年的忍耐与等候于一夕之间爆发，岁月无痕，掩盖了你的才华，可它无法阻挡你的闪光。没有人体会得到你日夜孤独无奈的痛苦，可为了国

家，这些都可放下。（贾铭）

2. 国危在即，民难当头，捐弃前嫌，冒死纾难。深入秦廷，晓以利害，切中肯綮，不卑不亢。廉颇老矣难堪任，烛武老迈亦英雄。（张秋月）

3. 君子不愧其名！国家风平浪静时，你作为一根未燃的蜡烛，隐藏自己的光芒；世事风起云涌时，你点燃自己，尽情挥洒亮光，那腊身流下的浊泪，是荣耀在飞扬。（李玉婷）

4. 感动于郑伯的诚意，你决心以国为重，出使秦营，此志士也；夜缒而出，只身赴险，义无反顾，此勇士也；说理透彻，鞭辟入里，令秦王心折容动，此辩士也。（腾飞）

5. 你深明大义得君心，足智多谋退强秦。作为臣子，你用品质和智谋为我们诠释了什么是辅国安邦，你用行动和功绩证明了什么是国之栋梁。（刘艳洋）

二、知错能改的君主——郑伯

1. 你是一个谦逊圣明的君主，知情晓理，善于纳谏，局势紧迫也不可怕，因为你有一颗冷静睿智的心，为百姓撑起明亮的天空。（李玉婷）

2. 劝你一句，除了幸运，还要有一颗持久求贤之心。你能保证时时都有个烛之武来替你化解危机吗？（陈福建）

3. 虽贵为国君，却尊而不傲；虽犯一时之过，却也能诚恳悔过。这，就很难得！（关仕博）

4. 虽为一国之君，但能屈能伸，敢于承担与认错。你不是优秀的人才，但做到这些，你还算合格的领袖。（韩晓旭）

5. 勇于自责，常思自身之过；礼贤下士，委托烛武重责；善于纳谏，终救万民于水火。你称不上千古帝王，但不失一代明主。（智慧）

三、见利忘义的政治家——秦伯

1. 利益面前弃仁义如草芥。也许你是为了国家，也许你是为了百姓，但这不应该是你背信弃义的借口。（宋婷婷）

2. 你是杰出的房地产商，伟大的阴谋家。你用你的智谋和霸道圈占一块又一块土地，出卖一个又一个朋友，你的人生是欲望的人生。你有钱有权，但我们鄙视你！（黄天鹏）

四、深谋远虑的野心家——晋侯

1. 十九年的颠沛流离没让你失去一国之君的尊严，却使你学会了隐忍退让。面对盟友的背叛，你选择的不是以牙还牙，而是暂时平静的转身离开，内心却溢满了将来。谋全局者方可谋天下。（黄天鹏）

2. 野心勃勃却不失道义，深谋远略更不乏明智。（董晓颖）

五、汉初三杰之一——张良

1. 良禽择木而栖，很幸运你找到了心中的圣主，为了他你可以置生死于不顾，出谋划策、鞠躬尽瘁。可以说，遇见刘邦，不是你的幸运，而是他的荣光。（贾铭）

2. 这是一个韩国富家公子，为报国恨家仇，博浪沙一击，震动天下；这是一个谦逊智囊贤士，为求学进取，黄公履一拾，千古佳话；这是一个汉朝的栋梁之臣，为成天下一统，鸿门一计，确立楚汉争锋格局。他用高深的智慧、出众的谋略铸就了大汉的辉煌，他就是汉初三杰之一——张子房。（李凝雨）

六、善于用人的领袖——刘邦

1. 驭人有术，此帝王之术；奸巧诡谲，此处事之方；能屈能伸，此为人之道。术方道齐者，遂成霸业也。（杨林宇）

2. 大丈夫能屈能伸，能忍别人所不忍。沛公，笑到最后的赢家，你的取胜不只依靠幸运。（刘婉月）

3. 你似乎生来就是帝王之才，自私、贪婪、狠毒、善于收买人心……可即使得到了天下又如何？你的一生荣华，也终比不上乌江岸边的那簇因鲜血更明艳的英雄花。也许你不知道，你向天下证明了，史书不仅为胜利书写，也为所爱之人而歌。（陈香凝）

七、愚得可爱的英雄——项羽

威武勇猛者，无往不利也；优柔寡断者，兵家大忌也；任人唯亲者，众叛亲离也；刚愎自用者，尽失天下也。功业未成且自爱者，难成大事也。（杨林宇）

八、孤独落寂的智者——范增

1. 在其位谋其政，杀伐决断，运筹帷幄，尽显一代枭雄本色。然生不逢

时，夜空下，在霸王一声声自信豪放的笑声中，是谁发出一声轻叹？（朱佳鹏）

2. 举玦再三未肯休，竖子不足与之谋。可叹鸿门计未成，项王天下终姓刘。（孙海超）

3. 经天纬地空有智，满腹经纶却无时。鸿门若如亚父志，天下谁手未可知。（曹淇）

4. 智慧的你却无出路，天才的你却总被忽视，一颗忠直之心却屡被质疑……楚地向来不缺忠智之士，却难得一位明睿尊者。（才赫）

5. 爱之深是你亚父之慈，责之切是你亚父之怨，谏之数是你亚父之责。大骂竖子实则难掩你的爱，鞠躬尽瘁，你范增之心天地可鉴。（张强）

九、粗中有细的勇者——樊哙

1. 情急领命入宴席，彘肩卮酒安足辞。临危不慌粗有细，一心报主天下知。（孙海超）

2. 忠心如你，不畏危机，为救主公，不顾一切；直率如你，在强势面前，毫不畏惧，直来直往，坦言不讳。（安宁）

3. 粗，一介武夫，勇闯大帐，锐不可当；细，数语之间，尽显谋略，助公解难。樊哙，粗中有细，智勇双全。（许傲）

十、吃里爬外的老实人——项伯

1. 公私不分，亲手葬送大楚天下。（张振东）

2. 重情重恩，你把一切想得理所当然，甚至为情背义。不知你是否记得，你还是一个臣子，忠诚永远高于私情。（刘婉月）

3. 你的柔情不仅天下难懂，甚至自己也会惶惑：这样，我错？（孙鲲鹏）

十一、壮志未酬身先死的卧底——曹无伤

1. 身在汉营心在楚，本为一枚不错的棋子，怎奈碰到了拙劣的棋手。（郭钰）

2. 你是优秀的卧底，却怎奈有一个无谋的主人。（刘婉月）

十二、重信无畏的侠士——荆轲

1. 风萧萧兮易水寒，壮士一去不复还！你向我们展示了蚍蜉撼树、螳臂当车的伟大，人可以毁灭的是肉体，不可摧毁的是精神！别人笑你太疯癫，

你笑他人看不穿。(刘欢)

2. 明知是一条有去无回的路,他却走的慷慨果决。一柄短刃、一道身影,永远定格在易水河畔,那滔滔的江水,千百年来一直讲述着那段传奇。(李家兴)

3. 你知恩图报,重信守诺,不畏强权,义无反顾。惜哉剑术疏,奇功遂不成。其人虽已殁,千载有余情。(杨林宇)

4. 萧萧冷风,寒彻易水,但冷却不了一颗炽热的心。一壶浊酒,饮尽万世沧桑;一句承诺,看淡尘世功过。一声珍重,一路走好。(阿如罕)

5. 你的诚信、你的顽强,诠释着对百姓的爱;你的斗争、你的执着,宣示着对祖国的忠诚。秦王殿上,你用生命昭示,小民之怒也可震地动天。(佟春莹)

6. 太子的身影遗落在天边,易水的涛声萦绕在耳畔,萧萧寒风送你走向茫茫险途……壮士一去不复还,燕赵豪气冲云天。(宋婷婷)

7. 放弃生命,独挡强秦,只为一句承诺,坚决前行,义无反顾。狂风为其鸣战鼓,暴雪为其壮前行,何其壮哉!(左宏图)

8. 图穷匕见报燕丹,事不成功心不甘。昔日风采今难见,唯余易水依旧寒。(孙海超)

9. 滴水之恩报涌泉,只身飞马势力单。图穷匕见知己死,易水桥边骨未寒。(孙颖颖)

10. 此地别燕丹,壮士发冲冠。昔时人已殁,今日水犹寒。(陶潜)

11. 你那慷慨激昂的悲歌,如同那奔流的易水,伴你踏上一去不返的征程;你那一往无前的气概,如同那匕首的寒光,照破秦王不可一世的气焰。那一刺,刺出你士为知己者死的决心;那一掷,掷出你生命不止战斗不息的壮志。勇者,荆卿;义者,荆卿。(张振东)

12. 真的猛士敢于直面淋漓的鲜血!他为一句承诺入秦,咸阳宫上,图穷匕见,石破天惊。失败但不失信,丢命不丢精神,留清名于历史,遗余威给霸权。(郭钰)

13. 萧萧寒风,送去的是悲壮的身影;淡淡寒江,映出的是勇毅的面庞。一柄匕首难以挽救颓势,一己之力难以阻止灭亡。梦虽破但忠义长存,荆轲,教会我们什么是最后的坚强。(许傲)

14. 易水诀别,你一曲离愁动人心,宫商角徵,歌的是命还是情?大殿刺杀,被创八处满眼血,一缕孤魂,留的是仇还是梦?冷月,无声。夜尽,天

明。(韩旭)

十三、早熟也早衰的孩子——秦舞阳

凶狠残忍不是渗入你骨子里的本性，盲目自信恰是你这年龄的特征。本该天真烂漫何必一定表演沧桑？舞阳，做回自己吧。(陈香凝)

十四、悲情太子——燕太子丹

1. 顶天立地威武不屈，明知不敌也要血战到底。虽然输得惨烈，但也输得悲壮。太子丹，你注定是乱世中的悲情英雄。(于海天)

2. 重情重义，有一颗隐忍仁慈之心。我不入地狱谁入地狱？骂名我来背，安宁你们享。(杨嵩)

十五、倒下的好汉——樊於期

1. 他知道"滴水之恩，当涌泉相报"，他知道"君子死知己"，他更知道"舍我其谁"。面对死亡，他毫不畏惧；面对强敌，他痛心切齿。他展现了一名志士的大勇敢、大无畏，他用死宣告自己的坚持，他是懦弱的克星，他更是一条好汉。(秦丽曼)

2. 叹一声，壮士！丹心依在，汗青长存。哀一句，悲乎！故人不在明月在，即便铁甲孤单。(冯如一)

3. 英雄末路注定沧桑，但你仍坚持不屈；将军败绩注定耻辱，但你忍辱偷生。是什么力量让你活在世上？又是什么力量让你自觉奉献生命？丧亲之悲，切齿之痛，未偿之恩，未遇之人。遇到荆轲，你心安了。(杨岩)

4. 身为长者，你难救妻儿于水火；作为子孙，你愧对祖先于九泉。你的苟活不是懦弱，恰恰是坚忍。遇到荆轲，你的死是一种解脱，更是一种反抗。(刘霞)

5. 甘心献出的是头颅还是仇恨？果断斩断的是尘缘还是灵魂？一席话，一个人，便让你放弃生命。满山的血色杜鹃就是你滚烫鲜血浇灌而成的，燃烧吧，本该放肆的英魂。(韩旭)

人教版高中语文必修教材经典课文教学设计

《动物游戏之谜》

教学课题	动物游戏之谜
课程标准	**普通高中语文课程标准（2017版）** **学习任务群7 实用性阅读与交流** 　　通过实用性阅读与交流的学习，丰富学生生活经历和情感体验，增强适应社会、服务社会的能力。 1. 学习目标与内容 （1）学习多角度观察社会生活，掌握当代社会常用的实用文本善于学习并运用新的表达方式。 （2）学习运用简明生动的语言，介绍比较复杂的事物，说明比较复杂的事理。 2. 教学提示 （1）教学以社会情境中的学生探究性学习活动为主，合理安排阅读、调查、讨论、写作、口语交际等活动。 （2）社会交往类内容，在社会调查与研究过程中学习。 （3）新闻传媒类内容，在分析与研究当代社会传媒的过程中学习。如自主选择、分析研究一份报纸或一个网站一周的内容。分析其栏目设置、文体构成、内容的价值取向，撰写文字分析报告，多媒体展示交流。推荐最精彩的一个栏目、不同体裁的精彩文章若干篇，并说明理由，尝试选择传统媒体和新媒体写作。 （4）知识性读物类内容，自主选择一部介绍最新科技成果的科普作品或流行的社会科学通俗作品阅读研习。
教材分析	这个单元学习科普文章。 　　科学是人类认识世界的重要工具，是人类文化的重要组成部分，是标志人类文明的尺度。阅读科普文章，可以启迪心智，激发想象，带领我们进入全新的科学天地，在科学海洋中遨游。 　　优秀的科普作品不但传播科学知识、弘扬科学精神，还能激发探求未知世界的兴趣。阅读这些作品，要重视科学精神的培养，关注科学探索的过程，感受科学家在探求真理中所表现的人格魅力。 　　科学追求真实、和谐与完美，我们在阅读科普文章时，也要注意审美鉴赏，感受科学思维及其语言表达的特殊美感。

学情分析	《动物游戏之谜》出自高中语文课本人教版必修三第四单元。作为一篇科普说明文，语言准确、严谨，在宣传科学知识的同时，注重激发人们对科学知识的兴趣。本篇课文从动物是否在游戏入手，按照逻辑顺序为学生分析了动物游戏之谜，全文既有科学性又有趣味性，能够在拓展学生知识的同时培养学生的科学探索精神。		
学习目标	1. 提炼文中重要信息，概括文章大意，理清课文层次结构。 2. 鉴赏平实准确与生动形象的语言，掌握并学习科普说明文的写作方法。 3. 将科学同生活相联系，提高对科普说明文的学习兴趣，弘扬严谨科学精神。		
教学设计			
设计	开发和实施		设计意图
课时目标	一课时		
环节设计	过程与方法		
导入	同学们，你们喜欢小动物吗？都养过什么动物呢？你平时会和小动物一起玩耍做游戏吗？既然我们可以和小动物一起做游戏，那动物之间会不会也做游戏呢？请同学们欣赏动物照片：(展示动物图片)。看到这些照片，大家说这些动物都在做什么呢？是在打架还是做游戏呢？让我们带着疑问，一起学习《动物游戏之谜》。		由学生的生活经验切入新课，图片互动能起到激发学生兴趣的作用。
学习目标	明确本节课学习目标： 1. 理清课文层次结构。 2. 鉴赏准确生动的说明语言，掌握并学习科普文写作方法。 3. 将科学同生活相联系。		学生在掌握文体知识的同时提高对说明文的学习兴趣。
文体知识	科普说明文：介绍科学领域某方面的探索、研究的文章。语言准确、全面。在宣传科普知识的同时，注重激发人们对科学知识的兴趣，培养人们的科学探索精神。既有科学性，又有趣味性。		介绍相关文体知识，明确说明文体的不同类别。
课文分析	1. 文章的题目是"动物游戏之谜"，通过课前预习，谁能说说动物的游戏"谜"在哪里？这个"谜"解开了吗？ ("谜"说的是动物的一些行为不是在打架或表演，而是他们在游戏。) 2. 那动物们的游戏是有意识的吗？和人的游戏一样吗？请用文中的语句回答。 (动物的游戏并不是童话故事中拟人化的"游戏"，而是实实在在的游戏，是与人类儿童的游戏行为有着相似特征的游戏行为。) 3. 文中将动物游戏分成三类，请同学们快速阅读课文的五到八段，找出文中不同动物游戏种类的特征并举例说明，小组合作填写表格(展示动物游戏分类表格)。 | 游戏种类	游戏特征	举例
---	---	---
单独游戏	无须伙伴，动物个体可以独自进行	马驹经常欢快的连续扬起前蹄，轻盈地跳跃；黑猩猩掌中戏水；河马玩浮叶
战斗游戏	两个以上的个体参加，是社会行为	中猴在树上互相推挤；北极熊摔跤
操纵事物的游戏	动物有支配环境的能力	北极熊玩棍子或石头；野象踢草球			

课文分析	4. 科学家为什么会认为动物会游戏？有什么依据吗？ （他们认为动物的游戏是在演习、自娱、学习或锻炼。） 5. 在最后一段作者说"动物在游戏行为中表现出来的智力潜能、自我克制能力、创造性、想象力、狡猾、计谋、丰富多彩的通信方式"，你能从课文中找出相应的例证吗？ 智力潜能：动物们的游戏，"与人类儿童的游戏行为有着相似特征"，这说明动物在游戏中蕴含着智慧。具体如给黑猩猩棍子，它会用棍子做各种游戏等。 自我克制能力：战斗游戏，"看似激烈，其实极有分寸，它们配合默契，绝不会引起伤害。""动物严格地自我控制，使游戏不会发展成真的战斗。" 创造性和想象力：北极熊玩棍子或石头；野象"踢"草球等。 狡猾、计谋；叶猴在树上互相推搡，攻守嬉闹。 丰富多彩的通信方式：动物群体的游戏活动，必定有各种形式的交流通信方式，才能保证游戏的组织、进行。如北极渡鸦排队滑雪，没有沟通是不可能井然有序的。 动物游戏中必然包含以上所说的各种能力，是综合性的能力，并不是说一种游戏只包含一种能力。 6. 请同学们思考全文可以分为几个部分？每部分包括什么？ （全文可以分为四个部分，分别是打开谜面（动物们看似无意义的行为其实是在游戏）——发现谜团(动物们的游戏分为单独游戏、战斗游戏和操纵事物的游戏）——拨开迷雾（研究者将动物的游戏分为演习说、自娱说、学习说或锻炼说）——揭开谜底（科学探究越深入，未知的东西就会越多。但探究的步伐是不能停止的。） 7. 全文在开头点出动物们的行为是在游戏，并提出了问题"动物们为何游戏？怎样游戏？"，接下来分析了游戏的原因，最后提出了科学家认为动物游戏的几种学说，请同学们思考，这是按照说明文的什么顺序写的？几种假设之间有什么逻辑关系吗？ （按照说明文的逻辑顺序写的，首先是"提出问题"（动物为何游戏及怎样游戏），其次是"分析问题"（游戏的原因），最后是"解决问题"（对于动物游戏的原因还有待研究）。演习说和自娱说是相对的；学习说和锻炼说想对于前两种，是最近才提出的，并不成熟，且两者是递进的关系。） 8. 这几种假说，你认为作者写的都正确吗？哪一种更有道理？你接触的小动物还有别的表现吗？联系你的生活和同学分享交流一下。 （学生各抒己见，教师总结，同学们说的都很有道理，随着科学探究越深入，未知的东西就会越多。但探究的步伐是不能停止的。）	1. 通过反复快速阅读课文，培养学生提炼概括信息的能力。 2. 体会说明文语言的准确性、科学性。 3. 培养学生独立的判断力，敢于质疑书本知识，敢于为自己的想法发声，培养其独立思考的意识。 4. 小组合作互助学习，解决学习中遇到的问题，培养学生养成自主合作探究的学习习惯。
知识拓展	列举常用的说明方法及其特点与作用。 	说明方法	特点	作用
举例子	先介绍一种现象或说明道理，然后用具体例子作佐证。	增加文章可信度，使文章血肉丰满
作比较	通过与同类及相关事物作比较，现实彼此异同	容易突出被说明对象的特点		掌握并运用说明文的说明方法、特点及作用。

	打比方	凭借事物间的相似点，把此物比作彼物，从而突出此事物。	使要说明对象可感。	
	列数字	从数量上说明事物的特征。	通过数字获得对说明对象的准确了解，体现语言的准确性。	
	引用	引用文献资料、名人名言、古今诗词、农谚俗语来说明事物特征。	增强文章的说服力和可信度	
	下定义	用准确、简明的语言揭示事物的特有属性。	便于使读者对说明对象获得清晰的概念。	
	作诠释	用概括的语言对事物的某一方面作解释。	不是精确胡科学定义，有助于说明事物的特征。	
	分类别	把说明对象按一定的标准分成若干小类，然后逐类加以介绍。	便于将复杂事物说的条例清楚	
	列图表	是文字说明的一种辅助方法。	使说明 对象简明、清晰、直观	
	摹状貌	如同描写一样的表示说明对象的外部特征。	使说明 对象具体形象可感	
课后作业	选择一种文中你赞同的假说，或是你自创的假说，搜集并结合具体的案例，写一篇800字左右的文章，要求：有理有据，能自圆其说。			
板书设计	动物游戏之谜 周立明 打开谜面——发现谜团——拨开迷雾——揭开谜底			

《师 说》

教学课题	师 说
课程标准	基于课程标准学习任务群8：中华传统文化经典研习部分。 （1）对作品进行精读，体会其精神内涵、审美追求和文化价值。 （2）在韩愈所处的独特环境，以客观、科学、礼敬的态度，认识作品对当时风气的影响。 （3）梳理所学作品中常见的文言实词、虚词、特殊句式和文化常识，注意古今的异同。 （4）阅读作品应写出内容提要和阅读感受。 （5）学习传统文化经典作品的表达艺术，提高自己的写作水平。
教材分析	本篇课文是苏教版必修一"获得教养的途径"这一单元专题中的一篇课文，在这一专题的第一板块"求学之道"的第二篇，本板块主要探讨了读书学习的作用和从师而学的基本原则。《师说》一文是韩愈在35岁时任长安国子监所写，文章针对当时士大夫耻于学习的恶劣风气，阐述了师的作用和标准，从师学习的重要性和从师应持的态度，提倡能者为师、不耻下问、教学相长，这些精辟的见解在当时可以称得上是犀利，具有移风易俗的影响。

学情分析	学段属于高一上学期，在学生疏通文义的基础上，应从文章的论述思路以及背景环境分析入手，激发学生的学习兴趣，培养他们对于论说文的鉴赏能力以及逻辑思维能力。学生写作时常常为了写作而写作，写作时没有读者意识，因此，通过了解韩愈的写作目的，联系文章的最后一段，帮助学生树立其写作对象意识。
学习目标	1. 积累常用的文言实词及虚词，整理特殊的文言现象包括词类活用、一词多义、古今异义、通假字等。 2. 学习对比论证、举例论证等论证方法，尝试在小练笔中进行运用。 3. 结合本文的写作背景了解韩愈的写作目的。 4. 培养学生敢于向世俗流弊抗战的决心和勇气，探讨从师问学的重要性，结合上一篇《劝学》，总结自己的学习观。

第一课时教学设计

设计	开发和实施	设计意图
课时目标	1. 积累常用的文言实词及虚词，整理特殊的文言现象包括词类活用、一词多义、古今异义、通假字等。 2. 结合本文的写作背景了解韩愈的写作目的，学习"知人论世"的文本解读方法，梳理韩愈的论证结构。	根据本篇课文的教学目标进行合理分配。
环节设计	过程与方法	
导入	在我们的印象中古人对老师十分的尊重，尤其是三纲五常中"天地君亲师"的表述，更加深了这一印象。现代社会，人们把老师比作辛勤的园丁，把教师职业比作太阳底下最光辉的事业。从这里，我们也能看出大家对老师的尊重。然而，在唐代，魏晋以来的门阀制度仍有沿袭，王谢李等大族依旧把持着为官上升的通道。贵族子弟无论学业如何，都有官可做。所以，他们以从师学习为耻，社会尊师重道的风气日下。在这种情况下，韩愈站了出来，批驳这样的形象，著《师说》大力宣扬从师学习的正确性和必要性。今天我们就让我们一起走近《师说》。	通过否认既有观念导入，引发学习兴趣。
诵读	随机选同学读，要求：读准，读通，读顺。	检查预习情况，初读文章。
落实字词	学生进行小组交流，并整理出无法解决的字词，师生交流解决。	
诵读	读出气势。	明确"说"问体特征。
诵读	读出略微的嘲讽语气。	贴近作者的思想感情。
交流	提问：小组讨论，联系文本与写作背景谈谈韩愈为什么要写本文？ 明确：（1）李氏子蟠，年十七，好古文，六艺经传皆通习之，不拘于时，学于余。余嘉其能行古道，作《师说》以贻之。 告诫众人从师的重要性。 为古文运动造势。	树立学生的写作对象意识。

交流	提问：韩愈于本文提出了哪些观点？ 明确：古之学者必有师。师者，所以传道受业解惑也。 为什么要从师？人非生而知之者 选择老师的标准是什么？无贵无贱，无长无少；道之所存，师之所存也。	明确本文论点。

第二课时教学设计

设计	开发和实施	设计意图
课时目标	1. 领悟对比论证、举例论证等论证方法，尝试在小练笔中进行运用。 2. 培养学生敢于向世俗流弊抗战的决心和勇气，探讨从师问学的重要性，结合上一篇《劝学》，总结自己的学习观。	根据本篇课文的教学目标进行合理分配。
环节设计	过程与方法	
导入	谈判是21世纪达成合作的有效途径，而说服艺术作为谈判中的核心内容，有着它独到的魅力，同样也有着独特的技巧，韩愈的这篇说理性散文就给我们提供了较好的范例，如何用逻辑的力量说服别人。	突出用处，让学生想要学。点明课文是一个语文教学的例子。
诵读	语句通顺，字音标准，读出说理性。	间接回顾上节课的学习内容。
交流	提问：韩愈是运用了什么样的论证方法将他的观点表达的清晰完整的？明确：对比论证。任务：请同学们自主思考，将学案上的表格填写完整，思考这些对比能否改变顺序？为什么，他们有什么内在联系？ 明确：四组主要对比，古之学者必有师与今之学者耻相师；巫医乐师百工之人不耻相师与今之学者耻相师；孔子不耻相师与今之学者耻相师；为子择师与则耻师焉；	理解对比论证的效果与作用。 明确论证的逻辑顺序。
交流	提问：除了对比论证，还运用什么论证手法？明确：举例论证、引用论证等。请同学们仿照上表，借助提示在导学案上进行设计，以小组形式进行汇报。 明确：举例之后还进行分析。如：巫医乐师百工之人不耻相师，接下来指出士大夫耻相师的错误，孔子师苌弘师襄老聃，后分析太子之徒没有孔子贤能，孔子依旧向他学习的道理。	培养学生自主探究自主学习总结的能力。
反复诵读	要求读出气势。	为下面体会文章的语言特点做铺垫。
欣赏语言	你觉得本文的气势是如何体现强的？对比下面这段话，体会韩愈的语言。 段首的感叹句。 对偶句的运用。	
探究思考	提问：韩愈的观点你都认同吗？请你借助导学案上的提示，小组交流。明确：教师思考疑问：（1）韩愈的道是"儒道"，太过狭隘。（2）韩愈的论述过于注重古人，厚古薄今。（3）老师不仅教书还要育人。	培养学生的怀疑精神，批判性思考的能力。教育学生不唯书，不唯上，不唯师。

总结	提问：通过本节课的学习，你收获了什么？ 学生总结。 教师总结：本文观点明确，说服性强，作者韩愈作为当时的为官之人，勇敢地表达了自己的从师之道。柳宗元在《答韦中立论师道书》中说："由魏晋氏以下，人益不事师。今之士不闻有师，有，辄哗笑之，以为狂人。独韩愈奋不顾流俗，犯笑侮，收召后学，作《师说》，因抗颜而为师。"可见韩愈这篇文章影响极大，说理性极强。	将这部分的自主权归还给学生，让学生自行总结收获。
板书设计	对比论证 举例论证 → 论点 → 感叹句 引用论证 对偶	

《醉花阴》

教学课题	醉花阴
课程标准	1. 感受作品中的艺术形象，欣赏作品的语言表达。 2. 了解作者，把握作品的内涵，理解作者的创作意图。 3. 联系作者的人生经历，体悟作者的情感。 4. 根据宋词的艺术表现方式，从语言、形象、构思、意蕴、情感等多个角度欣赏作品，获得审美体验，认识作品的美学价值，发现作者独特的艺术创造。 5. 喜欢欣赏文学作品，借助联想和想象丰富自己对文学作品的体验和感受，能品味语言，感受语言的美；能运用多种形式表达自己的体验和感受；能对具体作品做出评论。在鉴赏中，能坚持正确的价值观，体现高雅的审美追求。
教材分析	必修四第二单元是宋词，宋代始于梁代，形成于唐代而极盛于宋代。本单元选取的是几位大家的名作，兼顾了豪放与婉约两种风格。宋词作为既唐诗之后我国古代文学创作的又一巅峰，与之前的文学作品相比，具有鲜明的特色。词的句式错落有致，长短悬殊，具有很强的节奏感和音乐美。学习这个单元，要引导学生通过反复诵读，体会其声律之美；也要在理解作品内容的同时，运用联想和想象，领悟作者独特的情感表达；要注意联系不同词人的人生经历和他们所处的不同社会时期，解读不同风格的宋词。
学情分析	高二的学生，通过之前对唐代诗歌的学习，已初步地具备了文学作品欣赏能力，以往的经验会对本单元的学习提供一定的知识准备。教学的关键在于进一步培养学生欣赏文学的兴趣，从学生现有的知识经验出发，通过情景的创设整体感受作品的形象，把握作品的思想观点和情感倾向。
学习目标	1. 通过反复诵读，品味语言，体悟情感。 2. 找出词中意象，体会由这些意象所构成的意境，理解"愁"的原因。 3. 与李清照后期作品《声声慢》作对比，探究社会背景与作者经历对创作的影响。

第一课时教学设计

设计	开发和实施	设计意图（简要说明）

课时目标	1. 通过反复诵读，品味语言，体悟情感。 2. 找出词中意象，体味由这些意象所构成的意境，理解"愁"的原因。 3. 与李清照后期作品《声声慢》作对比，探究社会背景与作者经历对创作的影响	
环节设计	过程与方法	
导入	中国的古典诗词情深意切、意蕴绵长，以"愁"为母题的诗词比比皆是。崔颢如此说思乡之愁：日暮乡关何处是，烟波江上使人愁；秦观如此说寂寞之愁：自在飞花轻似梦，无边丝雨细如愁；李煜如此说亡国之愁：问君能有几多愁，恰似一江春水向东流；苏轼如此说生死离别之愁：十年生死两茫茫，不思量，自难忘。今天我们一起来感悟一下南宋女词人李清照笔下的相思之愁。	以言愁的诗句导入，让学生整体把握本词的情感基调。
朗读	教师范读，学生模仿教师进行朗诵。明确朗读这首词应该节奏缓慢一些，声音低沉一些。 　　找一名同学朗读，提醒学生注意节奏和声音。 　　学生互评，教师指导。	落实学习目标一。
分析意象（小组交流）	提问：作者是运用哪些意象来表达自己的愁绪的？（小组合作学习） 　　明确：薄雾、浓云：薄雾淡淡，云霭浓浓。"愁因薄雾起"，这样的阴天使人低迷忧郁，愁绪满怀。 　　东篱：指菊花圃，赏菊是重阳节的一个习俗。这里化用了陶渊明"采菊东篱下，悠然见南山"的典故，一个人重阳赏菊，孤独排山倒海而来，独坐东篱愁绪飞。 　　西风：暗含凄冷萧瑟之意。（晏殊"昨夜西风凋碧树，独上高楼，望尽天涯路"） 　　酒：麻木神经，或助兴，或消愁。酒在古代的生活中扮演着极为重要的角色，在文学中的意象也是丰富多彩。 　　黄花：菊花，有高洁、隐逸的象征，是重阳节的时令花，赏菊是重阳的习俗，然而，一个人孤独赏菊时，菊花，勾起人的相思，只会愁上加愁。作者选取不求秾丽、自甘素淡的菊花为比，既包括了前人以花衰比人老的意思，又切合重阳节的当令风光，更象征着一种高雅的情操，这就新颖的构思突出了一个与菊花同样高洁、而不得不在孤独寂寞中渐渐憔悴的女子形象。	通过感悟意象，解析关键词语对"愁"的助兴作用。
展示	分组展示词中表现愁绪的意象。	
体会情感和意境	提问：如果你是李清照，请用自己的语言描述周围的环境和心情。	旨在让学生走入本词情境，体悟作者的情感。
名句赏析	提问：词中的那一句最能体现作者的情感？你认为这句中那一个字写得好？（组内交流） 　　明确："莫道不消魂，帘卷西风，人比黄花瘦"。"瘦"字写得好，词人用"瘦"把愁表现得淋漓尽致，愁思本来应该是看不见，摸不着的东西，但词人却巧妙地用黄花这种真实可感的形象把抽象的"愁"具体直观地表现了出来，真不愧为中国第一女词人。还能说出其他把抽象感情形象化的诗句吗？（组内交流后展示）	联系其他文本，体会将抽象情感形象化的写作方法。

名句赏析	明确：只恐双溪舴艋舟，载不动许多愁。 小时候，乡愁是一张小小的邮票。 问君能有几多愁，恰似一江春水向东流。	
对比探究	给学生提供李清照的生平资料（见导学案），让学生将本词与《声声慢》做对比，并分析两首词"愁"的原因。 明确：这两首词写于不同时期：《醉花阴》写于早期和丈夫赵明诚分别之后，《声声慢》写于南渡之后；《醉花阴》中的愁只是对丈夫的思念，是生离之愁；而《声声慢》表达的是对"国破家亡夫死"的悲哀，是死别之愁；《醉花阴》表达的只是"闲愁"，而《声声慢》表达的是哀愁；《醉花阴》表达的是短暂之愁，而《声声慢》表达的是永恒之愁。	引导学生运用"知人论世"的方法分析诗词。
总结	李清照是一位女词人，在古代男权社会非常少见。就连这种抒发闺中相思哀怨的诗词也多是男人代笔，站在女人的角度来模仿。作为一个封建时代的妇女，李清照能够坦率地描写闺中生活的孤独寂寞，表达对丈夫的思念，是一种很大胆的行为。正是这种真挚和直率，是她最打动我们的地方。 这首词处处都体现着这个"愁"字，可谓是全词的词眼，作者通过描写薄暮、浓云、东篱、西风、酒、黄花等意象，营造了一个凄冷、淡雅的意境氛围主表达了对丈夫的相思之愁。词中"莫道不消魂，帘卷西风，人比黄花瘦"一句最能表现词人的情感，作者将抽象的情感具体化，这也是李清照惯用的方法。通过探究我们找出了社会变迁和个人经历对作者创作的影响。这节课我们学习的这首《醉花阴》是李清照前期的作品，短暂的离愁带着一点淡淡的忧伤。关于她后期的创作，我们通过下节课《声声慢》的学习再来进一步了解。	
板书设计	愁 { 薄暮 浓云 东篱 西风 酒 黄花 } 相思之愁	

《逍遥游》

教学课题	逍遥游
课程标准	一、普通高中语文课程标准（2017年版）中华人民共和国教育部制定 学习任务群5 文学阅读与写作 **学习目标与内容** 精读古今中外优秀的文学作品，感受作品中的艺术形象，理解欣赏作品的语言表达，把握作品的内涵，结合自己的生活经验和阅读写作经历，发挥想象，加深对作品的理解，力求有自己的观点。 根据古代抒情散文的艺术表现方式，从语言、构思、形象、意蕴、情感等多角度欣赏作品，获得审美体验，认识作品的美学价值，发现作者独特的艺术创造。 结合所阅读的作品，了解古代抒情散文写作的一般规律。捕捉创作灵感，用自己喜欢的文体样式和表达方式写作，与同学交流写作体会。尝试续写或改写文学作品。

课程标准	养成写读书提要和和笔记的习惯。根据需要，可选用杂感、随笔、评论、研究论文等方式，写出自己的阅读感受和见解，与他人分享，积累、丰富、提升文学鉴赏经验。
教材分析	《逍遥游》是人教版高中语文教材必修5第二单元第三篇课文。是一片古代抒情散文。《逍遥游》是古人真情实感的流露，至今读来感人肺腑。要求学生细细体会，领略其中的文体风格和语言韵味。最好能熟读成诵，把握情感。（单元导语） 　　学生课前要结合课下注释和工具书理解和积累一些常用的文言字、词和句式，在理解课文的基础上，理清作者的写作思路，感受作品的艺术形象，理解欣赏作品的语言表达，把握作品内涵。（课后习题） 　　《逍遥游》作为《庄子·内篇》的第一篇，体现了庄子追求绝对的精神自由，它是作者批判现实的理论依据和深层动力。（出处）
学情分析	高三的学生，在必修1、2、3的三本教材中，已经学了多种散文，如写人记事散文、写景状物散文、记叙散文、山水游记散文、议论性散文。在本单元又学了《归去来分辞》、《滕王阁序》两篇抒情性散文。已经对散文的文体特征、语言艺术特色有了深刻的认知，对散文作品已经具备了欣赏能力。因此，学生在学习《逍遥游》时，会更容易些。在对《逍遥游》的学习中，学生可能会对庄周的思想不是很明确，在学习的过程中教师加强引导。
学习目标	1.结合课文注释，翻译全文。理解本课常见文言实词和虚词的用法，分析课文中常见文言句式特点，并熟读成诵。 2.了解庄子世间万物若"有所待"则不自由的思想。学习本文运用比喻、夸张、拟人等修辞手法，借用寓言说理的写作技巧。

第一课时教学设计

设计	开发和实施	设计意图（简要说明）
课时目标	1.结合课文注释，翻译全文。理解本课常见文言实词和虚词的用法，分析课文中常见文言句式特点，并熟读成诵。	在基本理解文意及文言实词、虚词及句式的基础上争取熟读成诵。
环节设计	过程与方法	
（导入）	一说到庄子，我们就会想起"庄生化蝶"的故事，"庄生晓梦迷蝴蝶"，非常富有想象力，非常富有情趣。"老庄"指的是老子和庄子，庄子在政治上主张无为而治、生活上追求自然、精神上更是追求绝对的精神自由。当楚王派人去请他回到官场中时，他对来者说："吾将曳尾于涂"，说自己宁愿做一个在泥潭中的乌龟自由自在，也不愿意回到官场与别人同流合污。 　　庄子是一个纯粹的自由主义者，接下来，我们看一看他是如何看待世间万物的，是如何阐述他所追求的绝对自由的。 　　今天，我们共同走进庄子的《逍遥游》，看看他是如何将来抒发自己的情怀的。	庄子的精神为人成就

第二课时

教学内容	一、学习目标 1.了解庄子世间万物若"有所待"则不自由的思想。 2.学习本文运用比喻、夸张、拟人等修辞手法，借用寓言说理的写作技巧。

教学内容	二、导入 　　庄子是一位著名的唯心主义哲学家，他继承老子顺其自然的观点，更进一步认为无可奈何的叫"命"，不可违离的叫"天"，一切都只好任凭它的摆布。他的思想相当复杂，攻击儒、墨，主张回归自然；愤世嫉俗，痛恨黑暗现实，富于批判精神，但同时又想取消斗争。他的人生观很消极，带有浓厚的悲观主义和虚无主义色彩。由于庄子生活在战国乱世，诸侯各国征伐不已，暴主佞臣杀人如麻，他的志向不可能实现，他看透了这个社会的一切。于是他开始追求精神上的自由。这是怎样的"自由"呢？希望我们能够在《逍遥游》中能够窥见其中的点滴。 三、问题探究 一、寻找课文中有哪些幻想、传说和现实的事例？小组合作与交流，并进行阐述。 　　　　幻想：蜩与学鸠笑、朝菌与蟪蛄不知、列子 　　　　传说：鱼—鲲—鸟—鹏、彭祖、 　　　　现实事例：冥灵、大椿、宋荣子 二、作者写这些幻想、传说、事例的目的是什么？可以在分析它们之间的异同进行分析，也可以多角度思考问题。 　　是想说明世间万物无论大小都要有所凭借。都不可能达到绝对的精神自由。但是，对于世间万物来说各自都有自己的追求。有的拼搏进取，有的适可而止。对于世间万物的不同选择，都各有其合理性但也有可批判性。作者将"其自视也，亦若此矣。"他们自己很得意，其实和斥鷃一样，所见甚小。 （逐段赏析，掌握主旨） 第一段赏析 1.庄子笔下的鱼和鹏，具有什么样的鲜明的特点？当大鹏起飞，又会传达给读者什么样的感受？ 明确：体型巨大，气势宏伟，有神话色彩；让读者感受恢宏壮丽，进而望洋兴叹。 2.大鹏鸟要升至九万里高空，并且要飞到天的最南端，这个行为你能理解吗？ 明确：大鹏鸟有更高的追求，有自己的愿望，有理想、有追求。 3.为什么忽然写道"野马尘埃""杯水芥舟""千里聚粮"？这是什么样的论证思维？ 这叫类比思维，跳跃性强，忽断忽续，神妙之极。 小结：第一段学习，你明白了大鹏鸟必须飞到九万里高空，才能展翅翱翔，直达天际。你在这样恢宏壮丽的景象里，会明白一个道理——要做大事业，必须有大的气魄，厚实的基础。欲穷千里目，更上一层楼，也是这个道理。 4.鲲鹏的形象在后世诗文中经常出现，试找出一些诗句。 明确： 大鹏一日同风起，扶摇直上九万里。李白《上李邕》 宿云鹏翼落，残月蚌中开。宋之问《早发始兴江至虚氏村作》 安得瑶池饮残酒，半醉骑下垂天鹏。皮日休《奉和鲁望秋赋有期次韵》 九万里风鹏正举，风休住，蓬舟吹取三山去。李清照《渔家傲》 苏轼：八月十八潮，壮观天下无。鲲鹏水击三千里，组练长趋十万夫。 毛泽东：鲲鹏展翅九万里，翻动扶摇羊角（《念奴娇·鸟儿问答》） 君行吾为发浩歌，鲲鹏击浪从兹始《七古·送纵宇一郎东行》	写了什么 为什么写

教学内容	第二段赏析 1. 这一段主旨句是那一句？ 明确：小知不及大知。（不是"小年不及大年"，要注意。） 2. "小年不及大年"，与"小知不及大知"是什么关系？ 明确：是论据和论点的关系，还是类比论证。小年不能理解大年，正如小知不能理解大知。 3. 作者又一次举出大鹏鸟的例子，有何作用？ 证明：小智不理解大智。告诉我们：做大事业，至大境界，要有特立独行的勇气，不需得到庸人的理解。还告诉我们：人要提升境界，以免成为井底之蛙，贻笑大方。 第三段赏析： 1. 第一层境界是什么人？有何特点？ 明确：是自鸣得意、沾沾自喜的庸人，以外在功业来夸耀世人。其问题是还不知道自己很无知很庸俗。 2. 第二层境界是什么人？有何特点？ 明确：宋荣子。他已经有了自己的准则方式，不再追求名利，但是他的问题是自以为很聪明，能分清内外荣辱这不是最高境界。 3. 第三层境界是什么人？有何特点？ 明确：列子能够不追求福，而且能乘风来去，他的问题是行动不自由，当然内心也不够高。 4. 最高境界是什么？有何特点？ 明确：最高境界三类人：至人、神人、圣人。（基本都已经不是人！）上天入地，自由自在，无欲无求。 5. 你想不断修炼，层层提高，最后进入了不起的最出神入化的最高境界吗？ 明确：估计没人想。再问：那么这样层层推进的说理，能告诉我们什么道理呢？ 明确：永不自满，不断突破，不断提升。从必然王国进入自由王国的道路很多种，可以向孔子那样，最后从心所欲不逾矩；也可以在专业上，最终是山登绝顶我为峰。不论如何，我们要记住人类的梦想就是逍遥。
板书	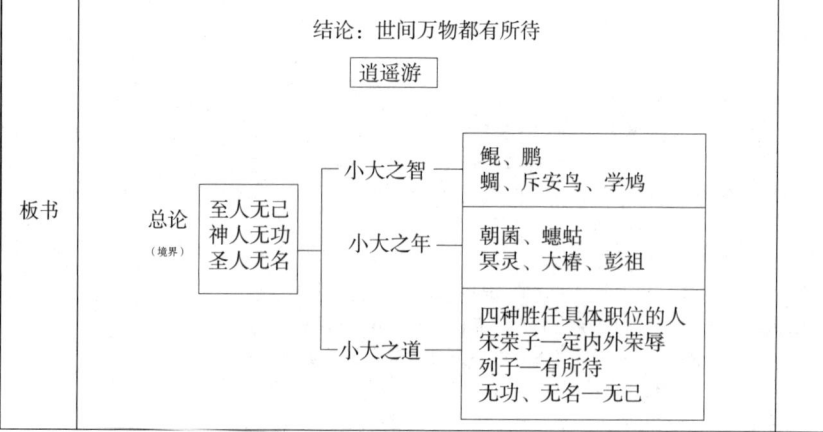

修辞手法、写作技巧	本文的写作特色 （1）借用寓言说理庄子的作品中，运用寓言数量之多是惊人的本篇中就运用鲲、鹏、蜩、学鸠、斥鴳寓言故事，把思想、道理寄托于生动的形象中这些寓言或取材于神话故事，或取材于历史传说，或随手拈来幻想虚构，生动活泼，颇具诗意，寓意隽永，感染力强 （2）想象丰富，意境开阔，充满浪漫主义色彩 （3）运用比喻、夸张、拟人等修辞手法，增强了文章的表达效果 运用比喻论证，对比论证，举例论证。 比喻论证作用：化抽象为具体，化深奥为浅显，更具说服力。
小结	屈原在有路的地方，发现没有路，自杀了；庄子在没有路的地方找到了路，他坐在树下冥思，守护一轮妩媚的月亮。庄子在诸子百家中是独树一帜的。孔子仁爱，孟子仁政，墨子兼爱，法家强国，兵家攻战，都是不离现实生活的，可以称为现实主义。但庄子讲逍遥，讲齐物，却是远离人间烟火，并且行文洒脱，意象新奇，如天马行空，属于百家中的浪漫主义。所谓"庄狂屈狷"，正道出了他们独具的浪漫主义精神。他教会了我们用另一种眼光，用非功利的眼光观照这个世界，直接影响着后人的思维和创作。
作业	结合庄子的作品《逍遥游》写一篇读后感。

《鸿门宴》

教学课题	鸿门宴
课程标准	1.知识与能力： ①能借助注释和工具书，阅读中华传统文化经典作品，读懂文章内容。 ②学习文言作品中实词、虚词、特殊句式和文化常识，注意古今语言的异同。 ③学习传统文化经典作品的表达艺术，提高自己的写作水平。 2.过程与方法： ①通过反复诵读，培养学生语感，增进文本理解，引导学生积累古代作品的阅读经验。 ②引导学生借助注释、工具书，梳理常用文言实词、虚词和特殊句式，提高阅读古代作品的能力。 3.情感态度与价值观： ①体会中华传统文化的精深和丰富，初步认识所读作品在中国文化史上的贡献。 ②就传统文化的历史价值、时代意义和局限等问题，用历史和现代的观念进行审视，表达自己的观点。
教材分析	必修一第二单元是"古代记叙散文"，这些文章或记政治、外交的风云变幻，或记杰出人物的嘉言懿行，都是千古流传的叙事名篇。学习这个单元，既可以从中领略古人的才华和品德，又可以欣赏和借鉴叙事的艺术。文言叙事特有一种简洁之美，学习时要注意反复朗读，悉心体会。还要学习提要钩玄的阅读方法，学会抓住关键词语，概述文章的叙事脉络，做到纲举目张，化繁为简，提高概括能力和表达能力。
学情分析	学段属于高一上学期，学生具有初步的史学常识，可以借此辅助古代叙事散文教学，与本单元前两篇文章相比本文篇幅略长，理清叙述脉络也就成了教学的重点。本文难度较大，词法句法较为复杂，兴趣的培养和激发是解决问题的关键。本文人物较多，在学习文言知识的同时还应注重对人物形象的分析以及作者人物刻画的手法。

学习目标	1. 了解作者司马迁的简要事迹、《史记》的地位和《鸿门宴》的时代背景。 2. 积累本文中出现的词类活用、通假字、古今异义字和特殊的文言句式等。 3. 理清本文的发展脉络，能够简要概括文章大意。 4. 分析本文出现人物的性格特点、作者人物刻画的手法及叙事特色。	
第一课时教学设计		
设计	开发和实施	设计意图（简要说明）
课时目标	1. 了解司马迁、《史记》以及《鸿门宴》的创作背景 2. 熟读课文并简要概括文章大意 3. 归纳整理本文中出现的词类活用、通假字、古今异义字和特殊的文言句式等。	
环节设计	过程与方法	
导入	同学们会下象棋吗？在棋盘上我们会看到"楚河汉界"，这也象征着我国历史上的楚汉争霸，象棋的对弈双方棋子一样多，但最终却一定要分出胜负，楚汉争霸最终的结果是军力强盛的项羽战败，刘邦在博弈中处于弱势，最终反而能取得夺得天下。本课节选自《史记·项羽本纪》，而《鸿门宴》是楚汉争霸主要矛盾的集聚点，今天让我们走进《鸿门宴》，一起感受一下在鸿门宴中双方是如何博弈的。	结合生活实际，激发好奇心，增加学习兴趣。
作者简介 作品简介	结合导学案，简要介绍司马迁及《史记》，了解《鸿门宴》的时代背景	扩展知识储备，丰富写作素材。
正音	旦日飨士卒、鲰生、要项伯、奉卮酒为寿、令将军与臣有郤、玉玦、樊哙、目眦、按剑而跽、戟肩、切而啖之、刀俎	检查预习情况，扫清阅读障碍。
诵读	读清字音，读准句读	初读课文，初步了解课文大意。
梳理课文	1. 师生共同梳理各段落大意，并简要概括； 2. 细读课文（默读），概括全文大意 3. 梳理课文过程中对本文中出现的词类活用、通假字、古今异义字和特殊的文言句式等进行讲解，并归纳整理	进一步了解课文大意，理清叙事脉络，并提高学生的概括能力。
板书设计	鸿门宴 《史记》 司马迁 宴会前：序幕 　　　　开端 宴会中：高潮（刘邦谢罪 项王留饮 范增举玦 项庄舞剑樊哙闯帐） 宴会后：结尾（刘邦脱逃 项羽受璧）	
第二课时教学设计		
设计	开发和实施	设计意图（简要说明）
课时目标	分析文中人物的性格特点、人物刻画的手法及叙事特色。	

环节设计	过程与方法	
回忆	学生简要概括《鸿门宴》全文大意（要求：不超过二句）	前情回忆，由此展开本课时的教学活动。
提升	将概括的文意进行扩展（5-8句）	提升学生的思维，关注学生在扩展的过程中提到了那些人物，由此展开人物形象的分析。
品读	品读课文，分析人物性格特点，用笔勾画特点鲜明的语句。	
形象分析	分析本文中出现的人物性格特点，理清人物关系，并说明理由 1. 在楚王即将来犯万分危急的形势下，张良既不提议备战，更不主张退军，却只要刘邦"往见项伯，言沛公不敢背项王也"，这是为什么？此处行文轻描淡写有什么作用？ （"战"必败，"逃"必溃，兵力悬殊，士气不同。张良过人之处在于确信项伯可以利用。他从项伯的通风报信中看出这个人十分重"义"，有恩必报，他也了解项伯与项羽的关系。由项伯必能获得理想的效果，尤其是他看准了项羽的致命弱点，双方矛盾的焦点，深信"言沛公不敢背项王"一句话就能解决问题。此处轻描淡写更显出张良的沉稳机警，处变不惊。也与刘邦大惊失色束手无策形成对照。） 2. "项庄舞剑"在情节展开上有什么作用？这一事件给后人留下了哪一个成语？ （"项王留沛公与饮"，情节已趋缓和，"舞剑"事件发生，形势再度紧张起来，从而引出了"樊哙闯帐"，故事推向高潮。成语是"项庄舞剑，意在沛公"，意思是人们表面上做事心中却另有所图。） 3. "樊哙闯帐"是故事的高潮部分，课文从哪几方面刻画樊哙这一人物？ ①语言描写："此迫矣！臣请入，与之同命"。语句短促急迫，紧张的形势，急迫的心态，忠勇的性格跃然纸上。 ②动作描写："带剑拥盾入军门"，"侧其盾以撞，卫士仆地"，"立而饮之"，"拔剑切而啖之"，无所顾忌，无所畏惧，何等英武。 ③外貌描写："瞋目视项王"，头发上指，"目眦尽裂"，着墨不多，却极为传神。 4. 刘邦脱逃后，张良献礼，项羽、范增二人态度分别怎样，为何不同？ 项羽：受璧，置之坐上；范增：受玉斗，置之地，拔剑撞而破之，曰："唉！竖子不足与谋！" 项羽对刘邦借故脱逃仍然麻木不仁，根源在于他迷信自己的武力；范增则深知放虎归山，后患无穷，同时也为自己的意见未被采纳，精心策划的阴谋破产而恼怒。	1. 分析人物形象 2. 分析作者人物刻画的手法
思考	教材中刘邦与项羽初见面是说："令将军与臣有郤。" 而山东人民版的教材中是："令将军与臣有郤……"。思考一下句号和省略号在表达上有何不同。（引导学生省略号说明刘邦话还没有说完，项羽的性格比较急躁。）	发挥学生的想象，展现学生对人物形象的理解。

作业布置	山东人民版教材中省略之处刘邦可能会说些什么？结合人物性格特点，请写一篇不少于150字的小片段。（要求：自圆其说）	细节入手，分析人物性格特征。
板书设计	鸿门宴 张良：战 逃 处变不惊 项庄舞剑，意在沛公 樊哙闯帐 ⎰ 语言描写 　　　　　⎨ 动作描写 　　　　　⎱ 外貌描写 张良献礼：项羽⟺范增 令将军与臣有郤……	

《登高》

教学课题	登　高
课程标准	普通高中语文课程标准（2017年版） 1. 重视诵读在培养学生语感、增进对文本理解中的作用，引导学生积累对古代作品的阅读经验。 2. 引导学生借助注释、工具书独立研读文本，并联系学习过的古代作品，梳理常用文言实词、虚词和特殊句式，提高阅读古代作品的能力。 3. 多角度、多层面地组织主题学习单元，引导学生合理运用精读、略读的方式，由点到面地体会中华传统文化的精深和丰富，初步认识所读作品在中国文化史上的贡献。 4. 组织学生在具有一定阅读量的基础上，展开交流和专题讨论，就传统文化的历史价值、时代意义和局限等问题，用历史和现代的观念进行审视，表达自己的看法。 5. 引导学生坚持在研读的过程中勤查资料，勤做笔记；围绕所读作品，利用图书馆、互联网查阅相关注释、评点等资料，加深和拓展对作品的理解；学习运用评点方法，记录自己的感受和见解，不断提高独立阅读能力。
教材分析	《登高》是普通高中课程标准实验教科书，必修三第二单元的课文。本单元主要学习唐代诗歌。唐代是我国封建社会的鼎盛时期，政治开明、经济繁荣，文化上兼容并包，音乐、绘画、书法等艺术有了长足的发展，这些都从不同方面对诗歌创作产生了积极影响；同时，诗歌本身的发展也趋于成熟，题材扩大，诗体完备，诗家辈出，风格多样。唐诗体现了我国古典诗歌创作的最高成就，具有极大的社会认识意义和审美价值。 《登高》作于唐代宗大历二年（767）秋天的重阳节，杜甫时在夔州。这是五十六岁的杜甫在极端困窘的情况下写成的。当时"安史之乱"已经平息，杜甫的好友严武举荐杜甫为节度使参谋、检校工部员外郎。不久严武突然去世，杜甫失去了依靠，举家便往夔州。而就在夔州，他的生活很困苦，身体也非常不好。一天他独自登上夔州白帝城外的高台，登高临眺，百感交集。望中所见，激起意中所触；萧瑟的秋江景色，引发了他身世飘零的感慨，渗入了他老病孤愁的悲哀。于是，就有了这首被誉为"七律之冠"的《登高》。这首《登高》是杜甫的一首非常出色的抒情诗，也是杜诗中创造出完美意境的代表之作。杜甫所开拓的诗歌天地是很广阔的，他提供了多种多样的意象，这些意象又都在浑厚苍劲的风格上取得了统一。

学情分析	在学习本诗之前,作为高中一年级的学生,对诗歌并不陌生,也积累了一定量的诗歌,已经对杜甫有所了解,能够大体读懂诗歌。但是他们不会鉴赏诗歌,不求甚解,体会不到诗歌的意蕴和精髓,也不懂鉴赏诗歌的方法。所以在本课的教学中,培养学生鉴赏诗歌的水平。	
学习目标	1. 了解作者的有关背景,学习知人论世的赏析方法。 2. 分析文中的意象,学会意象分析方法。学习本诗情景交融、气象恢宏的艺术特点。 3. 反复诵读,在诵读中体味作者的情感。感受诗人复杂的人生情感和心系苍生、情寄邦国、忧国忧民、兼济天下的博大情怀。	
教学设计		
设计	开发和实施	设计意图 (简要说明)
课时目标	1. 通过反复诵读,品味诗歌语言,体悟作者情感。 2. 找出诗中的意象,品味由这些意象所构成的意境,理解作者辛酸和愤悱的情感。 3. 通过对本诗的学习,掌握基本的诗歌鉴赏方法。	
环节设计	过程与方法	
导入	提到"登高",学生会联想到重阳节,正如同学们所说《登高》是杜甫在重阳节时登高所作。学生回忆学过哪些和重阳节有关的诗,齐背两首:《九月九日忆山东兄弟》《过故人庄》。	
诵读	1. 指导诵读:学生齐读;教师范读;找学生分别朗读。 (教师正音诵读时要把握悲凉、深沉的感情基调,节拍要清,节奏要缓,声音低沉,突出重音,注重不同的感情基调。) 2. 读出情感:在老师指导的基础上,自由诵读体会,选择一联谈一谈从中读出了哪些情感或怎样的景,试着通过读来呈现。 (首联、颔联寓情于景、借景抒情。"风急天高猿啸哀,渚清沙白鸟飞回",风急天高、色彩鲜明的秋景,蕴含着悲秋伤时、孤寂凄凉的情感。"无边落木萧萧下,不尽长江滚滚来",辽远雄阔、秋气肃杀之景,蕴含着生命消逝、美人迟暮、渺小无助之感。可具体示范指导情感的味道很浓的"哀""回","哀"字宜轻且缓长,"回"字可略带回转。 颈联、尾联直抒胸臆,展现了一个体弱多病的老人在秋风中伫立远望的画面。"万里悲秋常作客,百年多病独登台"抒发了羁旅悲秋、暮年多病孤寂之悲,"艰难苦恨繁霜鬓,潦倒新停浊酒杯"表达了国事艰难、壮志难酬、生活潦倒之恨。)	这一教学环节,以读为主要手段,要让诗中景的主要特征以及具体情感在师生对读的评价交流中明确,在学生的诵读中呈现。
分析意象 体会情感	这首诗中有多少意象?表达了作者怎样的情感? (合作探究,小组代表整理答案发言) 这首诗集中了秋天和大江这两个杜诗中最富于想象和联想的意象,急风、高天、猿啼、清渚、白沙、飞鸟、落木、长江,无不饱含着诗人对国家和身世的辛酸和愤悱。 这些意象,好像特写镜头,仰视俯察,绘形绘色,绘声绘动,勾勒出一幅严秋肃临天下的生动图画。诗人寓情于景,萧条惨淡的画面映照出诗人内心的凄凉,哀猿的啼声暗示着诗人的悲苦。 小结:前四句诗最突出的特点是情景交融,借景抒情。	将自主学习和小组的合作探究结合起来,充分发挥学生的积极性、主动性。

113

吾言吾语

对比品味 赏析炼字	一、在读的过程中，很多同学对诗中的个别句子情有独钟。全诗四联中"无边落木萧萧下，不尽长江滚滚来"写秋景的两句，被奉为经典中的经典。写秋景的名句我们学过哪些？与之有何不同？ ①下秋来风景异，衡阳雁去无留意。四面边声连角起。千嶂里。长烟落日孤城闭。《渔家傲·秋思》范仲淹 ②角声满天秋色里，塞上燕脂凝夜紫。《雁门太守行》李贺 ③秋风萧瑟，洪波涌起。《观沧海》曹操 ④八月秋高风怒号，卷我屋上三重茅。《茅屋为秋风所破歌》杜甫 ⑤晴空一鹤排云上，便引诗情到碧霄。《秋词》刘禹锡 每首诗择取的意象不同，呈现出或是壮阔，或是壮丽，或是唯美的秋景，即使同属律诗，同是写秋的"玉露凋伤枫树林，巫山巫峡气萧森"与"无边落木萧萧下，不尽长江滚滚来"相比就显得少了些秋的厚重。 二、将原诗句与修改后的诗句对比一下： "三峡"落木萧萧下，"千里"长江滚滚来。 学生行对比赏析。（任务驱动） ①"无边"呈现的是秋意肃杀所在皆是，无涯无际；"不尽"不仅能表现长江之长，滔滔江水力量之大，更能让人感受到时间的无穷，给人历史长河永不停息的感受。 ②让人感受到生命的渺小、短暂的同时，体会到秋给人的无边、无尽的气势与力量，能目见这些的是人的开阔胸襟。无边秋色，万古寂寥，人添秋色，秋助人悲。 ③"无边""不尽"扩大了悲秋的意境，与首联共构成了雄浑高阔的意境。 小结：颔联勾画出一幅更广阔的长江秋景。从茫无边际、萧萧而下的木叶，奔流不息、滚滚而来的江水，我们可以感受到诗人浩茫而纷乱的思绪。	（改变以往知识灌输的方式，将知识还原为问题，让学生自己去思考、去探索， 为了避免学生有放无收） 借助对比，辨析领联"无边""不尽"的表现力。 对比能够鲜明呈现经典的独特的审美特征，能将诗歌从单摆浮搁中拯救出来，关联学习者的既有知识，丰富其审美体验，拓展其艺术视野。
质疑经典 深入探究	宋代的罗大经指出《登高》"万里悲秋常作客，百年多病独登台"这一联含有八层意思，真有八层？真的只有八层吗？	
质疑经典 深入探究	罗大经：异乡"作客"，寄人篱下，此其一；系舟"万里"，故乡渺茫，此其二；"悲哉秋之为气"，节令凄凉，此其三；"常"年如此，不知其终，此其四。"百年"一生潦倒，此其五；体弱"多病"，缠身不愈，此其六；重九"登台"，倍思亲，此其七；孑然孤"独"，此其八。 教师引导：一层"作客"即是羁旅漂泊；二层是"常作客"，总是漂泊中；三层是"秋常作客"，秋季总在漂泊中；四层是"悲常作客"，逢秋不怕，偏偏满目最悲凉的三秋，五层是"万里悲秋常作客"，离家一里，一里愁，离家万里在悲凉的晚秋总是作漂泊之客；六层是"登台"，思乡望远，奈何万里长；七层是"独登台"，无亲朋相伴，望万里无端；八层是"病独登台"，独登己是可怜，再加上病中独登，九层是"多病独登台"，病中独登也罢，怎奈总在病中或是多病集加；十层是百年多病独登台，最无奈垂垂老矣，多病独登。 小结：颈联十四字，如滔滔江水，喷薄十层悲情，杜甫推敲琢磨，炼字达情的功夫可见一斑。这也许就是钱钟书先生所说的被情感压得腰弯背断的一种厚重吧。	学生言之成理即可，重在清楚一字一词间的情感差别，不一定多于八层，也不止于某层，重在质疑思考，让课堂的活动能在课下继续延续。

学以致用 拓展深化	阅读下面一首唐诗，然后回答问题。 江汉 杜甫 江汉思归客，乾坤一腐儒。 片云共天远，永夜月同孤。 落日心犹壮，秋风病欲苏。 古来存老马，不必取长途。 （1）这是杜甫晚年客滞江汉时所写的一首诗。诗中二三联用了"片云"、"孤月"、"落日"、"秋风"几个意象，请分析其情景交融的意境。 "片云""孤月"意境凄凉，流露出作者孤独、苦无知音的烦闷；"落日""秋风"意境雄壮、开阔，又体现了作者"烈士暮年，壮心不已"的乐观旷达。 （2）有人认为这首诗洋溢着诗人自强不息的精神，也有人认为这首诗表达了诗人的怨愤之情，你同意哪种看法？请说明理由。亦可另抒己见。 "自强不息"要联系"落日心犹壮"，"怨愤"要联系"不必取长途"。
板书设计	（急）风、 （高）天、 （啼）猿　苍凉　　　长年漂泊 （清）渚、　雄浑　抒发　老病孤苦 （白）沙、　沉郁　　　忧国忧民 （飞）鸟、　悲壮 （落）木、长江

《短新闻两篇·别了，不列颠尼亚》

教学课题	短新闻两篇·别了，不列颠尼亚
课程标准	普通高中语文课程标准（2017年版） 1.学习多角度观察生活，掌握当代社会常用的实用文本，善于学习并运用新的表达方式。 2.学习运用简明生动的语言，介绍比较复杂的事物，说明比较复杂的事理。 3.具体学习内容，可选择社会交往类的，如会谈、谈判、讨论及其纪要，活动策划书、计划、制度等常见文书，应聘面试的应对，面向大众的演讲、陈述和致辞；也可选择新闻传媒类的，如新闻、通讯、调查、访谈、述评、主持、电视演讲与讨论，网络新文体（包括比较复杂的非连续性文本）；还可选择知识性读物类的，如复杂的说明文、科普读物、社会科学类通俗读物等。
教材分析	1.《别了，"不列颠尼亚"》是高中语文必修1第四单元的第一课《短新闻两篇》中的第一篇，是一篇重要的讲读课。本单元学习的重点是新闻和报告文学。选取这些贴近生活的体裁，对学生来说具有很强的实用性。 2.本篇题为《别了，"不列颠尼亚"》，从客观的角度叙述了英皇家油轮"不列颠尼亚"号离去的过程，表明象征着英国殖民统治在香港的终结，中华民族的一段耻辱终告洗刷。

教材分析	3.题目"别了,'不列颠尼亚'"表面的意思是告别了接载查尔斯王子和离任港督彭定康回国的英国皇家游轮"不列颠尼亚"号,实际的意思是英国对香港长达一个半世纪的殖民统治宣告结束了,香港重新回到祖国的怀抱中。
学情分析	我们生活在这样一个信息爆炸的时代,每天都会接触到大量的信息,其中不乏一些泡沫信息,根本不是真实的信息,只是为了吸引受众的眼球。学习新闻的目的,就是让学生提高判断能力,提高辨别是非的能力,学会客观分析事理,做一个理性的人。
学习目标	1.通过品读感悟、合作探究的方式,了解新闻的特点。 2.通过品读新闻,理解文中重点词句的深刻含义;理解新闻写作中记者蕴含其中的情感。 3.学生树立爱国情怀,激发民族自信心和自豪感;铭记历史,珍惜和平,珍惜现在的生活。

第一课时教学设计

设计	开发和实施	设计意图（简要说明）
课时目标	1.通过品读新闻,梳理课文内容。 2.理解文中重点词句的深刻含义。 3.理解新闻写作中记者蕴含其中的感情。	了解新闻的特点,学会写简单的新闻。培养爱国情怀,铭记历史,激发民族自豪感。
环节设计	过程与方法	
导入	多媒体展示图片:中华人民共和国国旗、英国米字旗、香港行政区区旗1841年鸦片战争这个以后,英国强占香港岛;1842年清政府与英国签订中国近代史上第一个不平等条约——《南京条约》,割香港岛给英国;1997年7月1日香港回到祖国母亲的怀抱。	引起对于新闻的关注。
导入	1997年7月1日是一个彪炳史册的日子,因为这一天全世界都在向东方聆听一个声音,它响彻寰宇,向世界宣告:中国恢复对香港行使主权。这是一个雪百年耻辱,长民族志气,振国家声威的喜庆时刻。作为中华民族儿女,我们应该铭记这一时刻,历史记载了这一时刻,我们也深深地记住了1997年7月1日。 今天就让我们一起学习新闻特写《别了,不列颠尼亚》。	
自读课文,扫清字词障碍	1.给下列生字注音 颠（　） 瞩（　） 凝（　） 督（　） 荆（　） 舰（　） 2.解释下列生词 掩映:彼此遮掩而互相衬托。 陈迹:过去的事情。 瞩目:注目。	扫清文字障碍是学习课文的基础。
学生朗读新闻,了解写作背景,探究课文	1.说说你如何理解标题? （1）毛泽东主席在1949年美国驻华大使司徒雷登回国、美国政府的白皮书发表之时,曾写过一篇文章,题目是《别了,司徒雷登》。本文活用此题。 （2）以英国皇家油轮"不列颠尼亚"号象征英国在香港的统治。 （3）"别了",用委婉中略含嘲讽的口气,表明这之中统治的结束。	

学生朗读新闻，了解写作背景，探究课文	2. 将文中表示时间的句子画出来，看看这篇通讯是从什么角度，按什么顺序把"香港回归"这一重大历史事件记录下来的。 | 时间	地点	主要事件
1997年6月30日下午4点30分	港督府	彭定康注视着港督旗帜降下旗杆
1997年6月30日下午4点40分	港督府	彭定康乘车最后一次离开港督府
1997年6月30日下午6点15分	距英军总部不远的添马舰东面的广场	举行"告别仪式"，查尔斯宣读女王赠言
1997年6月30日下午7点45分	"威尔士亲王"军营旁	举行第二次降旗仪式
1997年6月30日最后一分钟	中英香港交接仪式现场	米字旗在香港最后一次降下 | 新的一天来临的第一分钟，中英香港交接仪式现场，五星红旗伴着《义勇军进行曲》冉冉升起。与此同时，五星红旗在英军添马舰营区升起。1997年零点40分，中国南海 查尔斯和彭定康登上"不列颠尼亚"，"不列颠尼亚"消失在南海的夜幕中。 3. 文章按时间顺序特写了哪几个场景？ 场景一：下午4点30分，末任港督告别港督府，降下港督旗帜； 场景二：下午6点15分 在添马舰 军营东面的广场 举行象征英国管治结束的"告别仪式"，降下英国国旗； 场景三：子夜时分举行中英香港交接仪式，米字旗在香港最后一次降下，中国国旗升起； 场景四：零点40分查尔斯和彭定康登上"不列颠尼亚"离开香港。 文中写了几次降旗，分别标志着什么？ 4. 这篇特写在报道新闻的事实时，还适当地运用了一些背景材料。请找出来并体会它们在文章中的作用？ 第7、11段介绍了一些背景材料，这样一来，就像电影中的闪回一样，将历史与现实用镜头方式交错出现，不仅画面很强，且突出了英国对香港156年统治的终结。历史的回顾更强化了用不再来的意味。 5. 把这篇通讯改写成一篇新闻，你省略了哪些语言？体会一下这些语言的好处。 "掩映在绿树丛中的港督府""古典风格的白色建筑""广场上灯光渐暗""'不列颠尼亚'号很快消失在南海的夜幕中"等描述性的语言使描述对象生动、形象、可感。 "末任港督官告别了这个曾居住过25任港督的庭院"，"代表女王统治5年的彭定康登上了带有皇家标致的黑色'劳斯莱斯'，最后一次离开港督府"，"将于1997年底退役的'不列颠尼亚'号"，"在英国军舰'漆咸'号及悬挂中国国旗和香港特别行政区旗的香港水警汽艇护卫下"……交代告别的细节，事情的因果、始末交代的具体清楚。 "蒙蒙细雨中"，"雨越下越大"是天气状况的实写，但两处用笔，写出过程，对仪式的气氛起到了烘托的作用；"面色凝重"，是对港督彭定康表情的描写，但在这里交代，对"告别"的仪式的氛围起了点染的作用。 6. 在改写过程中你是否发现本文时间的表述非常精确，但表述形式不一致，为什么？ 7. 这篇别具特色的报道体现出较高的政策把握水平和驾驭文字的能力。	通过品读课文，梳理文章脉络，理解文中重点词句的深刻含义，了解本文的写作背景和历史缘由，逐步深入探寻新闻写作的特点，探究课文

学生朗读新闻，了解写作背景，探究课文	在有关香港回归的报道中，可以说英方撤离报道的难度最大。既不能只写中方，又要完整反映英方撤离的情况；既不能对英方讽刺挖苦，又要突出殖民统治结束的象征意义。你从文中哪些语句可以体会作者的苦心？如课文中"最后"一次的多次出现，强调英国对香港长达150多年的统治终于结束了，中华民族百年来的耻辱被洗雪，中国人民终于可以在自己的国土上行使主权，扬眉吐气了。 皇家游轮"不列颠尼亚"号和邻近大厦上悬挂的巨幅紫荆花图案，恰好构成这个"日落仪式"的背景。"日落仪式"的背景一是泊在港湾中的'不列颠尼亚'号，一是'紫荆花图案'作为英国告别仪式的背景，标志着英国对中国香港150年来的殖民统治结束和香港自治的新的历史阶段的开始。 全文最后一句语言庄重而含蓄，有深刻含义。"从海上来"指当年不可一世的英国远征军强占了中国的领土，开始殖民统治。"从海上去"指英国殖民统治的结束。	
思维拓展	回顾英国记者是怎样报道香港回归这一历史事件，思考新闻客观性与新闻立场之间的关系。	理解新闻的特点。
小结	1.本篇题为《别了，"不列颠尼亚"》，从客观的角度叙述了英皇家油轮"不列颠尼亚"号离去的过程，表明象征着英国殖民统治在香港的终结，中华民族的一段耻辱终告洗刷。 2.题目"别了，'不列颠尼亚'"表面的意思是告别了接载查尔斯王子和离任港督彭定康回国的英国皇家游轮"不列颠尼亚"号，实际的意思是英国对香港长达一个半世纪的殖民统治宣告结束了，香港重新回到祖国的怀抱中。 3.课文的结构：分为主体和导语两部分。 第一部分：（1）概述英国撤离香港的最后一刻是英国米字旗最后一次降落，接载英国王子和港督的游轮离开香港。	帮助学生理清知识脉络，掌握新闻的特点，升华对于新闻写作的思考。
小结	第二部分：（2至结束段）集中描写英国撤离香港那天的四个场景及有关背景资料。	
作业布置	请同学们选取身边新近发生的事件，写一篇新闻，要求按照新闻的结构要素写。	学会写新闻
板书设计	《别了，不列颠尼亚》 { 一傍晚降旗 二交接仪式 三子夜告别 四零点40分	按交接仪式的顺序呈现过程，简洁、直观、明了。

《短新闻两篇·奥斯维辛没有什么新闻》

教学课题	奥斯维辛没有什么新闻
课程标准	普通高中语文课程标准（2017版） 通过实用性阅读与交流的学习，丰富学生生活经历和情感体验，增强适应社会、服务社会的能力。 1. 学习目标与内容 （1）学习多角度观察社会生活，掌握当代社会常用的实用文本善于学习并运用新的表达方式。 （2）学习运用简明生动的语言，介绍比较复杂的事物，说明比较复杂的事理。 2. 教学提示 （1）教学以社会情境中的学生探究性学习活动为主，合理安排阅读、调查、讨论、写作、口语交际等活动。 （2）社会交往类内容，在社会调查与研究过程中学习。 （3）新闻传媒类内容，在分析与研究当代社会传媒的过程中学习。如自主选择、分析研究一份报纸或一个网站一周的内容。分析其栏目设置、文体构成、内容的价值取向，撰写文字分析报告，多媒体展示交流。推荐最精彩的一个栏目、不同体裁的精彩文章若干篇，并说明理由，尝试选择传统媒体和新媒体写作。
教材分析	这个单元学习新闻和报告文学。我们生活在一个急剧变化的时代，每天都会接触到大量的信息，其中最主要的渠道就是各种媒体的新闻报道。新闻具有及时性和真实性的特点，它以消息、通讯、特写等样式，向我们提供各方面最新的资讯。报告文学脱胎于新闻，强调真实，但又不同于新闻，作者可以对所涉及的事件和人物进行合理的艺术加工，也可以充分表达自己的思想感情。 学习新闻作品，要注意新闻结构的多样性。分清新闻事实与新闻背景、客观叙述与主观评价，在此基础上，去粗取精，抓住有用信息；学习报告文学，要联系作品的时代背景，把握作者的情感倾向，学习叙事写人的技巧，培养关注社会的意识。
学情分析	《奥斯维辛没有什么新闻》出自高中语文课本人教版必修一第四单元《短新闻两篇》。作为一个消息，它并不具备典型的消息特点，不适合作为对中学生进行新闻知识传授的蓝本。但该新闻写作视角与写作方式独特，着重于教学习者正视历史，正确理解法西斯的罪恶，不忘初心，牢记使命，珍惜现在和平安定的生活。 拓宽高中生视野，不局限于以往零度视角的新闻。使学生了解关注国外新闻事件。
学习目标	掌握新闻内容要素和结构特点；对比传统新闻形式，理解作者独特的写作视角；把握作者的情感。学习情感性新闻的特点。 培养学生准确、快速捕捉信息的能力。准确理解作者的写作视角。 3. 把握文章所蕴含的情感和深远内涵，正确引导学生的情感价值观。引导学生正确理解法西斯的罪恶，学生了解关注国外事件。 4. 学习本文在客观描述事实的同时，又运用多种手法将自己的心理感受细致的表现出来的方法。罗森塔尔通过参观者的行动、神态来传达他们的内心的感受，表达自己的鲜明感情。品味新闻中富有意蕴的句子的含义。
\multicolumn{2}{第一课时教学设计}

设计	开发和实施	设计意图（简要说明）

课时目标	一课时	
环节设计	过程与方法	
课程导入	同学们平时都去什么样的地方旅游啊？（提问同学） 看下面课件展示的图片，思考一下你会不会去这样的地方旅游参观？ 那么什么人才会到奥斯维辛集中营参观旅游呢？ （受害人家属、历史研究者、军人、德国人等） 他们为什么来这里？ （哀悼、怀念、尊重、忏悔等）	联系生活实际，通过图文情景创设法设置情景代入学生。激疑，通过认知冲突引发思考。
教学目的	1. 掌握新闻内容要素和结构特点；对比传统新闻形式，理解作者独特的写作视角；把握作者的情感。学习情感性新闻的特点。 2. 培养学生准确、快速捕捉信息的能力。准确理解作者的写作视角。 3. 把握文章所包含的情感和深远内涵，正确引导学生的情感价值观。引导学生正确理解法西斯的罪恶，学生了解关注国外事件。 4. 学习本文在客观描述事实的同时，又运用多种手法将自己的心理感受细致的表现出来的方法。罗森塔尔通过参观者的行动、神态来传达他们的内心的感受，表达自己的鲜明感情。品味新闻中富有意蕴的句子的含义。	
教学重点、难点	1. 教学重点：引导学生正确理解法西斯的罪恶；体会罗森塔尔通过参观者的行动、神态来传达他们的内心的感受，表达自己的鲜明感情。 2. 教学难点：准确理解作者的写作视角；体会该篇新闻独特的写作方式，品味新闻中富有意蕴的句子的含义。	
教学方法及教具	图文情景创设法、取镜采景法、导学法、强调对比法。	
教学流程	一、导入 1. 同学们平时都去什么样的地方旅游啊？（提问同学） 2. 看下面课件展示的图片，思考一下你会不会去这样的地方旅游参观？ 3. 那么什么人才会到奥斯维辛集中营参观旅游呢？ （受害人家属、历史研究者、军人、德国人等） 4. 他们为什么来这里？（哀悼、怀念、尊重、忏悔等） 5. 新闻具有时效性，那么罗森塔尔为什么没有什么新闻还要写呢？（读文本） 二、结构内容 全文可分两个部分： 第一部分（第1～5段），新闻的导语部分。 这个导语比较长，写的内容很多。第1段是写布热金卡的环境，有自然环境"阳光明媚温暖""白杨树婆娑起舞"，也有社会环境"儿童在追逐游戏"。 第2段照应第1段，说明布热金卡应该是一个"永远没有阳光、百花永远凋谢的地方"，因为"这里曾经是人间地狱"。 第3段是写游人来到这里的不同目的。 第4、5段是介绍集中营的情况及其一定的历史背景。 （导语部分，一方面写出了奥斯维辛的现状，一方面又写出了作者的情感色彩，这里过去的人间地狱，现在已成为人们悼念死者的地方。新闻一开始，就把这种情感定格在了对死者的悼念，对法西斯的痛恨上。）	利用多媒体工具展示一些见证奥斯维辛集中营罪恶的图片和文字，烘托气氛，让学生先动情，为课文讲解奠定感情基调，帮助学生更准确地把握作者的情感

教学流程	第二部分（第6～16段），新闻的主体部分。 这一部分的安排，整体上按照参观的顺序去写。 第6段写作者自己写这篇新闻的目的：是一种非写不可的使命感，也就是一种责任感。 第7段，写参观者的感受，是从总体描述的，"默默地""慢了下来"，表现参观者的复杂心情。 第8、9段，写到人们参观毒气室和焚尸炉。这里采用的是特写的方式，重点是写人们的感受：用雏菊花在怒放反衬在集中营人们所受的苦难，用"他们就不由自主地停下脚步，浑身发抖"的表情动作表现参观者的苦痛与愤恨。 第10段是写女牢房的小盒子，实际上是集中营住处的拥挤："6英尺宽，3英尺高"的长条盒子，"每夜要塞进去五到十人睡觉"。在这一段中重点还是写参观者的感受：有特写"一个参观者惊惧万分，张大了嘴巴，他想叫，但是叫不出来"；有一般性叙述"解说员快步从这里走开，因为这里没有什么值得看的"，这句话意味深长，不是没有值得看的，而是不忍看。 第11段很短，只点出了这是"在妇女身上搞不育试验的地方"，但在最末又加了一句"否则他会羞红了脸的"，这是为什么？那肯定是一个极为肮脏，极为残酷的地方。 据资料记载：当时的希特勒制定一项令所有被征服或占领国家的民族充当奴隶并且逐渐消亡的隐秘性种族灭绝计划——高效率、大规模的强制绝育。为此，数以百计的纳粹医生、教授、专家甚至护士，在行政管理专家的通力合作下，相继提出了几十种绝育方法，十余种实施方案，并且在奥斯维辛、拉芬斯布吕克、布亨瓦尔特、达豪等十多个大型集中营内对数以万计的犹太、吉卜赛囚犯、因从事抵抗运动而被捕的政治犯和男女战俘进行了残酷的手术试验，造成他们大量死亡或者终身残疾、终身不育。这样残酷的毫无人性的手段，任谁也不愿看到。 第12、13段写长廊里的囚徒照片。 先是总写，"成排的人在注视着参观者"，"他们都死了——这些面对着照相机镜头的男人和妇女，都知道死亡在等待着他们"。多么残酷的画面！多么让人同情的人们！后是特写，写许多囚徒中有一个二十多岁的漂亮姑娘，"温和地微笑着"，面对着死亡，作者不由得要问："她在想什么呢？"是啊，同学们想一想，她没有痛苦的表情，没有凄惨的泪水和害怕的面容，却在"温和的微笑着"，是想到了慈祥的父母，还是想到了死去的奶奶？是想到了可爱的家乡，还是青梅竹马的恋人？是想到了美好的未来，还是想到了万能的上帝？接着作者又有一问："现在她在这堵奥斯维辛集中营遇难者纪念墙上，又在想什么呢？"我们可以再想象一下，她是在想父母已经安康？她的恋人终于过上了幸福的生活？法西斯终于灭亡了？或是面对着众多的善良的参观者表示感谢，或是羡慕？这一特写，引发我们多少思考！一个美丽善良的姑娘，却在法西斯的集中营里残酷的被杀害，这不由得激起读者对法西斯的痛恨。 第14、15段，参观到了执行绞刑的地下室。这是让人窒息的环境。作者又写了两个细节：一是一位女参观者跪下来，在自己的胸前祈祷；一是参观者们用目光彼此交流，然后告诉解说员，"够了"。这两段文字很短，但表达的感情却是很深的。一句"在奥斯维辛，没有可以做祷告的地方"，说明这里纯粹是一个人间地狱。愤恨之情流露于字里行间。	本文的题目非常醒目，"奥斯维辛没有什么新闻"，没有新闻还写什么？这不能不让读者产生疑问，怀着好奇心读下去。本文不是属于写事态类的新闻，而是属于写情感类的新闻，本文主要想通过写奥斯维辛，表现人们对法西斯罪行的仇恨，对死难者的悼念，表达希望世界和平的主题。 适当位置简要介绍作者。 题目是文章的钥匙。 对比普通短新闻，群文阅读、比较阅读。

教学流程	最后一段，描写周围的环境，与开头照应，再一次表达出：虽然它已经告别了灾难的过去，重新展现美丽的景貌，它在人们的记忆中却永远和最可怕的灾难联系在一起，每一个到这里参观的人都不会忘记这一点。 三、整体感知——动情 1. 这篇新闻报道的题目是《奥斯维辛没有什么新闻》，为什么奥斯维辛没有什么新闻？ （"没有什么新闻"是因为奥斯维辛早就因它的那段沉重、血腥的历史而出名。人们已经了解了它很多东西。对于追求新闻时效性的记者来说，的确是没有什么新的东西可供报道了） 2. 那记者为什么还要去报道？ （因为作者此时已经不只是一个记者，更是一个被深深震撼的参观者，感到一种非写不可的使命感。这种感情驱使作者必须为它写一点东西，以祭奠亡灵，揭露罪恶。） 3. 这个题目取得好不好？为什么？ （取得好，充满悬念的否定句，以欲情故纵之笔引起读者兴趣。） 4. 读了课文之后，你对奥斯维辛集中营有什么印象？是怎样感受到的？ （明确：恐怖、惨绝人寰。在作者描写的游客惊恐、害怕的表情中感受到的。） 四、课文赏析——动心 主要从以下三个方面深入赏析课文： 1. 精巧的视角 （选取一篇普通的短新闻，先让学生自己分析它的写作视角。） 新华社电 昨晚十点，北京新华路中段一家KTV发生特大火灾，造成6人死亡，12人受伤，其中3人伤势较严重。目前，还不清楚火灾原因，警方正在全力调查。 明确：写作视角是客观报道、零度写作。 拓展延伸——零度写作：来源于法国文学理论家罗兰巴特1953年发表的一篇文章《写作的零度》。现在多指作者在文章中不掺杂任何个人的想法，完全是机械陈述。但并不是缺乏感情，更不是不要感情；相反，是将澎湃饱满的感情降至冰点，让理性之花升华，写作者从而得以客观、冷静、从容地抒写。多见于新闻写作。也就是客观报道。 明确：本文的写作视角很特别，不同于以往新闻的写作视角，在客观叙述的基础之上还有作者浓烈的主观情感，突破零度写作的传统模式。弄清了写作视角后再来看看这种独特写作视角下的具体内容，把自己想象成一位摄影师，自己去抓拍镜头，体会作者的感情， 参观者在集中营里看见了哪些东西？ 他们在看见这些东西时有什么反应？ 用一个词来概括他们的表情，讨论这些变化说明了什么？ ①奥斯维辛集中营的焚尸炉——"开头，他们表情茫然，因为他们不晓得这是干什么使的。" ②拥挤的囚犯宿舍——"一个参观者惊惧万分，张大了嘴巴，他想叫，但是叫不出来。" ③遇难者的鞋子——"一看到成堆的头发和婴儿的鞋子……停下脚步，浑身发抖。"	本文把参观者的感受融入参观的过程，表达的情感非常强烈，虽无新闻，却收到了比新闻事实更好的效果。 课文的细节描写渗入了作者浓烈的情感，也是独特写作视角的深入体现，采用导学法。

教学流程	④执行绞刑的地下室——这时,他们感到自己也在被窒息。另一位参观者进来,她跪了下来,在自己胸前画十字。 (人们感情的变化,从侧面证明了集中营的恐怖,是任何心智健全的人所无法想象的,纳粹法西斯的暴行惨绝人寰,灭绝人性令人发指!) 2. 精彩的细节描写 ①课文中还有好几处写到了与奥斯维辛集中营不相称的事物,如第八段写道:"在德国人撤退时炸毁的布热津卡毒气室和焚尸炉废墟上,雏菊花在怒放"。请思考一下,这样的一种反差和对比有什么作用? (作者将这两种反差极大的事物放在一起,组合成一幅令人难忘的画面,既揭露了法西斯摧残美好生命的罪行,又暗示生命是不会被彻底摧毁的,正义必定战胜邪恶,连这种地方都能开出胜利之花,正义之花,地球上还有什么邪恶不被打倒。) ②在这里作者突出的描写了这个姑娘的形象,"二十多岁的姑娘,长得丰满,可爱,皮肤细白,金发碧眼。她在暖和地微笑着",作者通过这样的一位女孩要表达什么? (美和善就是这样被践踏、被践踏和毁灭的,活着的人应该永远铭记纳粹的罪恶。) ③课文开头写集中营所在地"阳光明媚温暖,一行白杨树婆娑起舞,在大门附近的草地上,还有儿童在追逐游戏。"结尾又写道:"这里阳光明媚,绿树成荫,在集中营大门附近,孩子们高兴地嬉戏。"这是一幅多么美好的和平景象。这样写有什么作用? (内容上,以明快的景物,欢乐的小孩反衬集中营当年的暗无天日惨绝人寰同时也表达了作者对遇难者的怀念。如果他们能活到今天,就能享受到这一切,这样写有悲上加悲的效果。 结构上,使文章更加完整,同时也照应了题目"奥斯维辛没有什么新闻",没有新闻,实乃愤激之言,首尾写平静的景物,暗示作者内心汹涌澎湃。) 3. 精练的语言 ①"参观者默默地迈着步子",仔细揣摩"默默"二字,你能感受到什么? 明确:参观者的心情十分沉重。 ② "从长廊两边的墙上,成排的人注视着参观者",作者这样写有什么作用? 明确:作者故意把视点颠倒,创设了真实的现场感,让人身临其境。 ③仔细体会"够了"二字的情感并说说它简而味永的作用。 明确:点到为止,却余音袅袅,其中蕴涵了丰富的情感:对受难者目不忍睹,耳不忍闻;对法西斯分子的痛恨;对历史悲剧不再重演的祈望;对和平自由长存的美好祝愿,这二字可谓简而味永。 五、课文总结 总结课文的主题: ①对法西斯残暴行为的愤怒控诉。 ②对受害者的哀悼,对历史的反思。 ③提醒大家"前事不忘,后事之师"。 文章没有阴森恐怖的镜头,没有血腥的画面,只是重现了新闻的事实真相,但透过细节却能引发人们对生命,对人性的思考。在作者看似平静的叙述中抒发了对德国纳粹残酷暴行的沉重控诉,更表达了作者对自由、和平与祥和的向往,同时提醒大家要珍惜现在和平安定的生活。	这则新闻开头和结尾的语言如散文诗般的优美,新闻主体的语言又不乏反讽和凝练,此处采用导学法,引导学生品味语言,提问引发学生思考。

板书设计	奥斯维辛没有什么新闻 罗森塔尔 精巧的视角—突破零度写作 精彩的细节—以情入景 精练的语言—优美、凝练	
课后作业、思考题	作业二选一： 1. 观察身边的新鲜事，写一则短新闻。 2. 课后观看一部反映奥斯维辛的电影《辛德勒的名单》，并写观后感作为本周的作文，字数不限，要有自己的真情实感。	
拓展	1993年，美国著名导演史蒂文·斯皮尔伯格带领《辛德勒的名单》一片摄制组初抵波兰，就在他们跨进二战期间克拉科夫中营准备安营扎寨之时，突然收到全美犹太人协会从纽约发来的一封急电："请勿惊扰亡魂，让他们安息吧。"斯皮尔伯格读完这寥寥数语的电文，一言不发。他当即下令摄制组全体人员撤离克拉科夫集中营，转移到几十公里以外，搭置布景拍摄。与此同时，他独自一人离开了摄制组，乘飞机直接飞往纽约。斯皮尔伯格不派代表，不借助电话、电报、电传等迅速方便的现代化通讯工具而横跨大西洋，亲赴纽约向犹协"致歉，他的谦逊和诚意令"犹协"全体成员无不动容。难怪后来国际影评界交口赞誉《辛德勒的名单》是"一位充满人道主义精神的导演拍摄的一部洋溢人道主义气息的电影	
授课建议	利用自习或联排课时间与同学们共同观看电影《辛德勒的名单》，《辛德勒的名单》虽是以黑白摄影为主调，仍是彩色大制作的规模，全片有126个角色，动用3万名临时演员演出。在波兰除有30个外景场地，还搭制了140个布景配合。前幕后动用了百余名犹太人参加工作，让他们重温一次纳粹恐怖血腥的噩梦。影片情节波涛汹涌，气势悲壮，	影片开头到纳粹宣布投降，都是用黑白摄影，目的在于加强真实感，也象征了犹
授课建议	一幅幅画面——以黑白摄影为主调的纪录片的结实性手法，表现德国纳粹疯狂灭绝犹太人的恐怖，其惨状催人泪下。 在清洗克拉科夫犹太人居住区时，辛德勒在挥舞棍棒、疯狂扫射的冲锋队和被驱赶的犹太人之间看见了一个穿行于暴行和屠杀而几乎未受到伤害的穿红衣服的小女孩。这情景使辛德勒受到极大的震动。斯皮尔伯格将女孩处理成全片转变的关键人物，在黑白摄影的画面中，只有这小女孩用红色。在辛德勒眼里，小女孩是黑白色调的整个屠杀场面的亮点——后来女孩子又一次出现——她躺在一辆运尸车上正被送往焚尸炉。	太人的黑暗时代。后来纳粹投降，当犹太人走出集中营时，银幕上突然大放光明，出现灿烂的彩色，使观众有从黑暗中走到阳光下的感受，可以体验到剧中人解除死亡威胁的开朗心情。

《记梁任公先生的一次演讲》

教学课题	记梁任公先生的一次演讲	
课程标准	普通高中语文课程标准（2017年版） 让学生了解散文的艺术表达方式，并从语言、构思、形象、意蕴、情感等方面欣赏作品，获得审美体验，发现作者独特的艺术创造。 了解散文写作的一般规律，捕捉创作灵感，学生喜欢的文体样式进行写作。 应以学生自主阅读、讨论、写作、交流为主要任务，再结合自己的想法进行梳理和探究使所学的知识更加系统化。 引导学生制订阅读计划，阅读一定量的经典文学作品。 写出自己的阅读感受和见解，与他人分享、提升文学鉴赏能力。	
教材分析	《记梁任公先生的一次演讲》选自人教版高中语文必修一第三单元第九课，这个单元主要是写人记事的散文，这些散文主要描写现实生活中的真实人物。这是一篇记事写人的散文，用简练的笔法为我们呈现了一位鲜活的梁公形象。从中我们可以看出梁启超先生对于演讲的投入，突显了其中的戏剧性，将演讲的现场搬到了我们的面前，目的是让学生感受梁先生的真诚。学习有名望的领导人但也是在生活中的平凡，以及言谈举止和博闻强识的幽默学者形象。	
学情分析	我们常说教学的主体是学生，高中一年级的学生具有较强的概括和归纳能力，抽象逻辑思维占主导，本文篇幅不长而且语言简练，文本理解上难度不大，但文中出现的《箜篌引》和《桃花扇》需要学生有所了解。我将在本文的教学过程中着重采用"批注式阅读"的方法进行文本分析，那么对于这种新的方法成为学生一个难点。并且在以后的学习中也让"批注式"成为一种习惯、也让成为一种专项训练。	
学习目标	1.学生掌握事物细节和侧面烘托的人物形象写作手法。 2.精读课文的基础上进一步分析4、5、8自然段内容。 3.感受并了解作者的对梁任公先生的敬仰、欣赏之情。	
	第一课时教学设计	
设计	开发和实施	设计意图（简要说明）
课时目标	精读课文的基础上分析课文内容，以及学习事物细节描写和侧面烘托的人物形象的写作手法，并感受作者的内心世界，并体悟作者对梁任公先生的敬仰、欣赏之情。	让学生培养对于人物的细节观察法并注入自己的想法。
环节设计	过程与方法	
导入	说起梁启超同学们都对他不太陌生、历史书上都见过，他16岁时中举人、被誉为"岭南奇才"是中国近代百年历史中、成就与贡献巨大的人、他聪颖过人、"八岁学为文、九岁能缀千言"。梁启超中国近代维新派领袖、广东新会人、清光绪举人，其师康有为一起，倡导变法维新、并称"康梁"。1895年在上海发表《变法通议》从历史上我们知道梁启超是个叱咤政坛的人物，但同学们知道吗？他也是在文坛上不可多见的奇才，那么大家认识一下真实而实实在在的梁启超。	引入新课文了解作者生平的丰功伟绩对于学习这篇课文有莫大的帮助。

125

默读	在读课文的过程中掌握生字词并理解、熟悉课文内容	让学生扫除文字障碍的基础上分析课文内容。
交流	小组讨论课文内容并梳理各组讨论结果进行发言	同学相互之间讨论归纳的过程当中有益于提升概括能力、可以抓住重点。
展示	让学生对文章内容有一定了解上梳理内容 让学生模仿演讲内容（注意构思） 体会《箜篌引》《桃花扇》的内容并且展开联想梁任公的品格： 1.《箜篌引》中的这位执意要渡过滔滔黄河而竟不听劝，终于献出生命的悲剧英雄形象很容易让人联想到此岸彼岸、现实与理想等意蕴，隐含了梁任公先生的政治倾向与立场。他就如那位白发狂夫般坚持自我理想，在明知不可为的情况下仍执意为之，即使失去生命也在所不惜，颇有"壮士一去兮不复还"的气概。这种直面死亡的勇气让他想到了谭嗣同，在戊戌变法失败后他本可以逃离，但他选择了直面死亡。"各国变法无不从流血而成，今中国未闻变法而流血者，此国之不昌也，有之，请自嗣同始。"他还有一首题在监狱墙壁上的绝命诗"我自横刀向天笑，去留肝胆两昆仑"。其实，任公何尝不是这样的人即使经受了维新变法失败的惨痛打击，仍不畏惧退缩，一直为随后的反对袁世凯筹划了云南起义等，为报国的理想努力着。这首诗也反映了梁任公先生内心执着的坚持与理想。为何能够如此精彩感人。 2.听他讲到他最喜爱的《桃花扇》，讲到"高皇帝，在九天，不管……"那一段，他悲从中来，竟痛哭流涕而不能自已。他掏出手巾拭泪，听讲的人不知有几多也泪下沾巾了！（忠君，感情投入） 教师明确：梁启超先生是一位有文才，有学问的学者。	对了解课文内容有一定的展开空间、让学生模仿演讲也是能把学到的活用到课堂上。
交流并展示	分组发言复述文章记叙了梁启超的那些情况？ （音容笑貌 学者风度） 演讲的人那么多为什么偏偏对梁启超的印象特别深、有什么特点及特点是怎么展示。 肖像：身材短小精悍 秃头顶 宽下巴 肥大长袍 步履稳健 气质风神潇洒 眼神光芒四射 开场白：独特（谦逊、自负） 讲声音：沉着有力（沉稳、睿智） 内容：有趣 旁征博引 动作：成为表演 手舞足蹈 表情：狂笑 太息 痛苦（感情充沛） 不是抽象、具体化、在细节和描写中展示人物性格。 本文是叙事散文既叙事又抒情那么作者怎样去抒发对先生的敬仰、赞美之情的。 直接表达：a那时的青年学子对梁任公有无限的敬仰。	让学生在课堂上培养相互合作学习善于思考勇于发言的能力。

交流并展示	b 先生尝自谓"笔锋常带情感……" 半含蓄表达 a 我很幸运有机会听到这一篇动人的演讲 c 他敲头的时候我们屏息以待，他记起来的时候我们也跟着他欢喜。 （3）完全含蓄的表达：a 描写外貌，着重于表现神采，展现一个卓越不凡的大家的形象和风范。	
	第二课时	
合作探究	1.回顾演讲标题：《中国韵文里头所表现的情感》，学生找出文中的三则韵文：《箜篌引》《桃花扇》《闻官军收河南河北》。 教师提问：先生讲《箜篌引》有情节，有背景，有人物，有情感，那其中的情感是什么？讲《桃花扇》讲到"高皇帝"时竟痛哭流涕，他为什么痛哭，而讲到《闻官军收河南河北》时又张口大笑，这又是为什么？ 2.教师以《桃花扇》《箜篌引》为例进行提示点拨。 《桃花扇》是清代孔尚任的戏曲，是悲叹明朝灭亡的。其中所说的高皇帝是崇祯皇帝。他是明朝最后一个皇帝，在清兵攻入北京城后自缢而死。崇祯皇帝其实是一位很有作为的皇帝，即位后，立即剪除魏忠贤的势力，希望国家能强盛起来，但最终不能改变现实。是一个可敬又可悲的人。崇祯皇帝是一位励精图治的亡国之君。在位十七年间，不溺于声色犬马，而是勤勉辛劳，只可惜当时明朝大势已去，积重难返，江山移人，他也自杀身死。崇祯帝死去距梁先生当时是已近300年，和任公先生又没什么关系，先生 三、合作探究，知情悟理 3.回顾演讲标题：《中国韵文里头所表现的情感》，学生找出文中的三则韵文：《箜篌引》《桃花扇》《闻官军收河南河北》。 教师提问：先生讲《箜篌引》有情节，有背景，有人物，有情感，那其中的情感是什么？讲《桃花扇》讲到"高皇帝"时竟痛哭流涕，他为什么痛哭，而讲到《闻官军收河南河北》时又张口大笑，这又是为什么？ 4.教师以《桃花扇》《箜篌引》为例进行提示点拨。 《桃花扇》是清代孔尚任的戏曲，是悲叹明朝灭亡的。其中所说的高皇帝是崇祯皇帝。他是明朝最后一个皇帝，在清兵攻入北京城后自缢而死。崇祯皇帝其实是一位很有作为的皇帝，即位后，立即剪除魏忠贤的势力，希望国家能强盛起来，但最终不能改变现实。是一个可敬又可悲的人。崇祯皇帝是一位励精图治的亡国之君。在位17年间，不溺于声色犬马，而是勤勉辛劳，只可惜当时明朝大势已去，积重难返，江山移人，他也自杀身死。崇祯帝死去距梁先生当时是已近300年，和任公先生又没什么关系，先生却是"悲从中来，竟痛哭流涕而不能自己。他掏出手巾拭泪"，先生这样的悲伤流泪，定是触动了他的内心，他显然是由崇祯帝想到了自己曾追随的光绪帝。光绪帝也是位很想有所作为的皇帝，17岁亲政，但实权掌握在慈禧太后手中。面对甲午战争战败的屈辱，他深知"非变法不能立国"，决心变法图强。1898年6月，下诏变法维新。9月，慈禧太后发动政变，光绪帝被囚禁，戊戌变法失败，光绪"力图振作"的愿望始终无法实现。可见，任公先生悲的不是崇祯，是崇祯帝让他想到了光绪帝，他悲的是自己曾经追随的皇帝，悲的是国家的衰亡，他的悲在于他的一腔爱国情怀。变法失败，光绪被囚禁，戊戌六君子被杀。康有为、梁启超逃亡到日本。逃亡到日本后他给自己的书斋取名为"饮冰室"，笔名为"饮冰室主人"。可见其内心的惶恐焦灼，他忧国忧民、忧心如焚。	让学生在课堂上培养相互合作学习善于思考勇于发言的能力。

合作探究	《箜篌引》：箜篌是一种古老的乐器。这种乐器有点像我们现在的竖琴。其声凄凉悲怆。这首诗中出现了两个人物，一个是硬要渡河的人，一个是劝他不要渡河的人。他渡河了，结果死了。王国维曾评价"这十六字构成中国诗坛最悲壮凄惨的一幕，是用血写成的"，任公先生讲这首诗时这般感慨，这样一种"明知山有虎，偏向虎山行"的执着，一种直面死亡的勇气也许让他想到了谭嗣同。戊戌变法失败，谭嗣同被杀。其实他本可以不死。当时日本使馆已帮他做好了逃亡日本的准备，但他坚决不肯逃离。他说："各国变法，无不从流血而成。今中国未闻有因变法而流血者，此国之所以不昌也。有之，请自嗣同始！"他还有一首题在监狱墙壁上的绝命诗，有这样两句："我自横刀向天笑，去留肝胆两昆仑。"还有，他在临刑前说："有心杀贼，无力回天，死得其所，快哉快哉！"先生由《箜篌引》中这个强要渡河的人想到了谭嗣同，先生如此之悲是因为他曾经与谭嗣同一起为国家变法图强而努力，谭嗣同甘愿牺牲以救国民的直面死亡的勇气与爱国情操让先生为之敬仰，为之感慨。先生如此之悲也正是因为先生的一腔爱国情怀！这样深沉的爱国情感让人唏嘘不已。这种忠诚于国家直面死亡的勇气值得敬仰。 《箜篌引》《桃花扇》和杜诗都是任公先生演讲中的内容片断。任公先生这次演讲的题目是《中国韵文里头所表现的情感》，文章开头说："梁任公先生晚年不谈政治，专心学术"，但实际上，他并没有钻进学问的象牙塔，不再过问窗外事。就如他做的这次《中国韵文里头所表现的情感》的演讲，充分表现了他的真性情、他的爱国情感，这次精彩的演讲也打动了青年学生，使他们受到了感染，受到了影响。他是在用另外的一种方式关心政治关心国事。	
总结	同学们通过学习这篇课文，我们也多多少少对梁任公的言谈举止的描写中我们知道了一个博闻强识、幽默的学者形象使我们对他有了崇敬之情、并从作者身上学到如何展示人物性格特点的写作方法。	学习了一篇文章必须让学生有一定程度的概括、总结能力。
扩展延伸	同学们仔细品读课文后能够对梁任公先生有一个更加深刻的了解，并且完成一篇小作文，写一个自己身边熟悉的人，对其进行一个个人的人物刻画。	多读一些课外书让所学的知识更体系化。
作业	结合课堂上老师讲的演讲技巧，找一篇文章进行实践。	巩固练习、切合实际为以后要是写演讲稿搭好基础。
板书设计	开场白：独特（谦逊、自负） 讲声音：沉着有力（沉稳、睿智） 内容：有趣 旁征博引 演讲的特点 动作：成为表演 手舞足蹈 表情：狂笑 太息 痛苦	

《声声慢》

教学课题	声声慢	
课程标准	普通高中语文课程标准（2017版）学习任务群5 文学阅读与写作 1. 感受作品中的艺术形象，理解欣赏作品的语言表达，把握作品内涵，理解作者创作意图。 2. 从语言、构思、形象、意蕴、情感等多个角度欣赏作品，获得审美体验，认识作品的美学价值，发现作者独特的艺术创造。 3. 结合所阅读作品了解诗歌写作的一般规律。捕捉灵感，用自己喜欢的表达方式尝试续写或改写文学作品，在与同学之间交流体会。 4. 养成写读书笔记的习惯。可根据自己的需要写一些随笔或文学评论来提升文学鉴赏经验。	
教材分析	必修四第二单元是宋词，宋代是词的鼎盛时期，名家辈出，风格各异。本单元选取的是几位大家的名作，兼顾了豪放与婉约两种风格。词的句式错落有致，长短悬殊，具有很强的节奏感和音乐美。学习这个单元，要反复吟咏，体会其声律之美理解作品内容的基础上进入诗歌意境，感受古人的情感世界。要联系作者不同时期的作品，不同的创作背景解读词的不同的创作风格。	
学情分析	高二学段的学生，通过对以往诗歌（醉花阴）的学习，初步的了解了欣赏文学作品欣赏的方法。但是还不能够独立的去完成对一篇诗歌的深入解读及赏析。需要通过这节课的教学，培养学生的学习兴趣，提高学生的文学鉴赏能力，提升学生的审美能力，提升学生的写作能力。	
学习目标	1. 通过反复朗读本词，在扫除语言障碍的基础上，品味语言，体会本词的韵律，感情基调。 2. 通读本词的基础上找出词中意象，与《醉花阴》的意象做对比、品味本词中的"愁"与《醉花阴》中的"愁"有何区别。 3. 体会词人的人生际遇对其作品的影响。 4. 领域作者悲怀愁绪陶冶自身情操，提升文学鉴赏能力。	
第一课时教学设计		
设计	开发和实施	设计意图（简要说明）
课时目标	1.. 通过反复朗读本词，在扫除语言障碍的基础上，品味语言，体会本词的韵律，感情基调。 2. 在通读本词的基础上找出词中意象，与《醉花阴》的意象做对比、找出本词中的"愁"与《醉花阴》中的"愁"有何区别。	
课时目标	3. 体会词人的人生际遇对其作品的影响。 4. 领悟作者悲怀愁绪陶冶自身情操，提升文学鉴赏能力。	
环节设计	过程与方法	
导入	同学们，这节课我们接着学习著名词人李清照的另一部作品《声声慢》，在这之前请同学们回顾一下《醉花阴》中词人李清照为何而"愁"？（三到五分钟） 思考与这节课要学的《声声慢》里的"愁"有何不同？	
朗读	范读：PPT播放《声声慢》朗诵音频。（准确，语速，语调，情感） 初读：结合课后注释，读课文。要求读顺。 细读：读顺的基础上，圈点喜欢的字、词、句及不懂的地方。	创设情境，落实学习目标1

鉴赏意象 品味愁情 文本细读 （要求： 小组讨论，展示成果。）	结合导学案里对作者的介绍，来鉴赏本词。（知人论世） 提问1：中国古典诗词主要是通过意象来传情达意的，那么本词中有哪些意象呢？这些意象表达出作者怎样的一种主观感情呢？（小组讨论，并派代表回答问题，其他同学补充） 一、明确答案： 1. 淡酒：并非酒太淡，而是愁太浓，酒力压不住心愁。 "抽刀断水水更流，举杯消愁愁更愁。" ——李白《宣州谢朓楼饯别校书叔云》 2. 晚风：渲染愁情，环境凄清，衬托心境凄凉。 "杨柳岸晓风残月。" ——柳永《雨霖铃》 3. 孤雁：视觉，听觉。物是人非，怀乡怀人。 "云中谁寄锦书来？雁字回时，月满西楼。" ——李清照《一剪梅》 4. 黄花：喻词人憔悴的容颜，孤苦飘零的晚境。 "莫道不消魂，帘卷西风，人比黄花瘦。" ——李清照《醉花阴》 5. 梧桐：凄凉悲伤的象征。 "无言独上西楼，月如钩。寂寞梧桐深院锁清秋。" ——李煜《相见欢》 6. 细雨：雨是哀伤、愁丝的象征。 "清明时节雨纷纷，路上行人欲断魂。" ——杜牧《清明》 二、明确答案： "愁""哀婉""凄凉" 提问2：本词中出现的意象与在《醉花阴》中出现的意象所表达出来的"愁"有何不同？你怎么理解？以"黄花"为例。（结合导学案中所介绍的作者生平，回答问题） 明确答案：不一样，虽说都是体现"愁"但是后者的"愁"更深沉一些，简单地说从思丈夫的愁到独居之愁、家愁、亡国之愁。（作者的心情不同，相同的意象会传递不同的情感。） 提问3：词中叠词的运用有何作用？找同学读课文其余同学思考，并准备发言。	实学习目标2 落实学习目标3 在此处链接其他关诗词来丰富学生的知识。 （文本互应）
鉴赏意象 品味愁情 文本细读 （要求： 小组讨论，展示成果。）	参考答案： 教师引导从描写的对象入手考虑此问题。 寻寻觅觅：找的动作，没有寻到什么。 冷冷清清：环境的描写。 凄凄惨惨戚戚：感受的描写。 新奇而贴切，加强了词的凄楚幽怨的效果，感情上层层递进。	
总结	作为一个女人，李清照何其不幸；作为一个诗人，她又何其伟大。正所谓"国家不幸诗家幸，词到沧桑句便工。"苦难不停地擦拭着李清照的艺术灵魂，这些经历像重物一样压在她生命的弹簧上，但它们不能压垮李清照，相反，苦难越重，艺术的灵魂飞得越高。	

拓展延伸	微写作： 对《醉花阴》或《声声慢》写一篇随笔或评论。 要求：不得抄袭，文体不限，字数不少于150字。小组间互相评分，下节课课前三分钟讨论。	落实学习目标4
板书设计	声声慢 李清照 愁 { 意象：淡酒、晚风、孤雁、黄花、梧桐、细雨。 叠词：寻寻觅觅，冷冷清清，凄凄惨惨戚戚。 } 表现形式 愁的原因：独居之愁、家愁、亡国之愁。	表现形式

《归去来兮辞》（并序）

教学课题	《归去来兮辞》（并序）
课程标准	根据普通高中语文课程标准（2017年版）学习任务群8中华传统文化经典研习中的目标与内容： 本课的学习应重视诵读在培养学生语感、增进文本理解中的作用，引导学生积累古代作品的阅读经验。 同时应培养学生借助注释、工具书独立研读文本的习惯，注重引导学生联系学过的古代作品，梳理常用文言实词、虚词和特殊句式，读懂文章内容，做到对中华优秀传统文化作品的准确理解，提高阅读古代作品的能力，并能熟读成诵。 学生应初步认识所读作品在中国文化史上的贡献。能够运用评点方法，用历史和现代的观念进行审视并记录自己的感受和见解，表达自己的看法，加深和拓展对作品的理解，不断提高独立阅读能力。 教师还应引导学生注重审美体验。能感受形象，品味语言，领悟作品的丰富内涵，体会其艺术表现力；努力探索作品中蕴含的民族心理和时代精神，了解人类丰富分社会生活和情感世界，增强民族文化自信。
教材分析	《归去来兮辞》（并序）是普通高中课程标准实验教科书，语文必修五，第二单元第一篇课文。本单元主要学习古代抒情散文，编选的四篇古代抒情散文包括了从先秦到唐代的作品，既有散体文，也有辞赋和骈文，很具有代表性。 《归去来兮辞》写于东晋义熙元年（405年）。作者当时任彭泽令，但就职仅八十余天，便决定弃官隐居。文章前面的序，叙述了他家贫出仕和弃官归田的经过。此辞表达了陶渊明想脱离官场、归隐田园的愿望和心情。人未归而心先归，以想象抒写了归园后的心情、生活情景和乐趣。他不与世俗同流合污，坚决归隐田园的思想和为了追求精神自由所做的种种努力，在现今仍能引起很多文人的共鸣，有非常大的借鉴意义。 同时《归去来兮辞》语言流畅清晰，音韵自然和谐，字斟句酌等，无不流露出作者的强烈的思想情感。北宋欧阳修曾说："晋无文章，惟陶渊明《归去来兮辞》一篇而已。"可见其艺术成就和价值的高妙。

学情分析	学习此文的是高二学生。这个阶段的学生，已经在学习文言文上掌握了一定的方法和技巧，并能运用多种方式查阅资料。通过自学基本能读懂文章内容，根据积累能够对文言知识进行简单梳理，但需要教师进行修正和补充。对于文言文的朗读，基本能把握诗句的断连，但需要老师在节奏和韵律上进行指导并融合情感的表达，提点学生体会文章的语言特色和艺术效果。学生在结合背景下能够体会作者的思想情感，但是会有不同的见解想法，教师应引导学生树立正确的价值观和人生观，辩证的评价和认识作者的思想和人格。
学习目标	1. 借助教材注释和工具书，弄懂文章内容，能用自己的话陈述文章内容；梳理常用文言实词、虚词意义。 2. 把握文中的节奏和韵律，反复咀嚼和品味本文诗句，领会作者在时代背景下辞官原因、归隐心情及思想情感；体会本文平淡自然、清远潇洒、两两相对、情景交融的语言特色和艺术表现力，领悟作品的丰富内涵。 3. 通过诗文对比，正确认识和评价作者归隐的思想和人格品质，能对作者的思想和人格进行简单辨析，有自己的感受和见解。

第一课时教学设计

设计	开发和实施	设计意图（简要说明）
课时目标	1. 借助注释和工具书，积累文言知识，读懂文义并能复述文章内容。 2. 进行反复诵读，把握文中的节奏和韵律，领会作者在时代背景下辞官原因和归隐心情及作者思想情感的抒发。	本节课主要是通过读，疏通文义、积累文言知识、了解作者创作背景。
环节设计	过程与方法	
导入 （2分钟）	师：说到陶渊明，我们并不陌生。我们学习过他的诗，都有什么？ 生：《桃花源记》、《归园田居》…… 在《桃花源记》中他为我们建构了一个人人向往的世外桃源，我们体会到他简单平淡的语言下，所生出的绚烂世界。今天我们学习他的《归去来兮辞》，这与《桃花源记》属于一种文体吗？不是，"记"这种文体有什么特点？（学生答，教师总结） "记"，是古代的一种文体。主要是记载事物，并通过记事、记物、写景、记人来抒发作者的感情或见解，借景抒情，托物言志。	通过以前学过的诗文，取代陌生感，并能让学生联系以前所学，思考本文内涵。
导入 （2分钟）	辞这种文体怎么理解？有什么特点？今天我们通过陶渊明的《归去来兮辞》来了解。	
	（一）诵读课文 1. 检查课前预习的诵读情况，指名学生读课文。标注易错字、读错字。 2. 教师范读或播放录音。注意停顿、节奏与情感。学生自己纠正读错的字音。 3. 学生自由诵读。 （二）解题（依据课下注释） "归去来兮"就是"归去"的意思，"来"、"兮"都是语助词。本文虽属辞赋，但言辞浅切、畅达，旷逸之情沛然流出，自然成韵。结构井然有序、谨严绵密，匠心独运而不见斧凿之痕。来兮：无实意。辞：古代一种文体，一般要押韵。（提醒学生注意文中押韵。）	懂题目，明题眼。

初步感知 （25分钟）	题眼：归去：回去吧。 问题：以"归去"二字为主学习本文应围绕哪些问题？ 为何归？归哪去？从哪归？归途心情如何？归去如何？ （三）晓畅序文 1.学生自由诵读，标注不明白字句。（学生合作解答，教师补充明确。） 2.明确"归去"问题。 问：序文写了什么内容？有什么作用？概括作者出仕和归田园原因： 序文作用：交代写作时间和缘由及出仕和弃官归田原因。 辞官原因：一是"质性自然，非矫厉所得"； 二是"饥冻虽切，违已交病"； 三是"于是怅然慷慨，深愧平生之志"； 四是"程氏妹丧于武昌，情在骏奔"。 结合全文看，奔程氏妹丧显然只是表层原因，另外三点才是根本原因。所以作者是从官场归、归心似箭。 3.根据学案资料明确作者简介和写作背景。读出情感与心情。 教师引导：作者对官场是什么样的情感？在这样的背景下归田应是怎样的心情？读出心情。 心情舒畅、欣喜。这篇辞就是其在回归田园之初激动欣喜之情的自然流露。	给学生支架，让其依据此自主去理解学习此文。 通过读此文加深学生对文章的熟悉程度和文意的理解。
合作探究 （16分钟）	一、带着感情再读课文，注意押韵。标注小组无法解决的文言知识。 注意弄懂并积累"来、胡、奚、而、以、谏、审、容膝、策、遑遑、皋、委、怀、聊、乘化"等字词的意义。 （一）文言实词 1.引 引壶觞以自酌　举，拿，动词 将军夜引弓　拉，拉开弓 不宜妄自菲薄，引喻失义　引用 引次江北　避开，退却 操引军从华容道步走　引导，率领 2.策 执策而临之　名词，竹制的马鞭子 策之不以其道　名词活用作动词，鞭打、鞭策 夸父弃其策　名词，竹杖、拐杖 策扶老以流憩　名词活用作动词，拄，拄着 3.行 感吾生之行休　将要 三人行，则必有我师　行走 李白乘舟将欲行　离开 则知明而行无过矣　行为 余嘉其能行古道　推行 天行有常　运行 太祖行奋武将军　代理（官职） 4.将 出郭相扶将　动词，扶，持 田园将芜胡不归　副词，将要	

合作探究 （16分钟）	将信将疑　副词，且，又 李白乘舟将欲行　副词，将要 将功赎罪　介词，用，拿 王侯将相，宁有种乎　名词，将领 5. 乘 聊乘化以归尽　动词，顺应 公与之乘，战于长勺　动词，乘车，坐车 李白乘舟将欲行　动词，乘坐，坐 乘虚而入　动词，趁着 （二）文言虚词 1. 之 求之靡途　代词，指官职 会有四方之事　助词，的 悟已往之不谏　用于主谓之间，取消句子独立性 悦亲戚之情话　助词，的 胡为乎遑遑欲何之　动词，到，往 句读之不知，惑之不解　助词，宾语前置的标志 蚓无爪牙之利，筋骨之强　助词，定语后置的标志 作《师说》以贻之　代词，他 2. 而 门虽设而常关　连词，表转折关系 觉今是而昨非　连词，表列列关系 时矫首而遐观　连词，表修饰关系 鸟倦飞而知还　连词，表承接关系 3. 以 请息交以绝游　连词，表并列关系 景翳翳以将入　连词，表修饰关系 策扶老以流憩　连词，表修饰关系 聊乘化以归尽　连词，表目的关系 既自以心为形役　介词，让，使 二、师生梳理归纳并积累通假字、一词多义、古今异义、词类活用、特殊句式。 （一）通假字 1. 乃瞻衡宇　（衡，通"横"，横木） 2. 曷不委心任去留（曷，通"何"，为什么） 3. 景翳翳以将入（景，通"影"，日光） （二）古今异义 1. 亲戚 古义：内亲外戚； 今义：跟自己家庭有婚姻关系或血统关系家庭或它的成员。 2. 情话 古义：知心话；今义：男女间谈情说爱的话。 3. 有事 古义：农事；今义：指有事情。 4. 窈窕 古义：幽深曲折的样子；今义：指女子文静而美好。	小组合作学习交流汇报互补： 1、2小组负责梳理实词虚词的意义用法； 3、4小组负责通假字及古今异义； 5、6小组负责词类活用及特殊句式的梳理。 教师适当补充

合作探究 （16分钟）	5. 来者 古义：未来的事情；今义：来的人。 6. 征夫 古义：行人；今义：出征的士兵。 7. 扶老 古义：手杖；今义：扶持老人。 8. 风波 古义：指战乱；今义：常用来比喻乱子。 9. 人事 古义：指做官；今义：指关于工作人员的录用、调配、奖惩等工作。 10. 去留 古义：指生死；今义：离开留下。 11. 寻 古义：不久；今义：寻找。 12. 交 古义：交互，都；今义：常用义"交友"、"交通"等。 （三）词类活用 1. 名词作状语 ①园日涉以成趣　　名作状，每日、每天 ②时矫首而遐观　　名作状，有时 2. 名词作动词 ①策扶老以流憩　　名作动，拄着 ②乐琴书以消忧　　名作动，弹琴，读书 ③或棹孤舟　　名作动，划船 ④实迷途其未远　　名作动，误入迷途 3. 动词作名词 ①生生所资　　动作名，生活 ②审容膝之易安　　动作名，容膝的小屋 （四）特殊句式 1. 宾语前置句 （1）耕植不足以自给（宾语前置） 翻译：耕田植桑不够用来供给自己生活。 （2）皆口腹自役 翻译：都是为了谋生而役使自己。 （3）遂见用于小邑 翻译：就被委派到小县做官。 （4）既自以心为形役 翻译：既然自己让心志被形体役使。 （5）复驾言兮焉求 翻译：还要驾车出去追求什么呢？ （6）胡为乎遑遑欲何之 翻译：为什么整天心神不定，又想到哪里去呢？ （7）乐夫天命复奚疑 翻译：乐于顺从天命，又有什么可疑虑的呢？	

合作探究 （16分钟）	2.状语后置句 （8）农人告余以春及 翻译：农夫们把春天来了的消息告诉我。 （9）将有事于西畴 翻译：将要到西边的田里去春耕。 （10）寻程氏妹丧于武昌 翻译：不久，嫁到程家的妹妹在武昌去世。 （11）稚子候门 翻译：小儿子早就在屋门口等候。 （12）寓形宇内复几时 翻译：我寄身于世间还有几度春秋。	
布置作业 （2分钟）	1.熟读并背诵课文。 2.完成课后第三题。	教师明确
板书设计	4 归去来兮辞 并序 陶渊明 主板书： 　序文作用：交代写作时间和缘由及出仕和弃官归田原因。 　辞官原因：一是"质性自然，非矫厉所得"； 　　　　　　二是"饥冻虽切，违已交病"； 　　　　　　三是"于是怅然慷慨，深愧平生之志"。 　　　　　　四是"程氏妹丧于武昌，情在骏奔"。 　从官场归、归心似箭、心情舒畅 副板书 　陶渊明：名潜，字元亮 东晋。 　五柳先生、靖节先生。百世田园之主，千古隐逸之宗。	教师可根据课堂生成情况适当调整板书。
第二课时教学设计		
设计	开发和实施	设计意图 （简要说明）
课时目标	1.体会本文平淡自然、清远潇洒、两两相对、情景交融的语言特色和艺术表现力，领悟作品的丰富内涵。 2.通过诗文对比，正确认识和评价作者归隐的思想和人格品质，能对作者的思想和人格进行简单辨析，有自己的感受和见解。	
环节设计	过程与方法	
导入 （3分钟）	学生简要叙述《归去来兮辞》文章大意。并梳理出本文的叙事线索及抒情线索。 1.本文的叙事线索：辞官——归途——抵家——室内生活——涉园外出——纵情山水——如何度过余生。 2.本文的抒情线索：自责自悔——自安自乐——乐天安命。	前情回忆，检测上节所学并由此展开本课时的教学活动。
深入研讨学习 （25分钟）	通过上节课的学习，继续探究学习： 1.还有哪些语句不理解或有新的发现？相互交流解决。 进一步疏通文义和重难点的字词句，并说明表达效果。 如：悟已往之不谏，知来者之可追。实迷途其未远，觉今是而昨非。 云无心以出岫，鸟倦飞而知还。景翳翳以将入，抚孤松而盘桓。	

深入研讨学习（25分钟）	2. 除了对本篇课文中作者归去原因、心情、文言知识和语句的学习，我们还应学习这篇文章什么？ 语言风格、诗人情感思想、人格品质、文章的艺术表现…… 3. 以小组形式进行探究合作学习： （1）第一、二组：请找出能够表达诗人思想情感的语句，并说明表达了诗人怎样的思想情感。两组人员可互相补充。 通过对田园生活的赞美和劳动生活的歌颂，抒写作者脱离官场的无限喜悦，归隐田园的无限乐趣，表达对大自然和隐居生活的向往和热爱。 （2）第三、四组：文章语言有什么风格特点？体现在哪里？ 提示：整体特点、遣词造句的特点、音节、音韵的特点等方面梳理。可互作补充。 本文语言流畅清晰，双声、叠音词的使用使音节铿锵，自然成韵，节奏鲜明。 （3）第五组：文章的文体是什么？这篇文言文有没有体现文体特点？如何体现的。辞赋与诗文相比，有何表现力？ 【教师补充辞与赋的知识本文是一篇辞赋。辞是一种形式比较自由灵活的古体韵文。篇幅长短不限，句式散文化。大体上以四句为一小节，两句为一组；以四言六言为主，间有长短句，在整齐之中有参差，错落有致，韵韵脚脚的转换和押韵的方式也灵活而富于变化。在汉代，人们习惯将辞和赋统称为辞赋，不加区别。但实际上二者仍是两种不同的文体。其相相似之处在于：辞和赋都注重文采，讲究铺排，善于用典；但赋的句式进一步散文化，关联词语增多。在内容上，赋以咏物说理为主，而辞则重在抒情。】 诗句以六字句为主，间以三字句、四字句、七字句和八字句，朗朗上口，韵律悠扬。对生活的描写讲究铺排，主次分明。句中衬以"之"、"以"、"而"等字，舒缓雅致。有时用叠音词，音乐感很强。如"舟遥遥以轻飏，风飘飘而吹衣"、"木欣欣以向荣，泉涓涓而始流"。多用对偶句，或正对，或反对，都恰到好处。抒情、描写和议论相结合，时而写景，时而抒情，时而议论，有景、有情、有理、有趣。这样的与诗文相比，情感流露更自然，抒情效果更好，感染力也增强，并且通俗易懂，平易近人。 （4）第六组：本篇文章的艺术特点是什么？有何表现作用？ 真实、自然、冲和的风格特色。叙事、议论、抒情巧妙结合；寓情于景，情真意切，富有情趣；文字洗练，笔调清新，音节谐美，富于音乐美，结构严谨周密。增强了抒情性和感染力。 （5）学生个人思考：文章体现的了作者怎样的人格品质？请说明原因。 补充：诗人看似逍遥的背后是一种忧愁和无奈。陶渊明本质上不是一个只喜欢游山玩水而不关心时事的纯隐士，他的骨子里是想有益于社会的。透过"请息交以绝游"、"世与我而相违"这些愤激之语，我们感到了沉重。 安贫乐道，顺从本性，崇尚自然。	提升学生的自主学习能力、发现问题，解决问题的能力。让学生知道为什么、是什么、怎么样。 给学生提供适当的支架进行学习和分析。
学生总结教师适当补充	我们刚才都解决了哪些问题？反映了作者怎样的	通过学生总结，掌握学生学习效果，及时评价。

思维提升 （15分钟）	出示阅读资料《始作镇军参军经曲阿作》。 1. 你怎么看陶渊明的"归"？他的归有何深层意义？ 2. 结合、以前所学陶渊明作品，说一说你心目中的陶渊明是怎样一个人？你赞同他的做法或思想吗？ 可结合作家时代、文化背景畅谈。 3. 我们应该学习陶渊明身上的哪些品质？	通过对比陶渊明出仕所做的诗，深入了解作者，训练学生思辨性思维。
作业布置 （2分钟）	根据本课所学，整理自己的学习收获或阅读感受，任选角度写成短文。	读写结合，检测学生是否学有所得。
板书设计	4 归去来兮辞 并序 陶渊明 思想情感：喜爱田园，厌恶官场 人格品质：顺从本性，崇尚自然 语言风格：语言朴素清新流畅、自然成韵——遣词造句 文体特点：讲究铺排、节奏鲜明 艺术特点：平淡自然 评价作者：	根据课堂情况适当修正板书。

《虞美人》

教学课题	虞美人
课程标准	1. 重视诵读在培养学生语感、增进文本理解中的作用，引导学生积累古代作品的阅读经验。 2. 欣赏文学作品的兴趣，能整体感受作品中的形象，把握作品的思想观点和情感倾向。 3. 具有主动积累的习惯，能进一步扩展语言积累，运用多种方法整理自己积累的语言材料，发现其中的联系。 4. 在理解语言时，能准确概括观点和情感，能分析并解释观点和材料之间的关系；能比较两个文本或材料，能在各部分信息之间建立联系，把握主要信息，分析、说明复杂信息中可能存在的多种关系；能就文本内容和形式进行质疑，并能主动查找相关资料支持自己的观点；利用文本中的相关信息解决具体问题。在表达时，讲究逻辑，做到中心突出、内容具体、语篇连贯、语言简明通顺。
教材分析	本课文是人教版《中国古代诗歌散文欣赏》"诗歌之部"第三单元"因声求气，吟咏诗韵"自主赏析的篇目，重在通过有感情地诵读和把握意象、关键句句以及艺术手法来感受李煜词深远的意境美、真挚的情感美和动人的音乐美，细心揣摩词中情感变化和情绪变化，理解和体会作者的亡国之痛和故园之思。
学情分析	本文是自读课文，对于高二学生来说理解难度并不大，学生在初中已经学过李清照的《如梦令》、辛弃疾的《西江月》和苏轼的《水调歌头》几首词，除了在背诵和把握全词的思想感情外，重点应放在通过语言来品味词中情感，进一步分析词的艺术特点、表现手法等，从而引发学生对辞章的审美情趣，培养学生潜心涵咏的诵读习惯，进一步提升归纳概括信息能力。

学习目标	1.声情并茂地诵读,注意把握词的情感基调和节奏平仄,读出凄凉哀伤、心酸苦楚之情。 2.在诵读中,品味词中深远的意境美,真挚的情感美,动人的音乐美。 3.结合写作背景理解、领会作品中蕴含的亡国之痛与故国之思。 4.探究诗文中以虚写实的艺术手法,体会诗词中将抽象事物化为形象事物的表达技巧。

第一课时教学设计

设计	开发和实施	设计意图（简要说明）
课时目标	1.声情并茂地诵读,注意把握词的情感基调和节奏平仄,读出凄凉哀伤、心酸苦楚之情。 2.品味词中深远的意境美,真挚的情感美,动人的音乐美。 3.理解、领会作品中蕴含的亡国之痛与故国之思。	在反复投入诵读中仔细揣摩作者的情感变化,体会作者当时哀伤凄惨的心境。
环节设计	过程与方法	
导入	法国诗人缪塞说:"最美丽的诗歌是最绝望是诗歌,有些不朽篇章是纯粹的眼泪。"今天我们所要学习的这首词,不仅是用作者的眼泪铸成的,更是用作者的鲜血铸成的。因为作者在完成这首词后不久,就给他招来了杀身之祸,因而也成了他的"绝命词"。这就是被誉为"词中之帝"的《虞美人》。后人评价李煜说"做个才人真绝代,可怜薄命作君王",那么李煜是一个怎样样的才人,又是一个怎样薄命的君王,今天就让我们一起走进这位南唐末代帝王的内心世界。	由后人评价导入,多才多艺的才子,可惜是一代薄命的君王,引发同学兴趣,为全文奠定哀伤无助的基调。
阅读感知	1.初读: ①入情入境地读,读出诗中复杂的情愫,深远的意境、沉郁的音乐美,把自己想象成李煜,诵读时一定要把握感情基调和节奏。感情基调:凄凉哀伤节奏:低沉缓慢,起伏跌宕 春花／秋月／何时了？往事／知／多少。小楼／昨夜／又东风,故国／不堪回首／月明中。 雕栏玉砌／应犹在,只是／朱颜／改。问君／能有／几多愁？恰似／一江春水／向东流。 ②诵读时注意在理解诗意的基础上,顺应作品音节变化和作者情绪的发展。 2.听配乐朗读,批文入境 3.赏读:读出词中亡国之痛、故国之思	三读课文,层层深入,读出诗中复杂的情愫,诗歌学习最好的方式就是诵读,入情入境来体会作者当时哀伤和愁苦。
细读分析	1.如果用词中的一个字概括诗歌的情感,应当是哪个字？词中哪个字最能概括产生这种情感原因？ 明确:愁 2.说说李煜的"愁"有哪些？ 明确:往事之叹、亡国之恨、离家之愁、思想之苦 3.作者是如何来写"愁"的？"春花秋月"本是美好的事物,词人为何希望它早点结束？"往事知多少"中的"往事"具体指什么？ 明确:以乐景写哀情,对比。李煜虽名为王侯,实为亡国奴、阶下囚。在对人生已经绝望之时,曾经拥有的春花秋月对他来说,不过是一种	

细读分析	"过去的美好已永远失去"的感情折磨，不能不让他悲痛，希望这一切都结束。奇语劈空而下，问得很奇，却又在情理之中。 明确："往事"具体指的是物质层面锦衣玉食、后宫佳丽、帝王尊荣等，精神层面上的欢乐、尊严、自由，甚至生存的安全感等。 4."小楼昨夜又东风"中的"又"字有什么深刻含义？ 明确："又"点明时间，他因宋后又过了一年。季节的变化引起他无限的感慨，感慨人的生命随着花谢月残而长逝不返，感慨复国之梦随着花开月圆而逐步破灭。 5."问君能有几多愁？恰似一江春水向东流"是千古名句，抒发了作者怎样的情感？你认为它好在哪里？ 明确：①抒发了词人既深且重，难以遏止的愁绪。②以春水来比喻愁绪，既巧妙地呼应了"春花""东风"等点明季节的词语，又把抽象的愁绪形象化了。③境界阔大，既写出了愁绪的汹涌浩荡，奔流不息，又写出了愁绪连绵不绝、无尽无休。④结句以设问的形式和富有感染力的比喻，将愁思写得既引人深省，又形象概括。	文本细读，关键语句分析，体会物是人非的悲痛之感。
对比探究	1."雕栏玉砌应犹在"反映了作者什么样的心理活动？如果将"只是朱颜改"中的"只是"二字换成"可惜"行不行？ 明确：不行。诗歌贵在含蓄，"可惜"太过直露 他遥望南国感叹，"雕栏""玉砌"也许还在吧，只是当年曾在那里留恋欢乐的有情之人，已经不复当年的神韵了。"是"有既成事实无法改变之说含蓄表达出这个人的叹惋之情，传达出了物是人非的无线怅恨之情。 2.阅读对比 浪淘沙 【南唐】李煜 帘外雨潺潺，春意阑珊。 罗衾不耐五更寒。 梦里不知身是客，一晌贪欢。 独自莫凭栏，无限江山，别时容易见时难。 流水落花春去也，天上人间。 探究题：这首词和《虞美人》写于同时，它们各抒发了李煜怎样的个人情感？又分别说出了哪些人生共通的体验？ 明确：《虞美人》主要抒发词人对屈辱的囚徒生活的无比厌烦和满腔愁绪；《浪淘沙》主要抒发词人对故国江山的无比眷恋和对国破家亡的千古憾恨。	替换词语，对比分析诗人作品，培养学生归纳整合问题能力，培养学生的发散思维能力。
对比探究	《虞美人》中，"雕栏玉砌应犹在，只是朱颜改"所表达的是物是人非的感慨，"问君能有几多愁？恰似一江春水向东流"所表现的是绵绵不绝的愁绪；《浪淘沙》中，"梦里不知身是客"所表达的是梦醒之间身份错位的漂泊无依之感，"别时容易见时难"所表达的是离别之痛，"流水落花春去也，天上人间"所表达的是繁华不再、人生无常的无奈，这些都是人生共通的体验。	
作业布置	背诵全词，熟读群文诗词	背诵巩固，反复强化，提前熟读课文为下节课学习打下良好基础。

板书设计（最后）	虞美人 李煜 实景：登楼远望（现实）　　虚写：往事（回忆） 实景：春花秋月（现实）　　自伤感怀——悲 感叹：故国——"不堪回首" 雕栏玉砌——"应犹在"　　　思念故国　物是人非 　　　　　　　　　　　　　时光消逝 朱颜已改——"人事非"　　　亡国之恨		简单清晰，直接美观。
第二课时教学设计			
设计	开发和实施		设计意图（简要说明）
课时目标	探究诗文中以虚写实的艺术手法，归纳同类写愁诗文的异同，体会诗词中将抽象事物化为形象事物的表达技巧。		培养学生归纳分析能力。
环节设计	过程与方法		
导入	自古写愁诗句众多，今天我们就一起来阅读探究诗词中对愁的描写，学习作者将抽象事物化为有形事物的表达技巧。		
群文探究	阅读下列四首诗词，他们在写愁上有什么相同之处和不同之处． 　　　　　　　虞美人 　　　　　　　李煜 　　春花秋月何时了？往事知多少。小楼昨夜又东风，故国不堪回首月明中。雕栏玉砌应犹在，只是朱颜改。问君能有几多愁？恰似一江春水/向东流。 　　　　　　　江城子 　　　　　　　秦观 　　西城杨柳弄春柔。动离忧。泪难收。犹记多情，曾为系归舟。碧野朱桥当日事，人不见，水空流。韶华不为少年留。恨悠悠。几时休。飞絮落花时节一登楼。便做春江都是泪，流不尽，许多愁。 　　　　　　李清照《武陵春》 　　风住尘香花已尽，日晚倦梳头。物是人非事事休，欲语泪先流。 　　闻说双溪春尚好，也拟泛轻舟。只恐双溪舴艋舟，载不动许多愁。 　　　　　　李白《秋浦歌》 　　白发三千丈，缘愁似个长。 　　不知明镜里，何处得秋霜？ 　　　　　　贺铸《青玉案》 　　凌波不过横塘路。但目送、芳尘去。锦瑟华年谁与度？月桥花院，琐窗朱户。只有春知处。 　　飞云冉冉蘅皋暮。彩笔新题断肠句。若问闲愁都几许？一川烟草，满城风絮。梅子黄时雨。 请从语言风格、内容、表现手法、情感分析上述几首诗词的异同？ 明确：语言风格：作家的经历不同，所处时代不同，语言风格也大不相同，李白语言胆大夸张，李清照语言清丽，秦观、贺铸诗词风格委婉隽永。		

	内容：同样写"愁"，李后主《虞美人》是"问君能有几多愁，恰似一江春水向东流"，以江水之多来喻愁之多。 秦观《江城子》是"便做春江都是泪，流不尽许多愁。"此愁已被物化了，成了可以放在江中随水漂流的了。 李清照的《武陵春》则将愁搬上船："只恐双溪舴艋舟，载不动许多愁。"此愁竟然有了重量，不但可以随水流，而且可以用船载。 李白在《秋浦歌》中对"愁"这样写道："白发三千丈，缘愁似个长。"用夸张的手法将内心的愁绪化为白发，因愁而生、因愁而长。 贺铸在《青玉案》写出"愁"的广度、密度和长度。 表现手法：李白、贺铸运用了类比手法，将愁绪形象化为具体的三千白发、一川烟草、满城风絮，绵长的梅子雨，同时也运用了想象和联想，将无形的愁绪具体化，变成一江春水、三千白发、满城风絮。 同时都运用了以实写虚的表现手法，化虚为实将无形的愁绪化作有形的事物。李煜、秦观将愁绪比作春江水，李清照将愁绪用舟载，李白愁绪化作三千长发，贺铸愁绪化作一川的烟草、满城飞絮、绵长的梅子雨。 表达情感：李煜、李清照写的亡国之愁，故园之思，与国家遭际连在一起，而秦观、李白、贺铸抒发自己个人遭遇、个人的离愁别绪。 结合上述所学，思考为什么诗人都喜欢运用以实写虚的表现手法来抒发情感呢？ 明确："化实为虚"即用具体景物来表现无形的情感，通常运用比喻、夸张、想象、联想等艺术方式，给读者留下丰富的想象空间，让读者自己从这些具体景物中体会诗人的情感。 作者一般将抽象事物具体化，多情感表达更为突出，这是作者写作的艺术，也是我们学习的地方。	
作业布置	运用虚实结合的手法，写一段话，描写一种情感，如："喜悦、忧愁、焦虑、坦然、愤怒"等，不少于150字。	读写结合
板书设计	群文阅读 语言、表现手法、内容、情感。 以实写虚。	

《小狗包弟》

教学课题	小狗包弟
课程标准	普通高中语文课程标准（2017年版） 1. 使学生在感受形象、品味语言、体验情感的过程中提升文化鉴赏能力，并尝试文学写作，撰写文学评论，借以提高审美鉴赏能力和表达交流能力。 2. 理解欣赏作品的语言表达，把握作品的内涵，理解作者的创作意图。 3. 根据散文的艺术表现方式，从语言、构思、形象、意蕴、情感等多个角度欣赏作品。 4. 结合所阅读的作品，了解散文的一般规律。 5. 养成写读书提要和笔记的习惯。 6. 学生自主阅读、讨论、自主梳理探究，使所学的文学知识结构化。

教材分析	《小狗包弟》是普通高中实验教科书，必修一第三单元的课文。这个单元学习写人记事的散文。这些散文所描写的都是现实生活中的真实的人物。作者描摹他们的音容笑貌，叙述他们的行为事迹，字里行间融入真挚的情感和深刻的感悟。这些文章可以帮助我们，增长见闻，明辨是非，领悟时代精神和人生意义。阅读这些文章，要透过对人与事的描写，仔细揣摩人物的言行、心理，体察人物的个性、情操，看作者如何在人物描写中体现对人物品行的评价，如何在叙事中表现或隐或现的情感倾向。 本文是巴金《随想录》中的名篇，文章通过对小狗包弟悲惨命运的描写和叙述，深刻淋漓地抒发了作者对小狗包弟的深深歉意。同时也表现了巴金作为一代文学大师的赤子之心和敢于说真话的勇气。
学情分析	学段属于高一，他们对散文比较熟悉，对情节的把握不是难事。但学生们对"文革"缺乏了解，因此不会做深入的思考。另外，现在的孩子普遍缺少自我反省意识，但有一定的判断是非的能力，如果能被事实真相震撼，他们的反省忏悔意识会被唤醒，理性思维会被激活。
学习目标	1.通过整体感知课文，理清文章思路，把握作者的感情。 2.通过局部探讨课文，品味文章重要语句的含意和自然又饱含真情的语言。 3.诵读重点，感悟巴金真诚解剖自己的伟大精神。

第一课时教学设计

设计	开发和实施	设计意图
课时目标	1.通过整体感知课文，理清文章思路，把握作者的感情。 2.通过局部探讨课文，品味文章重要语句的含意和自然又饱含真情的语言。	
环节设计	过程与方法	
导入	作家秦牧曾这样记述"文革"期间在广州街头的所见："一天早上，当我走回报社的时候，一路看到在树上吊尸的景象。那些尸体，大多是被打破头颅、鲜血迸流的。在一德路到人民中路短短一段路程中，我竟见到八具这样的尸体。"可见，这是一个多么动乱的年代，人的生命贱如草芥、一钱不值，人性被扭曲，就连无辜的对人忠诚亲近的小狗也难逃一劫。让我们一起走进《小狗包弟》，共同感受那段历史，感受巴金老人对往事的反思与追忆。	采用交流感染的方法导入新课学习。先让学生结合课前搜集的有关"文革"的资料，介绍自己所知道的"文革"，在此基础上，教师再带有感情地补充介绍，帮助学生进入情境。
作家作品介绍	巴金，原名李尧棠，字芾甘，祖籍浙江嘉兴，1904年11月25日生于四川成都一个官宦家庭。1928年完成第一部中篇小说《灭亡》，1929年在《小说月报》发表后引起强烈反响。后来写了"爱情三部曲"（《雾》《雨》《电》）和"激流三部曲"（《家》《春》《秋》）等小说，又发表中篇小说《寒夜》《憩园》等。"文革"中，巴金遭到了残酷的迫害。1978年起，在香港《大公报》连载散文《随想录》，回忆自己在"文革"中的遭遇和内心感受。由他倡议，1985年建立了中国现代文学馆。他的著作被译为多种文字，1982—1985年相继获得意大利但丁国际荣誉奖、法国荣誉勋章和香港中文大学荣誉文学博士、美国文学艺术研究院名誉院士称号。任中国作家协会主席、全国文联副主席。	知识积累

学习生字词	舔舐（tiǎn） 作揖（yī） 租赁（lìn） 叱骂（chì） 解剖（pōu） 堕落（duò） 舐犊情深（shì） 缉毒（jī） 修葺（qì） 编辑（jí）	学生自读课文，通过工具书解决字词。
整体感知，理清思路	（1）小狗包弟有过哪些经历？ （2）随着包弟经历的发展，"我"的思想感情有什么变化？ （讨论交流后，请小组代表发言，教师总结明确。） 包弟的经历和"我"的感情变化： 被转送给"我"（高兴）——与"我们"亲密相处（快乐）——被追杀（忧虑）——被解剖（歉疚）	1. 自由地放声朗读课文，整体感知课文内容，理清作者思想感情变化的线索。2. 小组合作讨论。
主体研读，局部探讨	请学生找出自己在阅读中感触最深的一两处文字做圈点批注，和大家谈谈自己的感受，并有感情地朗读。 1. 自主研读。 2. 探讨交流。 （鼓励学生推荐自己喜欢的文段，谈出自己个性化的理解，培养自主探究能力和精神。并在此过程中，注意做好朗读评点，引导学生抓住重点词句进行揣摩，深入研读文本进而把握思想。） 示例： 1. 以前看见包弟作揖，我就想笑，这些天我在机关学习后回家，包弟向我作揖讨东西吃，我却暗暗地流泪。 提示：一"笑"一"流泪"，前后形成鲜明对比，更加体现了作者内心的痛苦。朗读时，要体现出无助、痛苦的情感。 2. 即使在"说谎成风"的时期，人对自己也不会讲假话，何况在今天，我不怕大家嘲笑，我要说：我怀念包弟，我想向它表示歉意。 提示：作者于质朴简洁的语言中，道出了自己的真情，毫无保留，毫无掩饰。这体现了他勇于解剖自己、敢于讲出真话的精神。朗读时，"不怕"一词要重读，要表现出坚决、无畏的态度；"表示歉意"要读出深深自责的情感。	对于一篇文章，在整体感知后，重要的是对其精彩部分进行研读，这样才能对文章所表达的深刻内涵有更深入的体会。
扩展探究	你认为巴金是怎样的一个人？（引导学生细读文本） 各小组选派代表发言，教师总结： 明确："文革"中，巴金也是受害者之一，"文革"结束后，他勇于反省，对包弟表示深深的歉意和忏悔。他严于解剖自己，敢于讲真话，为人真诚正直，是一个值得人们敬佩的人。 如果你遇到了类似的事，你会怎么做？（让学生品读课文，互相交流）	提出问题，组织研讨，感悟作者敢于讲真话抒真情的精神，理解文章主旨。以小组为单位合作探究，教师参与讨论。
课堂小结	本文给我们许多写作文的启示：关心社会现实，重视文章的现实意义；表达真情实感，不追求夸饰，不过分追求"技巧"等。	
作业设计	同学们，读了这篇文章，我们的心灵都受到了震撼。你是否听说过祖辈过去的事情，或你亲眼看见过的今天发生的事情，你肯定感动过，或气愤过，或思考过，那么从中你发现过什么深刻的东西了吗？借鉴本文，把你的感受、你的发现在课后写出来。	通过让学生们写自己身边发生的事情来激发他们的情感。

板书设计	小狗包弟 巴金 （小狗包弟的经历——"我"的感情变化） 被转送给"我"　→　高兴 与"我们"　　　→　亲密相处快乐 被追杀　　　　→　忧虑 被解剖　　　　→　歉疚	
	第二课时教学设计	
导入	同学们，你们感动过，或气愤过，或思考过的故事是什么样的呢？下面请两位同学读读他们写出来的文章。	由上节课的作业导入。
文本解读	（1）小狗包弟的故事，在文中真正开始于哪一段，又结束于哪一段？ 明确：2~10段。 （2）小狗包弟的故事的前后又写了些什么？有什么作用？ 明确：①艺术家和狗的故事（1段）。——作铺垫，引起下文。 ②怀念和忏悔（11~13段）。——反省自我，深化主题。	
合作探究	1.作者为什么要以一条小狗来反映"文革"的现实？ 明确：以一条小狗来反映社会现实，这样写一来是提醒我们，小狗虽小，却也是一条生命，善良的生命应该获得生存权。第二，写一条小狗的遭遇，反映连一条狗都不能逃过劫难，更能体现"文革"时代任何生命都不能免受侵害的现实。这也体现出了"以小见大"的写作特点。另外，包弟的遭遇和作者的那一段历史是分不开的，写包弟也是为了表现自己的心灵历程。 2.对于作家为了自保，而放弃小狗包弟的行为，我们该如何看？（学生讨论、交流） 教师总结：同学们有两种观点：一种认为作家的行为是自私的；另一种认为作家的行为可以理解。这两种观点都有道理，持前一种观点的同学，他们的是非观念强，能够在大是大非面前摆正自己的心态。而持后一种观点的同学，他们则多了一份理解，多了一份同情，我们没有亲历"文革"，对"文革"所知甚少，但是从文章的片断描写当中，我们仍能够看到社会的动乱，所以我们对生存在那样的社会当中的身份特殊的作家，也应当给予一定的理解。	学生先讨论交流，后教师总结。
拓展探究	巴金的忏悔有什么意义？ 教师总结：在"文革"结束后的一段时间里，几乎没有人为他们的所作所为承担责任，而巴金作为一个受害者却站出来忏悔，	提出问题引导学生，让学生们思考。
拓展探究	这是需要莫大的勇气和力量。他的这种忏悔在社会上引起了很大的反响，引起了人们对于"文革"的思索，所以作家的忏悔具有唤醒人心的作用。	
课堂小结	我们要学习巴金老人写文章的方法。要不断训练眼力，以小见大，从细小事物中发现和展示社会变迁、大众命运的痕迹。	

作业设计	写一个身边的平凡人的平凡事，来展示一段历史或社会的变迁。	让学生们写自己身边发生故事，培养学生在作文里能写自己的真实情感。
板书设计	小狗包弟 巴 金 1. 艺术家和狗的故事（1） 2. 小狗包弟的故事（2~10） 3. 怀念和忏悔（11~13）	

《秋兴八首》（其一）

教学课题	秋兴八首（其一）
课程标准	普通高中语文课程标准（2017年版） 1. 重视诵读在培养学生语感、增进文本理解中的作用，引导学生积累古代作品的阅读经验。 2. 体会中华传统文化的精深和丰富，初步认识所读作品在中国文化史上的贡献。 3. 引导学生坚持在研读的过程中勤查资料，勤做笔记；围绕所读作品，利用图书馆、互联网查阅相关注释、评点等资料，加深和拓展对作品的理解。
教材分析	《秋兴八首》（其一）是普通高中课程标准实验教科书，必修三第二单元的课文。本单元主要学习唐代诗歌。 大唐盛世，有着旷古未闻的璀璨繁华。每一座城，每一个人，都有一段故事。朝堂之上，王公子弟，出口成章；寻常乡野，市井凡人，亦知平仄。纵有盛世锦年，也有灾劫风雨。因此唐诗题材扩大，诗家辈出，风格多样。 《秋兴八首》是杜甫寓居四川夔州时创作的以遥望长安为主题的组诗，是杜诗七律的代表作。课本选取了第一首，它是组诗的序曲，通过对巫山、巫峡秋色秋声的描绘，烘托出阴沉萧森的环境氛围，抒发了杜甫的忧国之情，以及孤独沉郁的内心之感。
学情分析	学习本诗的高一学生，曾经学过杜甫的诗歌，应对诗人有初步的了解，知道诗歌需要鉴赏情境、意境，但不清楚何为物境，也不清楚三者之间的关系。因此，可以借助教师讲解、学以致用，让他们学会品味诗歌的物境、情景及意境，提高学生的诗歌鉴赏能力。要准确把握诗歌蕴含的情感，需要指导学生联系诗人的生平遭遇，进行深入思考。
学习目标	1. 参照课下注释及学案，进一步了解杜甫的生平，学会知人论世的诗歌鉴赏方法。 2. 掌握从物境、情境入手探讨意境的诗歌鉴赏的步骤、方法。品味诗歌中情景交融的写作手法，感受诗人深沉的忧愁伤痛，以及诗人忧国忧民的爱国情怀。
教学设计	
设计	开发和实施	设计意图（简要说明）
课时目标	1. 了解诗人生平，学会知人论世的诗歌鉴赏方法。 2. 掌握从物境、情境入手探讨意境这一鉴赏诗歌的步骤和方法。品味诗歌中情景交融的写作手法。 3. 反复诵读，感受诗人的家国之悲、羁旅之愁、思乡之情。	

环节设计	过程与方法	
导入	品一首唐诗，翻开一卷大唐的风华，其中描绘了唐朝的风度、唐朝的人物，也有唐朝的故事。简洁精致的诗行，或气象万千，或磅礴大气，或沉郁苍凉，或哀婉缠绵。 　　如今有一位唐朝诗人杜工部，穿越唐山宋水，衣袂飘飘地沿着字里行间向我们走来。他一生所写诗句千余篇，流传于世的甚多，作品多是涉及朝政动荡、关心民间疾苦、揭露社会黑暗。其人品格高尚，诗艺精湛，落笔沉郁苍凉，浑然厚重。后人对其人其诗做出如下评价："世上疮痍，诗中圣哲；民间疾苦，笔底波澜。"今天，就让我们走进《秋兴八首》（其一），共同领略杜甫心中的山水。	文学性与知识性兼备，更容易引起学生兴趣。多铺垫设谜。
朗读	1.学生自由朗读两分钟。（提示读出杜甫当下的情感） 2.随机找两位学生朗读。（主要点评字音准确、读出了忧伤之感） 3.教师引导学生深情诵读，把握悲凉的感情基调，节奏缓、声音低沉，把握重音。	首次朗读，点评要求较低，读出忧伤之情即可。
意境主题探讨	（一）"意境"的提出 在诗歌创作中，"意境"一词的提出见于王昌龄所撰《诗格》一书，其中提出："诗有三境：一曰物镜，二曰情境，三曰意境。 物境：欲为山水诗，则张泉石云峰之境，极丽极秀者，神元于此，处身于境，视境于心，莹然掌中，然后用思，了然境象，故得形似。 情境：娱乐愁怨，皆张于意而处于身，然后驰思，深得其情。 意境：亦张之于意而思之于心，则得其真矣。" 如此，作家的主观精神和客观物境契合交融，从"物境"到"情境"再到"意境"的逻辑线索，其实就是由实到虚的层递过程。"意境"比"物境"和"情境"更加虚化，即情景交融。 （PPT放映：王昌龄三境说。） 　　物境——见于目，逞于象 　　情景——感于内，发于怀 　　意境——会于心，得于意 （二）物境与情境 1.学生活动一：感受物境，即寻找《秋兴八首》（其一）中出现的物象及其修饰语，小组间进行成果展示。 露是玉露，树是枫林 萧森气象的巫山巫峡 波浪在地兼天涌，风云在天接地阴 菊是丛菊，舟是孤舟 傍晚的白帝城高处，闻得急促的捣衣声 2.学生活动二：感悟情境，即概括《秋兴八首》（其一）中杜甫眼中的物象群构成的画面及特点。 "玉露凋伤枫树林，巫山巫峡气萧森"在萧索中见出了富丽景象，写出了夔地露冷枫丹、万物萧森的景象。 "江间波浪兼天涌，塞上风云接地阴"承上展开：江间巫峡，塞上巫山。波浪在地，却说兼天涌；风云在天，却言接地阴。诗人纵目驰骋生动地写出了巫山巫峡的萧森气象。	知识讲解 物境与情境是意境创设的手段和桥梁，研讨物境与情境是为分析意境做准备。

意境主题探讨	"丛菊两开他日泪，孤舟一系故园心"则，离蜀历经了两秋，眼下旅途的飘零，生悲情于从前，托相思于万里。 "寒衣处处催刀尺，白帝城高急暮砧"风霜凄紧，严冬将至，那千家万户的"刀尺声"和"捣衣声"急切响起，而诗人年老羁旅无依。 明确：雄壮阔远，深沉苍凉。 3. 学生活动三：归纳选择此类物象群的原因？ 明确：报国为民的高远理想与战乱流离的现实。 4. 教师活动：教师点拨、PPT放映。 秋—物境—见于目，迳于象 兴—情境—感于内，发于怀 （三）意境分析 1. 学生活动一：知人论世，从诗人角度出发进行研讨（结合学案） 研讨小结：诗人因秋感兴，眼中尽是万物萧森，心中尽是羁旅之愁、思乡之苦、家国之悲，即是所谓"见于目，迳于象，感于内，发于怀"。 2. 学生活动二：从游览者角度出发进行研讨 研讨小结：寻物境、品情境、探意境。季节之秋、人生之秋、国家之秋，情景交融、物我合一。鉴赏者进入了创作者眼中的客观物境与心中的主观情意相互交融而形成的艺术境界，感受到物境、情境共同缔造出的氛围和情致，即探悟出意境，所谓"会于心，得于意"。 3. 教师点拨：是否可用"雄浑沉郁"来概括杜诗的意境。 4. 对比强化，趁热打铁。（PPT放映） ①秋思 白朴 孤村落日残霞，轻烟老树寒鸦，一点飞鸿影下。青山绿水，白草绿叶黄花。 明确：小诗共用十二个物象，虽也鲜明生动地呈现出绚丽的秋色图，勾勒出了物境，但并无饱满深挚的情感，缺乏"会于心，得于意"的自然融合，即缺乏意境，当然难以感人。 ②天净沙·秋思 马致远 枯藤老树昏鸦，小桥流水人家，古道西风瘦马。夕阳西下，断肠人在天涯。 明确：作者用"枯藤、老树、昏鸦、古道、西风、瘦马、夕阳、断肠人、天涯"等一组物象有机的组合构筑了凄美的情境，流露的悲凉气氛就是其独特的意境。 5. 小组讨论、总结"意境"的本质 明确：创作者的主观情意与客观物境相互交融而形成的艺术境界就是意境，其本质是物境、情境共同缔造的氛围和情致，即情景交融、物我合一。	体会"意境"这一古诗词鉴赏方法，引导学生学会从物境和情境角度品味诗歌的意境。
探究诗歌精神内涵	《秋兴八首》（其一）的精神内涵 提问：杜甫的诗歌《秋兴八首》（其一），为何会有如此"雄浑沉郁"的意境 明确：杜甫诗歌的意境之所以深厚，是因为他把家愁国恨交织了起来，深刻地表现了正直知识分子的个人命运与国家民族命运的休戚相关。而任何伟大的诗人之所以伟大，是因为他的痛苦和幸福深深根植于社会和历史的土壤里，从而成为社会、时代，以及人类的代表。	设计目的：认识杜甫人格生命的高尚和伟大。

作业	秋思① 陆游 利欲驱人万火牛②，江湖浪迹一沙鸥。 日长似岁闲方觉，事大如天醉亦休。 砧杵敲残深巷月，井梧摇落故园秋。 欲舒老眼无高处，安得元龙③百尺楼。 【注释】 ①本诗写于嘉泰三年，陆游七十九岁，居住在山阴故乡。 ②火牛：古代火攻的一种战具。 ③元龙：陈登，字元龙，东汉人。 结合本节课所学，用从物境、情境入手探究意境的方法解读本诗。	
板书设计	秋兴八首（其一） 杜甫 秋—物境—见于目，逞于象 兴—情景—感于内，发于怀　　雄浑沉郁 诗—意境—会于心，得于意	

《念奴娇·赤壁怀古》

教学课题	念奴娇·赤壁怀古
课程标准	普通高中语文课程标准（2017） 1.重视诵读在培养学生语感、增进文本理解中的作用，引导学生积累古代作品的阅读经验。 2.引导学生借助注释、工具书独立研读文本，并联系学习过的古代作品，梳理常用文言实词、虚词和特殊句式，读懂文章内容，做到对中华优秀传统文化作品的准确理解，提高阅读古代作品的能力，背诵一定数量的名篇。 3.多角度、多层面地组织主题学习单元，引导学生合理运用精读、略读的方式，由点到面地体会中华传统文化的精深和丰富，初步认识所读作品在中国文化史上的贡献。
教材分析	《念奴娇·赤壁怀古》是普通高中课程标准实验教科书，语文必修四，第二单元第三篇课文。本单元是主要学习宋词，宋代是词的鼎盛时期，名家辈出，风格各异。本单元所选的几位大家的名作，兼顾了豪放与婉约两种风格。词的句式错落有致，长短悬殊。小令显得轻灵飞动，长调则更便于写景、叙事和抒情的交互融合。 词具有很强的节奏感和音乐性，欣赏时要反复吟咏，体会其声律之美；也要在理解作品内容的同时，运用联想和想象，领悟其中情与景浑然交融的境遇。
学情分析	学习此文的对象是高二的学生，这时学生经过以往的学习已初步具备鉴赏诗歌的能力，但是对语言的感悟，诗歌意境、情景交融的艺术技巧把握基础还很薄弱，仍然需要教师的引导和点拨。
学习目标	学生通过阅读学习，学习词中写景、咏史、抒情融为一体的写作手法。 学生学会自主探索，学习并掌握烘托和映衬表达技巧。 体会作者渴望为国效力却壮志未酬的思想感情。
教学设计	

设计	开发和实施	设计意图 （简要说明）

课时目标	学生通过阅读学习，学习词中写景、咏史、抒情融为一体的写作手法。学生学会自主探索，学习并掌握烘托和映衬表达技巧。体会作者渴望为国效力却壮志未酬的思想感情。	
环节设计	过程与方法	
导入	同学们，你们了解苏轼吗？（了解）哪位同学来给我们介绍一下自己所认识的苏轼呢？（几位同学陈述）这位同学说，苏轼的词属于豪放一派，与辛弃疾同是豪放派代表，并称"苏辛"。对，说的很准确，那同学们知不知道苏轼有一首词——《念奴娇·赤壁怀古》？这首词也是苏轼豪放派的作品之一，今天我们就通过学习这首词，来领略一下千古名篇《念奴娇 赤壁怀古》的风采，解读一下诗人通过这首词要传达什么样的情感。	在学生对苏轼已有简单认识的基础上，引出本课题。
诵读	点击朗读录音，学生听读。（指导朗读，疏通文字。）教师范读、学生齐读、学生独自读。	指导朗读，疏通文字。同时明确整首诗给大家一种豪放、有气势、雄壮的感觉。
落实字词	学生借助注释或查阅工具书，自行解决字词。	培养学生自主学习能力。
交流	小组内部交流对文章内容结构概括和结构梳理，明确本词是由上下阕两个部分组成。	养成学生合作学习的习惯。
展示	分组概括出上下阕分别写了什么内容。	锻炼学生的概括总结能力。
交流并展示	1.提问：第一句"大江东去，浪淘尽，千古风流人物"三句历来被人们称道，原因是什么？ （明确：江山、历史、人物逐一奔入眼底，引起怀古思绪。境界开阔，气势恢宏，豪放之气笼罩全词。由江水的流逝想到岁月的无情，引发历史的想象。写景和抒情结合自然，给人以强烈的感情冲击，并产生对历史和人生的思索。） 2.提问：作者描写赤壁景色，为什么用"人道是"三字？ （明确：以此点明这里并非一定是赤壁之战的所在地，只是借此怀古抒发自己的感情。）	学习写景、咏史、抒情融为一体的写作手法。
交流并展示	3.提问：本词的上片中，作者又看到了哪些赤壁景观？ （明确：大江 故垒 赤壁 乱石 惊涛 千堆雪）（在PPT上展示相应的图片资料） 4.提问："江山如画，一时多少豪杰"这两句在全词中起了什么作用？ （明确：这两句承上启下。"江山如画"表达了诗人热爱祖国河山的激情，又由写景过渡到写人，总结上阕，引起下阕。）	明确过渡句的作用
小结	作者先以波澜壮阔的长江为背景，点出赤壁战场之所在，然后写它的险要地势，对当时众多的英雄人物称颂缅怀，充溢着对建功立业的渴望。	总结上阕，引出下阕。
交流并展示	1.提问：下阕是作者的回忆和感慨，他回忆的是什么？感慨的又是什么？ （明确：前五句：所忆——周郎雄姿英发 风流潇洒 才华横溢 后五句：所感——自己功业无成 早生华发 人生如梦）	

交流并展示	2.提问：下阕中周瑜的形象有何特点？为何要插入"小乔初嫁了"这一细节？ （明确：周瑜——雄姿勃发，儒将风流，从容娴雅，指挥若定。作者在词中插入"小乔初嫁了"这一细节的深刻含义在于： 一是借周瑜娶小乔的事实，说明周瑜在指挥赤壁之战时，年纪很轻，很有作为。 二是以美人烘托英雄，更能衬托周瑜潇洒的风姿，英雄美人，相得益彰。） 3.提问：词人为什么只写周瑜，对周瑜形象的刻画，又寄寓了词人怎样的情感？ （明确：通过周瑜少年英雄的形象，抒发了自己怀才不遇、壮志难酬的感慨。） 补充： 烘托——"以乙托甲"，使甲的性质更加突出，乙起陪衬作用。 映衬——既是"以乙托甲"，也是"以甲托乙"，有互相彰显的作用。 4.提问：下篇后五句作者是怎样抒发人生感慨的？ （明确："故国神游"承接上文，道出了对英雄时代、英雄人物的热诚向往。但想到自己头发斑白，空有才华，一事无成，作者用自嘲的方式表现自己的伤感，最终发出"人生如梦"的感慨，以呼应首三句。英雄人物与丰功伟绩，全都是过眼烟云，所以最后诗人以酒酹月，表现自己的伤感。	学习并掌握烘托和映衬表达技巧。
小结	下阕主要是第一层描写周瑜形象，第二层抒发对身世的感叹，咏史、抒情自然结合。	重点概括下阕的主要内容。
探究	《念奴娇·赤壁怀古》是公认的豪放派代表作，其"豪放"表现在哪些方面？ （明确：①描绘壮丽之景。不仅写出了长江的非凡气势，而且融合概括了千古英雄的非凡业绩，将江山形胜与怀古之情融为一体，引发读者的历史联想。②刻画豪迈之人。上片将"周郎"与"赤壁"并称，肯定周瑜在赤壁之战中的关键作用，下片着力写他的才华和功勋，塑造一个指挥若定而从容娴雅的儒将形象，借称颂周瑜来抒发建功立业的壮志豪情。③抒发壮志豪情。全词借称颂周瑜来抒发建功立业的壮志豪情）	深入解读文本，进一步体会作者的思想感情。
总结	这首词把写景、咏史、议论、抒情融为一体，豪迈奔放，一泻千里。在对赤壁景物的描写上和对周瑜形象的塑造上，都体现了豪壮的情调。用烘托和映衬的手法，抒发了自己的感慨。更可贵的是，这首词还留给我们无尽的人生启示：每个人的一生都必然遇到种种挫折和磨难，你将如何应对呢？每个人的一生也必然面临许多选择和考验，你将如何处理呢？从苏轼和他的作品中，或许我们每个人都能找到自己需要的答案。	总结课文内容，结束本节课的教学。
作业	1.背诵这首词。 2.利用本节课所学的诗词赏析法，课外多找些苏轼的词作试着进行阅读品味。	课后能进一步巩固所学内容，做到学以致用。
板书设计	念奴娇·赤壁怀古 写景—抒情—咏史 咏赤壁：赤壁奇景、大江气势 怀周瑜：英雄风采、抒怀感慨	

陈老师教育教学论文集

"导案自学五环节"课堂教学模式的育人价值[①]

我国基础教育新课程的核心理念是"为了每一个学生的发展"。课程改革的主渠道在课堂，有什么样的课堂就有什么样的教育。可以说，课堂不仅是学生学习的场所，也是他们成长的原野。因而，新课改的课堂价值可以概括为：育人和成长。

传统课堂的弊端，主要在于一味灌输和机械训练。单调乏味缺少生命活力的教学形式导致学生缺少学习的主动性，变成被动接受知识的"容器"。这是对学生学习潜能的漠视，是对学生学习机会、学习权力的剥夺，是对学生主动学习的无情压制。

通辽实验中学的课程改革核心理念是"让学生学会学习"，构建了基于自主学习的"导案自学五环节"课堂教学模式，即"导入——交流——展示——练习——总结"。其育人价值在于，课堂成为学生生命成长的原野，教师成为学生生命成长原野的守望者。

一、让学生成为课堂学习的主体，让课堂成为生命成长的原野

1. 充分的自主学习

导案给学生提供了明确的、充分的学习任务。提示了思维方法路径，大致分为"读、思、做"。"读"是阅读教材，生成问题和感悟；"思"是思考导案问题；"做"是完成导学问题并诉诸文字表达。在此环节，教师要给予充分

[①] 作者陈玉国。

的自主学习时间，教师提供足够的时间与适当的帮助，能够帮助学生学习一门学科，并达到高水平的掌握。此外，自学还能帮助学生养成独立思考的习惯，保持独立完整的个性，培养创新精神和实践能力。

2. 充分的小组交流

学生将课前自学收获和疑问进行小组交流，进一步丰富和提升自学认识，进行充分的"兵考兵"和"兵教兵"。教师要"闭上嘴迈开腿"通过巡视倾听，收集课堂信息，及时掌握学生学习状态，发现共性问题，确定下一步的教学策略。以达到陶行知所说的，学生怎么学就怎么教，教的法子来自学的法子。对学生来说，交流不仅是认知的过程，更是成长的过程。交流促使学生将内化的思考转化为外化的表达，实现了语言能力对思维能力的促进；交流促进学生要反思自己的推理，并要用语言清晰地表达，有益于培养学生的认知能力；交流给了所有学生表达质疑的机会，就有可能让所有的学生获得发展；交流既要积极表达，也要认真倾听，有益于培养民主社会的合格公民。

3. 充分的组间展示

展示就是由小组代表向全体同学和老师展示本组的交流结果，并接受其他小组的质疑。这一阶段学生将得到多种个人锻炼，尤其是语言表达能力。学生要能用准确，简明，得体的语言，配以洪亮的声音、自信大方的姿态讲清本组观点，并能虚心接受他人的质疑，耐心解释。这种语言表达和沟通能力及礼仪修养，尤其具有生活实用性。学校致力于将学生培养为谦谦君子、大家闺秀，课堂上的展示环节是一块重要的阵地。

二、让教师走向集体研究，使其成为学生生命原野的守望者

苏霍姆林斯基说过："教会学生自己教育自己，这是一种最高级的教育技巧和艺术。""导案"是教师指导学生自学的指挥棒、方向标、任务书，是学会学习的主要载体。导案的科学性决定了自学的有效性，因此必然要求教师具备一定的专业化水平。学校的做法是，让教师走向集体研究，在由学科"首席教师—备课组长—备课中心组"组成的三级教研机制的保证下，科学编制导学案。

1. 集体教研是教师专业化发展的主要方式

教学设计研究的是教什么、怎么教的问题，涉及目标设计、情境设计、问题设计、习题设计、思想方法过程设计等。学校重视集体备课，以备课组为单位进行设计分工，提前两周提交设计方案，在固定的教研时间进行讨论完善，根据讨论意见修改后，提前一周提供给教师，教师在此基础上进行备课。集体备课同时，要进行集体教研，主要方式是进行小课题研究，确立"如何确立教学目标""如何创设问题情境"等课题，定期组织课题报告会，提升研究水平。

  2. 重视问题设计

  在教学实践中，我们发现，有时学生对导学问题反应冷淡，课上交流讨论不热烈，课上展示也敷衍了事……

  这往往是问题设计出了问题。

  其中不易引发学生学习主动性的典型问题在于，问题设计的肤浅、低幼化和零散碎片化。比如，这样设计问题，"二战盟军在诺曼底登陆的意义有哪些？"教材中有现成的答案，学生用不着思考就能回答，而且这样做更大的弊端是导致文科教学的死记硬背。若改为"二战盟军如不在诺曼底登陆会怎么样？"虽然也是问盟军登陆的意义，但留下了思考探究的空间，更能激发学生解决问题的欲望。再如，问题设计的零散碎片化，教师讲解宋词《定风波·莫听穿林打叶声》的小序：三月七日，沙湖道中遇雨。雨具先去，同行皆狼狈，余独不觉，已而遂晴，故作此。教师设计了"什么时间、什么地点、什么人、什么事、什么情况、为什么写……"一连串支离破碎的问题，若改为：小序主要交代了创作原因，那苏轼为什么强调时间、地点、人物、情况呢？提示启发学生感知词人超脱豁达之情是在特异情况——早春、野外、无雨具、遭遇暴雨——下抒发的，核心问题更加鲜明集中。零散提问割裂了问题内在的逻辑关系，导致思维不连贯，主次不明。学生表达语顿、啰唆等现象，很多时候是在这样课上造成的。

  3. 重视情境设计

  情境设计解决书本与生活、抽象世界与形象世界的联系问题，不仅教会学习，也能引导学生关注现实关注生活。选取一个实例，地理学习"工业区位的选择"，如果设计这样情境，"我市将要引进一家大型的冶金企业，现在就选址问题你会有什么好建议呢？"情境能够激发学生学习的热情，唤起学生的求知欲，这是"情"的作用。"境"就是用一种直观的方式，再现书本知识所表征的实际事物或者实际事物的相关背景。形象地说，"境"是一座桥梁。有了这座桥梁，学生就容易实现形象与抽象、实际与理论、感情与理性以及旧知与熟知的沟通和转化。例如，一位语文教师在教"爨"（cuàn）字写法时,亲切地对学生说:"看,归有光家是大家子,做饭需要架上大火,烧很多木材,用很大的灶台,很大的锅才行。"这种充满形象的教学,把木来笔画繁杂且冷僻的字,变成了有生命的东西,让学生心领神会。

4. 重视思想方法过程设计

以学为核心,并不意味着以学代替教,没有高水平的教就没有高水平的学,学需要教的点拨、点化、深化和提升,帮助学生总结规律提升智力水平。

总之,"教会学生学习"不仅"授人以渔",更重要的是在学习中接触社会,感受生活,进而学会做人、做事、生存、合作。而这些,恰恰是时代赋予教育的历史使命。

切实加强师资队伍建设,促进教师的专业化发展[①]

教师是学校的第一资源!通辽实验中学拥有一支"数量充足,结构合理;师德高尚,业务精良;观念超前,乐于奉献"的教师队伍,85%的教师在30—45岁之间,正处于事业的辉煌时期,具有极大的发展潜力和空间。我校高中年轻教师占主体,这是我校未来辉煌的基础,尽快地实现全体教师的"跨越式"发展,又是当前的紧迫任务,切实加强学习研究,推动教师专业化发展,成为学校工作的根本。

一、以青年教师系列培训为重点的全员培训

围绕学校"以教学为中心、工作重心下移、大面积的提高教学质量"的工作思路,教务处采取培训、竞赛、考试、研讨交流等方式进行了多层次全方位的促动教师专业化发展的工作。

其中,狠抓青年教师的是学业水平的快速提高是学校教师培训的重点。

为了使这支年轻气盛、富有朝气但略显稚嫩的教师尽快成才,学校提出"一年入门、二年合格、三年骨干、六年优秀"的人才培养模式。这种培养分为"过程前培训、过程中培训、过程后培训"三级培训模式,"过程前培训"指新职教师在走上讲台之前,教务处组织的岗前培训和"入门过三关"考核:主管教学的校长、主任对新教师进行"学校的规章制度""学校文化内涵""如何备课上课""如何处理与学生的关系"等内容培训辅导;强化上好第一节课

[①] 作者陈玉国。

的意识，在新教师入班教学之前，备课试讲要经过"师傅关""组内关""教务主任关"三级考核模式，为保证教学质量进行严格的审查，不合格者限期整改，整改仍不合格坚决不能上讲台。"过程中培训"主要是实施"师带徒"制度，在新职教师上岗一个月左右，采用"双向选择"的方式确立师徒关系，签订为期三年的"师带徒"合同，要求师傅每周必须听徒弟一节课，徒弟必须听师傅两节课并课下交流，同时明确徒弟成长进步与师傅的利益荣誉挂钩的机制，以期达到"老带新、新促老、新老共同进步"的目标。此外，"过程中"培训还包括每学期教务处对新教师实行"六个一"指标考核，即：读一本教育教学理论书籍并写出读书心得；写一篇教育教学论文；上好一节公开课；设计一份优秀教案或多媒体课件；设计或组织一次高质量的主题班会；帮助一名后进生。业务能力竞赛制度，如演讲竞赛、说课竞赛、两笔字竞赛、业务知识考试、实验课动手能力竞赛、公开课竞赛、风采大赛等。以赛代训的培训活动以外，教务处积极采取讲座类、实践观摩类的培训方式、业务能力考试。

这些针对青年教师成长的措施呈现出以下特点：（1）培养力度大、考察标准高。进一步强化青年教师责任心、进取心和教师专业素质，使他们能充分发挥主观能动性，更快更高地提升自我。（2）思想重视、准备充分、组织有序，带动新老教师共同进步，教务处高度重视，备课组认识到位，师傅们走上"前台"，徒弟们个个争先。形成"比学赶帮"浓郁氛围。（3）青年教师成长快速，效果非常显著。通过一系列的培训考核活动，涌现出一大批"教学思想进步，熟悉所任课目教学，富有个性特色，具有进取创新精神"的年轻教师。

除了上述针对青年教师的系统培养机制以外，着眼全员的培训也深入持久地展开。主要有下面多种方式。

1. "请进来，走出去"的培训模式。几年来学校先后几次邀请东北师大教育专家、北京教科所的专家、北京重点中学的教师……来学校讲学，带动了学校更新教育观念的热潮，与此同时，学校积极创造教师外出学习培训的机会，下大力气支持教师深造，多次组织教师到衡水中学等名校学习，多次派人参与各种形式的研讨会交流活动等，使教师开拓了眼界、增加了知识。

2. "选出来，推出去"的校本培训。在全员培训方面，学校也将着眼点放在了学校内部，通过各种形式的"推优选先"活动，将本校的先进备课组或个人作为楷模,进行经验介绍,比如每个学期召开的"班主任经验介绍"、"教师讲坛"等活动极大地促进了全员素质的提升。在"新课改、新课程、新高考"的社会大背景下,学校开辟了旨在总结我校自己特色的教学教育经验的"教师讲坛",目前已经举行五届,在教师中间引起了强烈的反响,备课组和教师个人以进入讲坛为骄傲,其突出的意义在于:(1)"讲坛"的"合作交流共鸣"等思想促进了教风学风的建设。(2)体现了我校锐意进取的开创精神。(3)展示了我校教师专业化发展的喜人成果,提升了教师理论专业水平,体现了"崇尚一流、拒绝平庸"实验中学教师精神。

3."以考代训、以赛代训、以评代训"的培训模式。学校定期组织未完成高中循环教学的教师参加了高三历次模拟考试,开展大型的公开课比赛——新教师汇报课、希望杯、栋梁杯、功勋杯、百花奖竞赛,实行以赛代训形式,采取课堂反思、组内总结、教务处评价三级总结模式,力求使教师充分地认识到优点和不足,进一步激励他们提高能力水平。与高一德育处协同,筹备了新教师"主题班会"汇报活动。切实形成了针对新教师的"训、考、践"相结合培养模式。学校规范公开课、考核课、观摩课之后的评课方式,集体教研时开辟专题进行评课,强调反思性评价,杜绝假话大话空话。实行"敲门观课"制度,从校长主任备课组长开始进行日常课展示,课后都进行了教务处、备课组两级的评课,此举促动了教师认真备课上课,推进了教师的专业发展,同时打破学科年级界限,为年轻教师提供了学习的平台,激发了学习研讨的热情,带动了教师整体业务能力的进步。

二、"三杯一花"竞赛机制和推优工程

我校"三杯一花"竞赛制度,为教师整体素质的提升创造了良好的机制,为教师搭建了通向成功的平台,涌现了一大批优秀的教学骨干,他们获得了参加更高级的教学比赛或教学交流活动的机会,因此"三杯一花"竞赛得到广大教师的积极响应。

为了完善全员教学考核,切实推动教学质量的提高,促进全体教师的成长,学校对二级以上教师实行分门别类的教学考核,最具影响力的是"三杯一花"的教学竞赛,"三杯"即由二级教师参加的,旨在考查教师业务素质、发展潜力的"希望杯";由一级教师参加的,重点考查教学效果的"栋梁杯";由高级教师参加的,重点考查经验方法的"功勋杯"。"一花"即由"三杯"竞赛的优胜者参加的,重点考查教学改革的探索实践的"百花奖"课堂教学

竞赛。"三杯一花"构成一个系统的整体,竞赛的优胜者不仅可以获得数目可观的奖金,而且与业务考核、晋级、评优、优先参与上级培训等利益挂钩,有力的调动了老师们提高业务能力的积极性,推动了学校教育教学的全面进步和发展。

三、完备高效教学的管理和监控机制

教师的业务过硬不代表思想、道德过硬,教师的成长还必须有严格的考核制度作保障。通辽实验中学制定完备的教师考核档案,对教师做全程动态的考核。

1. 学生评教和教师业务考核制度。对教师考试成绩、班级名次、高考升学、教研成果、教学竞赛、日常教学等诸多方面作量化考核,并且与教师奖金、待遇、名誉直接挂钩,而对私自办班、体罚学生、收取家长的财物等有悖于师德师风的行为作出最高至下岗的处罚……在诸多考核项目中,学校最为关注也最能体现学生和家长意愿的是《学生评教调查》,学校定期组织各层次的学生和家长对教师的师德、教学进行问卷调查,对反馈的意见进行认真的整理后公布,对问题比较严重的制定整改措施,作第二次的摸底调查直到学生、家长满意。对限定时间内仍不能改善的坚决从重要岗位上退下来,前不久在聘任高级教师时,就有两位教师因为学生评教优秀率未达到60%而未能聘任。

怎样客观、全面、准确评价一个教师的工作,并借此引导教师不断进步,推动备课组的工作由被动到主动,由务虚到务实,使整个教学研究工作走上一个自觉、良性的轨道上呢?历来是教学管理者努力探索的命题。教务处一项重点改革是完善我们教学评价机制,目的是改变传统的单一僵化的评估模式为多元的教学评价机制,对教师的教育教学教研等业绩采取"自评、组内互评、学生评教、组长评、教务处评"等多元评价的形式。这套《教师学期教学教研工作量化评价》评价方案,分课堂教学和教学研究两大部分,课堂教学由细分为教案检查、教具制作和使用、辅导学生、作业留批、教学效果、学生评教6部分,由备课组长和教务处评价,评价方式是数据,如学生评教优秀率等;教学研究方面分为学期课时、学习培训、听课情况、集体教研情况、考试命题情况、课题研究情况、校本课程开发、指导学生参赛、教学竞赛、教学研究成果、传帮带情况、考核听课成绩等12项,以填空形式表述,由个人、备课组、教务处共同评价。

2. 采取"周检查、月公示、期总结"的形式,对备课组进行实时检查、督导。对各组教研情况、单元验收、资源库建设、听评课情况等进行全程的检查监督，上述检查情况及教务处的评价意见共进行了校园网公示。临近期末，要分别召开年级备课组总结会议，听取各组的总结，同时收集备课组的教研记录、听课笔记、教案检查打分表、学期考核课打分表、学期教师教研量化考核表等，备课组和教师学期教学教研工作情况进行评价总结。

3. 适时召开教情学情分析会议，及时掌握学情动态。期中期末考试后，及时召开备课组长工作会议和学习委员学情座谈，进行教情学情的总结分析，掌握动态信息，及时纠正教学中的偏差。比如，针对各组工作协调性差问题，采取了规范晚自习考试的时间科目分配措施；根据学生自习效率低下的问题，采取"作业考试化"措施，这项措施的采取，是经过了认真的调查分析研究的，同时在网上发表学习文章，在充分的舆论动员宣传基础上采取的。

四、创设浓郁的教研氛围，实现备课组集体进步

通辽实验中学的"以人为本、和谐发展"的办学指导思想，落实到教学上就是：教学模式"以生为本，变讲为教"，教研方式"以师为本，以研促教"。创设浓郁的教学研究氛围，以教研促进教学，使教师由业务型向学者型转变，是学校教学改革的中心工作。

实验中学非常注重学习，在教学研究上肯于下大力气，紧密配合当前教育教学发展动态，不断的引入新的观念和思想，极大地开阔了教师的眼界，丰富了教师的头脑，促进了教师的思考，提出"以教研促教学"的口号，紧紧抓住"务实创新"这个教改灵魂，提出了关于"新教材""新课标""新高考改革"三个方向，形成"组组有立项，人人搞课改"的喜人局面。

（一）强化教学教研的组织落实、指导监督机制

主管教学的校长、教务主任要做到"三个长期"——长期指导和监督分管学科的教学教研工作，长期深入分管学科听课，长期参加分管学科的教研活动。几个学期以来，主管校长和教务主任全程参与了分管学科的教研活动，对教学一线的集体研究进行有效的监督和指导，备课组呈现出"务实、求效、团结"的良好的学习气氛。

（二）强化备课组长在教学教研上的组织领导职能

为了解决备课组长"推着干、不真干"的消极工作状态，教务处做出"强化职能、切实放权"的办法，首先明确组长的职能——组织规划教学计划、教学进度、教学内容、研究课题、学科活动，要突出针对性、实效性和可操

作性，做到重难点明确、教学方法适当、训练考试的内容和频率合宜等，定时上交教学教研计划总结；切实保证集体备课的质量，明确教研课题、确立中心发言人，充分调动全组在教学教研方面的积极性，做好教研记录；做好组内公开课、研究课、考核课的组织领导工作。其次，切实放权，将教师学期业务考核的大部分内容划归备课组管理，备课组长对组员参与教学研究的情况做全程的掌握，业务考核要提示组长对组员工作的评价意见。教研做到"三定"——定时间，每周一次，每次至少2节课；定地点，教研必须在专门的教研活动室进行；定主题，每学期有中心议题，每次教研围绕中心议题设立小的议题。 教研的全程：计划制定、阶段验收、学期总结相结合，教务处在开学初下发条目清晰、环节全面的教研计划表，然后进行统筹备案，教务主任按照计划表监督计划落实的情况，并及时利用教研时间进行阶段性的验收，学期末对照学期计划做好总结工作。

（三）积极倡导备课组的学科建设，实现集体进步和提高

强化以备课组为单位的学科建设是学校提升层次，教师专业化发展的核心问题，学校在规范备课组工作的基础上，加大对备课组学科建设的管理和考核，同时通过树立典型带动全体，通过教研观摩，将先进备课组的经验做法发扬光大。经过这些措施，备课组的学科建设有了积极地发展。

其标志在于：

1. 备课组的教研活动有了制度保障。主要有分管学科主任长期深入教研；教务处制定教研时间，提供专门的教研场所及设备；对教研开展情况教务处进行"周检查月公示"；参与教研的情况期末总结时记入教师个人考核档案，同时，检查组内的制度诸如"学科规划""学年计划""学期计划""教研计划"等制定情况，并实时上报等这些措施有效地保证了每周教研的正常进行。

2. 备课组的教研活动有了固定模式。以往的备课组活动因为缺少统一的规划和切实的准备，活动往往流于形式，时间和质量都很难保证，致使教师对此很反感，通过三次的备课组长培训和优秀备课组的教研观摩，各备课组的形成了教研基础模式，同时与教学更加贴近，形式更为务实，教师们对教研也有了一定的热情。

3. 备课组的教研内容更加务实高效。

教研活动的固定内容大体包括：（1）单元集体备课，由主讲人预先备课，大家共同研讨，进而确立单元教学重难点、教学方法、训练考试等。（2）听

评课，对上周考核课进行反思评价，由下一位上课教师说课，大家提供教学建议……形成"说讲评思"的基本模式。(3)校本课程、学科活动的开展的阶段性分析。(4)基本建成备课组资源库，初步实现了学科资源共享。备课组资源库建设，分为"组内制度建设"和"教学资源"两部分，"组内制度建设"包括"学科规划""学年规划""学期计划"等各项制度、安排，目的体现出集体的意志，形成集体的合力，工作步调一致；"教学资源"包括"教案课件""试题训练""教师培训""校本课程开发""学科活动""音像资料"，基本囊括了教学中运用得到的各项资源，经过每周一次检查督导，各组资源库建设初现规模，初步实现了组内资源共享。(5)部分备课组有了更高的教研目标，开展的校本课程研究更具实效性。高中英语组教研工作获得自治区教研部门的肯定，经推荐申报全国中小学外语教研示范校，高中语文组成功申报中国教育学会"十一五"规划重点课题——"优质教育资源评价与推广研究"的相关子课题的实验校资格。

和谐宽松的教研氛围，使各年级备课组学术活动分外活跃，仅以上学期为例，主要学术活动就有：高一语文进行了4次"读本导读"活动，高一英语进行了3次"英语俱乐部"活动，高一物理举办了一次"宇宙速度与人造卫星"的科技讲座，高一历史组组织了1次"国民政府抗战是积极的还是消极的"的辩论赛；高二英语组开展"单词听写"、"原文阅读"等项目的竞赛，高二历史组开展了"历史知识竞赛"这些年级规模的学科活动，是"第一课堂"的合理延伸和拓展，丰富了学生的视野，激发了学生的学习热情，活跃了学习气氛，锻炼了学生的实践能力，体现出各组学科活动与校本课程研究向实效性方向的迈进。再比如，高一数学组在优化教研工作方式作了大胆务实的探索，归纳出"一题多解"到"多题一解"，教师的教学反思到学生的学习反思等规律性的认识；高一语文组在提升学生阅读层次进行的"挖掘我们身边的保障"，利用"导读"方式来引导学生"审美能力""价值取向""道德品质"的形成；高一物理精编习题、创造性运用练习册，强化"统一教案、统一反思"，高一历史自编《高一历史资料汇编》等。

作为既具备光荣的传统，又怀抱现代意识的通辽实验中学，在"促进教师专业化发展，切实提高教育教学质量"的伟大实践中将继续努力前行。

语文教学设计中"问题设计"的依据[①]

在语文教学设计中如何确立问题？其依据的原则是什么呢？在新课程背景下去思考这个问题，很容易得出结论，那就是课程标准、教材、考纲、学情。

"课程标准"明确了语文教学的宗旨，即培养学生的三种能力：应用能力、审美能力、探究能力。（简称"三能力"）这三种能力培养必然贯穿于教学始终，而培养"三能力"首先要成为问题设计的依据。

教材（人教版）必修课程设置了四个模块：阅读鉴赏、表达交流、梳理探究、名著导读，其中阅读鉴赏是重点，"阅读鉴赏"隐含着能力三目标的要求："读懂、学会，评价、欣赏，借鉴、生成"。因此语文教学中的"阅读"必须贯穿始终，这确立了问题设计主要方向，即"读什么"和"怎么读"。

考纲（高考考试说明）和高考试题是高中教学的指挥棒，重要考查的是学生的"实践创新"能力，学生要在单位时间（150分钟）阅读不同文体的8000多字，要写完一篇不少于800字的作文，而且这些读写的材料很可能是平生第一次遇到，而且必须独立完成！这没有过硬的阅读思维表达能力，想拿一定理想的分数是不可能的。这考的就是学生的实践能力、创新能力。因而"读写"训练必然是语文教学中心，也是设计相应问题来组织引导学生自主学习的重点。

学情是问题设计所要参考的实际情况，教师在把握现实学情的同时，必须考虑学生的过去和将来，学生的知识储备、形成的能力素养等过去情况，是问题设计的切入点和基准点。终身学习、未来发展所需的意识、能力和方法，是问题设计的延伸。作为在"大语文"观念指导下的语文教学，忽略生活中丰富生动的教学资源，仅仅拘泥于教材，显然是不负责任的做法，因此"教什么、怎么教、怎么考"是问题设计中必须关注的。

前面说过，阅读鉴赏是教材的重点，学生读写能力是实现培养"三能力"的关键，阅读是贯穿教学始终的，那么按照阅读认知的一般规律，阅读应包括"通读、细读、品读"，结合不同层级的阅读活动，其问题也是由浅入深、循序渐进的。总体来说，配合着阅读，解决的问题大体为："通读"是解决"什么"的问题，"细读"是解决"怎么"、"为何"的问题，"品读"是解决"怎样"

[①] 作者陈玉国。

的问题。分别落实"内容思路，重点关键，艺术效果"的目标。

"问题"的提出、分析、解决，其实就是课堂教学目标落实的过程，它体现的是教师教的价值和学生学的效果。好的问题应具备明确、梯次、导引、激趣的作用。这里重点谈谈"梯次"的问题，所谓"梯次"是三维结构，即高度、深度、程度，显示如下：

写了什么？——通读：了解大意思路

怎么写的？——细读：局部思路、内容顺序关系、重点内容

为什么写？——细读：思想观点

写得怎么样？——品读：欣赏评价（创新和特色）

学得怎么样？——总结反馈：学习价值

以人教版选修教材《外国小说欣赏》中《桥边的老人》为例，加以说明。

首先是核心问题的定位：课程目标——应用、审美、探究能力，教材定位——外国、小说、欣赏。由此确立课堂学习目标：1. 世界眼光开放胸襟，对多元文化的尊重、学习、借鉴。（面向世界）2. 了解现代小说发展的现状趋向。（面向未来）

其次是问题链条设计：

1. 通读课文，理清全文思路，拟写结构提纲；

2. 细读课文，思考回答：

（1）用"老人"的口吻讲讲自己的遭遇。

（2）"老人"的形象分析。

（3）"老人"描写方法赏析。

3. 品读课文，欣赏探究：

（1）小说的主题——对战争的反思。

（2）小说的特色——"冰山"式写作：简洁、淡化、留白。

总之，自主学习课堂，教师的"问"是原则、基础，否则不足以体现自主学习；"怎么问"，"为什么这样问"是技巧问题，体现的是艺术性和灵活性，是教师课堂学习的组织引导的作用发挥。一句话"问不问是立场问题，问好问坏是技巧问题"。

吾言吾语 >>>

《子路、曾皙、冉有、公西华侍坐》中"礼治"思想新解[①]

在中国历史的长期的发展中,儒家"礼"的思想作为中国封建社会的道德规范和生活准则,对中华民族精神素质的培养、文化意识的形成起了极其重要的作用,汉代董仲舒提出"罢黜百家,独尊儒术"之后,儒家"礼"的思想演变为"礼治"思想,后来又被宋代的朱熹等封建理学家修整成维护封建统治的正统思想,在中国漫长的封建历史上扮演着压制、平衡、调节等政治功效,历史上就有"半部《论语》治天下"的说法。如果本着"去粗取精"的文化继承意识,儒家的"礼"思想对当今社会有什么现实意义呢?

当今社会,儒家思想的政治功效失去了其所植根的社会土壤,但其作为哲学思想依然具有其影响力,尤其在当今的后工业时代,人与人、人与自然、人与社会都显现出冲突与矛盾的时候,中国传统儒家思想又一次焕发出新的生命力,1988年诺贝尔物理学获奖者汉内斯·阿尔文博士(Dr.Hanes Aelven)在闭幕大会上说:"人类要生存下去,就必须回到25个世纪以前,去汲取孔子的智慧。"

《子路、曾皙、冉有、公西华侍坐》(以下统称为《侍坐》)一课选编于人教版高中语文选修教材《中国古代诗歌散文欣赏》,本课教学重点是"了解课文的思想内容",因而更好地把握孔子"礼"的思想,并能够批判地继承和吸收应该是本课的教学重点。

《侍坐》章的文章整体思路由"问志""言志"和"评志"三部分组成,由于文字简约,历来对本文文意众说纷纭,主要的两家解读一是教材中采用的"体现了孔子积极入世"思想,理由是"符合孔子一生的政治追求和'知其不可为而为之'积极心态";另一种解读与此相反,"体现了孔子晚年的消极情绪,他为推行自己的政治主张周游列国,'发愤忘食,乐以忘忧,不知老之将至云尔'(《论语·述而》),他的主张在各国都行不通,甚至'斥乎齐,逐乎宋卫,困于陈蔡之间'(《史记·孔子世家》)""由于到处碰壁,孔子有时不免流露出消极情绪,特别是他晚年回鲁国后恬退避世的思想很突出,'道不行,乘桴浮于海'(《论语·公冶长》),'鲁终不能用孔子,孔子亦不求仕'(《史记·孔子世家》)……"

---

① 作者陈玉国。

在这样各执一词、莫衷一是得解读中，到底采用哪一种说法？可供借鉴的、同时又是最具权威的莫过于原文了，因此，剖析文本资料是剖析孔子"礼"的思想的关键。这篇文章属于《论语》四种体例中的对话体，因而分析孔子及其弟子的语言是很关键的一环。

我们都知道，孔子是伟大的教育家，其教育思想和教育理论对于今天仍有极高的价值，但不可否认的是，他培养学生是有其自私的想法的，那就是在他亲自向诸侯推行自己的政治主张不成的情况下，通过培养弟子来间接地实行自己的政治主张。因而弟子在谈论自己的政治理想时，肯定会显露一些孔子的思想。

那么，我们先来看看四个弟子的"志"，即政治理想是什么，体现了孔子的什么思想。

子路——"子路率尔而对曰：'千乘之国，摄乎大国之间口，加之以师旅，因之以饥馑，由也为之，比及三年，可使有勇，且知方也。'夫子哂之。"

冉有——"对曰：'方六七十，如五六十，求也为之，比及三年，可使足民；如其礼乐，以俟君子。'"

公西华——"对曰：'非曰能之，愿学焉！宗庙之事，如会同，端章甫，愿为小相焉。'"（愿意做诸侯祭祖或会盟面君仪式上的赞礼小官）

曾晳——"曰：'莫春者，春服既成；冠者五六人，童子六七人，浴乎沂，风乎舞雩，咏而归。'"

从回答上看，四位弟子理想志趣各异，但有一点是相同的，他们都是孔子精心栽培的、准备干预诸侯政治的孔子的"代言者"！因而他们在大异中一定会有"小同"！这共性的，应该就是孔子教育的成果。

子路的"知方"（做人道理）、冉有的"礼乐"、公西华的"赞礼小相"无不显示出"为政"观念，也都体现出为政与"礼"的关系，在这方面，曾晳的回答要显得隐晦一些，他的"异乎三子者之撰"真的不求"为政"而求"避政"了吗？对此，王充的观点还是合乎逻辑的，"鲁设雩祭于沂水之上。暮者，晚也；春谓四月也。春服既成，谓四月之服成也。冠者、童子，雩祭乐人也。浴乎沂，涉沂水也，之从水中出也。风乎舞雩，风，歌也。咏而馈，咏歌馈祭也，歌咏而祭也。说论之家，以为浴者，浴沂水中也。风干身也。周之四月，正岁二月也，尚寒，安得浴而风干身？由此言之，涉水不浴，雩祭审矣。"王充在这里明白无疑地解释了曾晳所述是古代的一种祭祀仪式，就是雩祭的仪式。雩祭，是春天人们求雨的祀礼，所以《礼记》说："雩祭，祭水旱也。"王充的解释根据亦足。因为鲁国当时通用周历，所以说周之四月，正是夏历二月；天气尚寒，怎么能浴？冠者、童子都是雩祭乐人，他们在祭祀时，须涉沂水；十二三个人鱼贯而行，象征着龙从水中跃出……从文意来说，可以基本得出结论，曾点讲的就是，在春天水旱时，率领人们行祈雨礼，以求得丰年，从而进一步实现他的治国理想。在礼乐崩坏的春秋末期，曾点能对古礼作如此具体生动的描绘，同时又是身体力行孔子"礼"的思想，这在孔子看来是十分难得的"彼得我心"者，因而不自禁地喟然赞叹了。这样解释，全篇上下文意就脉络贯通了。

由几个弟子的"言志"，我们不难看出孔子"以礼治国"的思想了。

那么，四弟子都谈及了"礼"，孔子为什么有不同的态度和评价呢？我们再来看看孔子的"评志"。对子路，孔子态度是"哂之"，在文末的"评志"中说得很清楚"为国以礼，其言不让，是故哂之。"看来孔子是笑话子路的"不让"。那么，是笑其"有勇"上的不让，还是笑"知方"上的不让呢？孔子是很了解学生的，对子路有过这样的评价，"由也，千乘之国，可使治其赋也，不知其仁也。"（《论语·公冶长》）这里的"赋"即"兵赋""军事管理"，可见，孔子对子路的军事才能还是肯定的。而且，在《论语·季氏将伐颛臾》中，孔子把不能辅政的责任放在冉有身上而非子路，反复批评，"求！无乃尔是过与？""求！周任有言曰：'陈力就列，不能者止。'危而不持，颠而不扶，则将焉用彼相矣？且尔言过矣。虎兕出于柙，龟玉毁于椟中，是谁之过与？""求！君子疾夫舍曰欲之而必为之辞。"反面证明了孔子承认子路的军事才能，就是承认"可使有勇"。而"不知其仁也"，说明不承认子路的政治才能，也就是否定子路的"且知方"。在这方面，子路显然夸大了自己的能力，没有做到言行一致，因而"哂之"。

对冉有，孔子则是"叹之"了，孔子对冉有也有评价"求也，千室之邑，百乘之家，可使之为宰（卿大夫的家臣）也。"就是说认为冉有有辅助君主实现礼治的才干，但冉有却热衷于"足民"（让百姓生活富足）而非"礼"。这就涉及了孔子对"利益和礼义"的认识了，孔子曾说："富与贵，是人之所欲也，不以其道得之，不处也；贫与贱，是人之所恶也，不以其道得之，不去也""君子喻于义，小人喻于利。"（《论语·里仁》）他明确宣称："不义而富且贵，于我如浮云。"（《论语·述而》）冉有为季孙氏敛财，孔子愤然："非吾徒，小子鸣鼓而击之可也"（《论语·先进篇》）……可见，孔子在利与义之间是非常认同"舍利而取义"的，针对冉有"如其礼乐，以俟君子"的回答，孔子当时不语，在回答曾皙的询问时，反问"唯求则非邦也与？安见方六七十，如五六十而非邦也者？"既然是治理国家，礼乐教化之事，怎能非要等到君子去做呢？由此我们或许可以大胆臆测：孔子可能认为冉有的性格谨慎谦让，更懂得礼法，可惜其不悟正道！

对公西华的"愿为小相"孔子的态度可能是"惜之"了，孔子对公西华也有一个评价："赤也，束带立于朝（朝堂），可使与宾客言。"（《论语·公冶长》）针对公西华的观点，孔子的惋惜之情溢于言表——"宗庙会同，非诸侯而何？"既然也是治国大事，你却只是"愿为小相"，"赤也为之小，孰能为之大？"因为孔子认为他通晓礼乐，可以大用。

下面结合孔子的思想来分析。孔子的思想核心是"仁"，"仁"，即"爱人"。"仁爱"的精神是人自身所具有的，而爱自己的亲人最根本。但是"仁"的精神不能只停止于此，非常爱自己的亲人，这只是"爱"，爱自己的父亲，再扩大到爱别人，这才叫作"仁"。"孝之放，爱天下之民"。对父母的孝顺要放大到爱天下的老百姓。这就是说，孔子的"仁学"是要由"亲亲"扩大到"仁民"，也就是说要"推己及人"，孟子具体到"老吾老以及人之老"，"幼吾幼以及人之幼"，才叫作"仁"。可见"仁"的概念是从家庭出发的尊卑长幼、贵贱亲疏的差别的爱，而这个爱体现在孝、悌、忠、信的道德礼教以及"君君臣臣，父父子子"的奴隶秩序上。对"仁"和"礼"的关系，孔子认为，有了追求"仁"的自觉要求，并把这种"仁爱之心"按照一定的规范实现于日常社会之中，这样社会就会和谐安宁了，"一日克己复礼，天下归仁焉。"（《论语·颜渊》）把"礼"看成是道德规范和维护等级制度的重要手段，一个人的行为合于"礼"也即实现了"仁"的目的。

二十世纪的一百年，是迄今为止人类文明史上发展最迅速，文明成果最丰富，道德嬗变最纷繁的一百年。以工业化为特征的20世纪给人类带来了前所未有的、巨大的物质利益，但同时也带来了人类道德上的衰退：强调"自由、平等、博爱"，虽然增加了平等但却导致了处于不利地位的人的依赖和消极；同时强调"物竞天择，适者生存"，"人不为己，天诛地灭"，使个人满足凌驾于整个社会之上，越来越多的人受到损人利己的驱使，对为社会服务和树立对社会利益的责任感越来越没有兴趣，在道德上集中体现为过分关注个人价值而忽视群体价值的思想和行为。

儒家"礼"的思想精髓便是如何协调处理个体价值和群体价值的关系。现从如下三个方面谈一谈：

首先，我们讲一讲儒家思想是怎样看待个体价值的。

孔子提出"君子喻以义，小人喻以利"认为对"君子"和"小人"应有不同的个体价值要求。对"小人"（平民）的个体价值的实现，儒家并不反对，孟子曾强调"鱼我所欲也，熊掌亦我所欲也，二者不可得兼，舍鱼而取熊掌者也。"但这种肯定，是指在以不损害他人和群体价值为前提的。对于"君子"的个体价值，儒家更强调自身道德修养，强调"克己复礼"，即克制内心私欲而使自己言行符合道德规范。要做到"非礼勿视，非礼勿听，非礼勿言，非礼勿动"，为此君子必须"日三省乎己"。孟子更强调轻视物质享受而重视自身修养，认为贤者应经过"苦其心志，劳其筋骨，饿其体肤，空乏其身"的磨炼，锻造自己"富贵不能淫，贫贱不能移，威武不能屈"的"大丈夫"的精神。可见，在个体价值的追求上，儒家强调通过"克己复礼"来协调与他人及群体的关系。

其次，再谈一谈儒家思想对他人价值的承认和尊重。

孔子思想核心为"仁"，何者为仁？"仁者"即"爱人"。从积极方面讲就是"己欲立则立人，己欲达则达人"；从消极方面讲就是"己所不欲勿施于人。"

一、对人权的尊重

孔子强调"仁者爱人"，这种"爱"甚至下及至"匹夫"和奴隶。孔子曾说"三军可夺帅也，匹夫不可夺其志也"。《乡党》记曰："厩焚。自退朝，曰：'伤人乎？'不问马。"《礼记·檀弓》中有："齐大饥，黔敖（富人）为食于路，以待饿者而食之。有饿者蒙袂揖屦贸贸然而来。黔敖左奉（捧）食，右执饮，曰：'嗟！来食！'扬其目而视之，曰：'予唯不食嗟来之食以至于斯也。'从而谢焉，终不食而死。"这两则故事体现了儒家对贫者、奴隶的怜惜、爱护和对他们人格的起码尊重，这在奴隶社会，不管是中国还是外国，都是难能可贵的。

二、对平民百姓生计问题的关心

孔子对从事体力劳动是鄙视的，但这并不妨碍他对体力劳动者的关心。在春秋时期生产力水平极低，阶级剥削异常残酷的社会条件下，"爱人"更重要的是关心人民的生计问题。孔子强调"因民之利而利之"，主张"博施于民而能济众""节用爱人，使民以时"反对"猛于虎"的苛政。孟子则干脆提出了推行仁政和王道的首要条件和基本内容是"使民有恒产"。"恒产"就是每家有百亩之田、五亩之宅、宅边种树，家中养鸡、狗、猪等家畜，男耕女织，老少皆有所养。从而告诫统治者不要"独乐乐"而应"与众乐乐"，不可搞超经济剥削。

再次，说一说儒家思想对个体价值应从属于群体价值的认识。

孔子说："君子喻以义，小人喻以利"。这里的"义"是"因民之利而利之"，也即群体利益；所谓"利"则是小人，小集团的利益。他讲究见利思义，反对见利忘义，在追逐利中，强调 个体价值应从属于群体价值，只有达到人己利益统一，国家才能兴旺。而反对每人都只顾追求个体价值而不顾群体价值，"上下交争利而国亡"。强调当个体价值和群体价值发生冲突时，孔子主张"杀身以成仁"，孟子则主张"舍生而取义"，也就是必须牺牲个体价值以保存群体价值，提倡以天下为己任，公而忘私。

综上所述，深入挖掘儒家思想的精华，并以此为基本思想资料，重建21世纪的道德规范不仅是可行的，而且是有效的。

21世纪的曙光喷薄欲出，正要求人们以更高的道德规范去适应它，要求我们必须屏弃利己主义的价值观，通过择优创新的途径，重建一种符合21世纪时代要求的伦理思想体系。

关于高考作文训练策略的浅见浅说[①]

高考作文的重要性自不待言，每所学校每位教师都不敢放弃应试训练。既然是训练，我们就应实事求是认识到：1. 应试无错。只要存在考试，就必有应试；素质教育也离不开考试，因而也不能忽视应试训练。2. 依规守则。高考类似竞技体育，具有竞争性，因此是需要规则的，否则无法认定输赢。高考的规则是由命题人制定的，评卷人掌控的，我们只有服从并遵守的份。考场作文，对迎考的师生来说，是"戴着镣铐跳舞"。

这就是我们必须了解高考命题变化和阅卷规则的原因。

下面围绕着三个问题谈一谈我对高考作文应试训练的思考。

---

① 作者陈玉国。

吾言吾语 >>>

一、从命题的变化看高考作文怎么考

新中国成立后的高考开始于1951年，此后除1966—1976年中断11年外，一直延续至今。作文一直是语文试卷的重点题目，其命题变化也呈现了阶段性的特征。

（一）1951—1965年，命题作文为主，政治色彩浓郁

请看如下作文题目：我投到祖国的怀抱里来（1952年）、我生活在幸福的年代里（1956年）、我在劳动中受到了锻炼（1960年）、我学了毛主席著作以后（1961年）、谈革命与学习（1965年）。

（二）1977—1998年，命题形式多样，作文要求明确

作文形式有缩写（1978年）、改写（1979年）、读后感（1980、1981年）、广播稿（1993年）、社会调查（1997年）、书信（1985年、1989年）、命题作文（1982年、1988年、1995年、1998年）、看图作文（1983年、1996年）、话题作文（1986年）、材料作文（1984年、1987年、1990年），值得一提的是，此期间还出现了"一题两作"和"两题作文"（1990年、1991年、1992年），很有创新。作文要求比较明确，在文体、字数、标题等方面均有限制。

（三）1999—2016年，命题以材料作文为主，作文要求放宽

要说说1999年、2000年的作文。可能是因为进入21世纪的时代冲动，个人觉得这两年的作文是从封闭限制走向自由开放的过渡。1999年是材料作文"随着人体器官移植获得越来越多的成功，科学家又对记忆移植进行了研究。据报载，国外有些科学家在小动物身上移植记忆已获得成功。他们的研究表明年进入大脑的信息经过编码贮存在一种化学物质里，转移这种化学物质，记忆便也随之转移。当然，人的记忆移植要比动物复杂得多，也许永远不会成功，但也有科学家相信，将来是能够做到的。假如人的记忆可以移植的话，它将引发你想些什么呢？请以'假如记忆可以移植'为作文内容的范围，写一篇文章，文体不限"。思维活跃，价值多元，让考生充分自由思考，甚至鼓励学生"凭空编造"。2000年材料作文，"在一次鼓励创新的报告会上，有位学者出了一道题：四个图形符号中，哪一个与其他三个类型不同？……如图

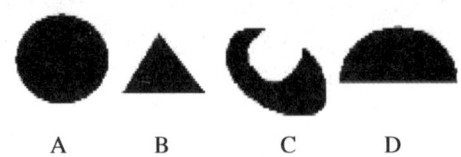

A是唯一没有角的图形，B是唯一一个仅由直线构成的图形，C是唯一一个非对称性图形，D唯一一个由直线与曲线构成的图形。看来，由于标准和角度的不同，这四个图形都可以作为正确答案。的确，世界是千变万化的，疑问是层出不穷的，答案是丰富多彩的。在生活中，看问题的角度，对问题的理解，解决问题的方法以及问题的答案不止一个的事例很多。你有这样的经历、体验、见闻和认识吗？请以'答案是丰富多彩的'为话题写一篇文章，只要与学者这道题引发的思想感受有关都符合要求。文体不限，题目自拟。"

从立意看，只要与学者这道题引发的思想感受有关都算符合要求，几乎不存在"不符合题意"的可能，尤其是在学生思维的考察上，或许是缺少必要的限定，作文难以评定优劣。因此从2001年开始，作文的限定逐渐显现。

1. 2001—2005年材料话题作文

2001年材料话题作文"诚信"，2002年材料话题作文"心灵的选择"，2003年材料话题作文"感情亲疏和对事物的认知"，2004年材料话题作文"相信自己与听取别人的意见""看到自己与看到别人"，2005年材料话题作文"意料之外和情理之中""忘记和铭记"。材料的作用是提供话题，学生可以只依据话题不关注材料而立意构思，这显然给"宿构""套作"留下了空间。毕竟关联到学生的"话题"是有限的，理想、志向、道德、修养、意志、品格……而已。仍然无法体现作文的即时性及公正性，这就催生出"从材料选角度"类作文。

2. 2006—2008年根据材料自选角度作文

2006年全国Ⅰ卷"乌鸦学鹰抓羊"要求从材料某侧面角度作文。全国Ⅱ卷关于"读书"选取某侧面和角度作文。2007年全国Ⅰ卷，看图"摔了一跤"并选取角度作文；全国Ⅱ卷材料作文，从关于"帮助"（丛飞）材料选取角度作文。2008年全国Ⅰ卷，从与"抗震救灾"有关的材料自选角度作文；全国Ⅱ卷从"海龟和老鹰"材料选取角度作文。必须从材料选取角度作文，是对大而无限的话题作文的修正，但问题同样存在，那就是一篇材料隐含的角度太多，比如从材料中选择某个词汇进行作文，便不能认定为"不符合题意"。

3. 2009—2010年根据材料选准角度作文

"选准角度"是对"自选角度"的进一步修正。比如2009年全国Ⅰ卷作文材料，"兔子是历届小动物运动会的短跑冠军，可是不会游泳。一次兔子被狼追到河边，差点被抓住。动物管理局为了小动物的全面发展，将小兔子送进游泳培训班，同班的还有小狗、小龟和小松鼠等。小狗、小龟学会游泳，又多了一种本领，心里很高兴年小兔子和小松鼠花了好长时间都没学会，很苦恼。培训班教练野鸭说：'我两条腿都能游，你们四条腿还不能游？成功的90%来自于汗水。加油！'评论家青蛙大发感慨：'兔子擅长的是奔跑！为什么只是针对弱点训练而不发展特长呢？'思想家仙鹤说：'生存需要的本领不止一种呀！兔子学不了游泳就学打洞，松鼠学不了游泳就学爬树嘛。'要求选准角度，明确立意，自选文体，自拟标题，不要脱离材料内容及含意的范围作文，不要套作，不得抄袭。"

"准"即为"最佳"，有时还会是"唯一"，这就提高了审题立意的难度，很可能限制学生思维，不利于其自由发挥。而且，"准"是谁设定的？是材料本身，还是命题人，抑或是考生？这就容易引发纠纷。

4.2011—2016年，根据材料选好角度作文

"选好角度"就似乎化解了这些纠纷，什么是"好"？"一般准、基本准、很准、非常准"都可看作"好"；你认为的、我认为的，也都可当成"好"。这实际上是将皮球抛给了学生，你认为好便"好"，但对评卷来说，还是有"准"的审题立意要求的，作文评价的第一指标便是"符合题意"。2011年全国Ⅰ卷"期待长大"，新课标卷"体彩中奖考验诚信"，2012年全国Ⅰ卷"放下顾虑"，全国Ⅱ卷"船主与漆工"，2013年Ⅰ卷"经验与勇气"，Ⅱ卷的"同学关系"，2014年Ⅰ卷"山羊过独木桥"，Ⅱ卷"喂食动物失觅食能力"，均为"选好角度作文"。

"选好角度"有时也会变成"话题作文"，比如2012年新课标Ⅱ卷"体彩中奖"就可以当成以"诚信"为话题的作文，只是增加了宿构套作的难度。因此，2015—2016年作文要求更加强调"不要脱离材料"，2015年新课标Ⅰ卷，"女儿举报开车打电话的爸爸"，就有"对以上事情，你怎么看？请给小陈、老陈或其他相关方写一封信，表明你的态度，阐述你的看法，选好角度作文"的要求。新课标Ⅱ卷"谁更有风采"，有"这三人中，你认为谁更具风采？请综合材料内容及含意作文，体现你的思考、权衡与选择，选好角度作文"的作文要求。这种变化，体现了"贴近材料""具体问题具体分析"特色。

我发现高考作文命题的突出变化，即三"贴近"：1.命题贴近现实，选材大多来自生活，引导学生关注生活；2.贴近考生认知实际，有利于拓宽思维，不同思想深度的学生均能"有话可说"并"见仁见智"；3.要求贴近材料，明确要求"综合材料的内容及含意"，甚至出现"任务驱动式"作文。

比如，从立意的深浅来看，这些材料均有伸缩性，2011年体彩中奖，可以探讨"诚信为本"的价值观，也可以谈"做人要本分"的朴素道理；2012年船工补洞，既可以上升到"敬业"的职业道德层面，也可以谈"把小事做好就是不简单"；2013年切割钻石，可以上升到"人生的胆量与智慧"高度，也可以谈"做事要学会取舍"；2013年"同学关系"，既可以谈"人与人、人与社会的和谐"，也可以谈"学会相处"；2014年"给野生动物喂食"可以谈"理性思维""合理帮助"，也可以谈"有钱也别任性"；2015年"谁更有风采"，可以谈"大国复兴中国梦"，也可以谈"学会尊重"；2016年"语文素养形成途径"，可以谈"学科素养"，也可以谈"学会分析总结"。确实让思想深度有所不同的学生均能做到"有话可说"。

另外，材料作文成为主流，选材多样丰富，材料话题、任选角度、选准角度、选好角度……考查考生对具体问题的思考和分析能力。写作要求稳定为"四要三不"：选好角度、确立立意、明确文体、自拟题目；不要脱离材料内容及含意范围，不要套作，不得抄袭。"不要脱离材料内容及含意范围"具有引导作用，目的是防止宿构和套作。

二、从耳闻目见的信息上看高考作文怎么评

（一）我们学生考试作文有什么问题

据上海高考语文阅卷组长周宏老师公开的言论，我们学生考场作文存在如下问题：

1. 思考肤浅。大多数的学生作文，在审题正确之后，便以材料所隐含的观点敷衍成文，用大量的例子和搬来的作文套路，写就一篇貌似议论文的作文，即便其他方面差强人意，也只是一篇证明了材料观点的"正确的废话"。

2. 论证乏力。以例代证，这种"例证法"的特点是三步结构，即"论点—例子—结论"。缺少了例证法产生说服力的最重要条件。也就是例子内容和作文观点的关系、分析归纳引出结论。如此才可能形成例子和结论的逻辑关系，有力地证明自己的观点。例："成功需要努力。元朝画家王冕幼时放牛时，便立志成为大画家。后来，他不分昼夜地努力，终于成为大画家。显而易见，努力之于成功意义重大"。

3. 思辨机械。考察学生的思辨能力，是近年作文题的特色之一。但有些学生并不理解思辨的正确含义。以为一分为二，二元对立完全等同于思辨，还以为所有论点都必须一分为二地思考分析。于是，写"诚信"的作文会在结

尾说"也不能一味地诚信",写"闻过则喜"的作文会加一层"有时候未必要闻过则喜,要具体问题具体分析"。

4. 文质脱节。学生作文的语言和内容不匹配的表现,大致有两种——一是"语言优美华丽"而结构混乱、思考肤浅单一。二是语言粗鄙。华丽的文采本来是好事,华而实也应该是优秀作文。但是放弃对材料的辨析思考,不注意文章的逻辑关系,不表述清楚文章的思路,只是套上些排比句,加上些形容词,填进些高大上的例子,以血脉不通的"伪文章"来掩饰内容的苍白,甚至想以此博得阅卷老师的青睐,实在是舍本逐末。这种投机取巧、不走正道的行为,不加以提醒,写作文真的会成为学生的噩梦。

(二)参加高考语文阅卷的感受体会

笔者近年参加过高考语文作文阅卷,我校从2011年至今每年至少派两名教师参加自治区高考语文阅卷,其中绝大部分教师被分配到作文组,结合个人看到和听来的,我觉得考场作文的审题立意是关键,近年作文中的"选好角度"要求实质是选"好角度",而学生往往忽视这一点隐含在试题中关键信息!"好角度"就是能够涵盖整个材料内容,并且能够揭示材料核心含意的立意方向,它是定档赋分的依据。

比如,看下面作文材料:"春节期间,QQ群里出现了如下一段有关'关怀'的议论。甲说这次回家过年,明白了一个道理。过春节之所以快乐,是因为我们在享受来自父母的关怀。父亲一句问候让一年奔波的辛酸便都化解了。乙说关怀父母,也是一种快乐。他从城里给母亲买了一件棉衣,看着母亲试穿时开心的样子,他心里温暖极了。丙说关怀的快乐,其实不只限于跟父母之间,也不只限于春节期间。丁说他对关怀的理解更深远,他想到了那些过节时有家难归和无家可归的人们。"这里四人见解各不相同,甲讲的是"父母对孩子的关怀",乙讲的是"孩子对父母的关怀",丙讲的是"关怀没有对象和时间的限制",丁讲的是"特殊群体更需要关怀",都只针对话题的一个侧面。这不能算"好角度",好角度应是对材料的综合把握,"关怀""世界需要关怀""关怀的快乐""活出有爱的生命"才算是全面涵盖了材料。

再如2009年全国II卷作文所给三则的材料,第一则"英国科学家道尔顿送给妈妈一双袜子,妈妈说:'我这个年纪怎么能穿红袜子呢?'大家都说是红色而道尔顿看到的却是蓝色,他感到自己色觉有问题。他研究了两年,1794年发表论文《视觉之异常》,将这种疾病称为色盲症,填补了医学理论上的一项空白。"第二则"日本商人安藤百福看到拉面摊前常排着长队，已经破产的他感到这是一个创业的机会。他买了面粉和食油，在小屋里每天干20个小时，实验了一年，1958年发明了世界上第一包方便面，这一新产品的开发带动了一个新产业。"第三则"法国年轻的家务杂工乔利，不小心将灯油滴在熨烫的衣服上，他只好白干一年来赔偿。后来他发现被煤油滴染的地方，不仅没脏反而把陈年污渍也清除了。这个发现，促使他研制出干洗剂，改革了传统的洗衣技术。"第一则材料，道尔顿意外发现自己色觉有问题，应该说他遇到了人生的危机，但他面对危机，没有气馁，而是潜心研究，得出了色盲症一说，填补了医学理论上的一项空白。第二则材料，注意捕捉关键词句，"日本商人安藤百福看到拉面摊前常排着长队，已经破产的他感到这是一个创业的机会。""破产"，是安藤百福人生的危机，但他却能及时转化危机，使之变成了机遇。第三则材料，乔利，不小心将灯油滴在熨烫的衣服上，他只好白干一年来赔偿，应该说，他也遇到了人生的危机，然而正是这场危机，使他获得了改变人生的机遇。可以说，"转化危机，变危机为机遇"才是核心立意。

三、从应试角度看高考作文怎么写

在应试训练中总结出三个要点，1. 作文原则——贴近现实、贴近自身、贴近考场；2. 审题立意要准确、全面、深刻；3. 布局谋篇方式"引议联结"。

（一）作文原则——贴近现实、贴近自身、贴近考场

何为"贴近现实"？就是要发扬"文为时而著"的现实精神，呈现时代特色，体现对具体问题的思考分析，不说"正确的废话"。

何为"贴近自身"？就是审题立意不唯新是论。审题"准"是前提，要全面掌握材料，深入就是创新。告诉学生，想明白再作文，不明白不强求，大道理谈不来也可以讲小道理，关键是你得有自己的看法。《人间词话》中"客观之诗人不可不多阅世，阅世愈深则材料愈丰富愈变化，'水浒''红楼'作者是也；主观之诗人不必多阅世，阅世愈浅则性情愈真，李后主是也"很有指导价值，擅长说理你就做"客观诗人"，拙于说理你也可学"主观诗人"，用真挚抒情取胜。

何为"贴近考场"？就是必须关照考场环境，800字60分40秒——至少写够800字，作文时间最多60分钟，评作文时间大概平均不会超过2分钟。这就要求我们的考试作文应该，让观点更鲜明，内容更贴近，思路更清楚，布局更合理，书写更工整，卷面更干净。

（二）审题立意要做到准确、全面、深刻

可以"就事论事"，收"以小见大，深入集中"之功；可以"就事明情"，取"有感而发，真挚动人"之长；更可以"就事论理"，展现"揭示本质，把握规律"思维深度。

试举我校几次第六次月考作文来说明审题立意。

看图作文：

第一张是纽约街头的父子背影照，图中华人父亲的头发和衬衫均被雨水淋湿，但他依然将唯一的伞遮在背着书包行走的儿子头上。随后也有人在网上晒出了另一张英国父亲在雨中牵着女儿，只为自己打伞的背影照（第二张），并表示"小女孩也挺开心"。两张照片中两位父亲截然不同的做法引发了无数网友和亲子专家的热烈讨论。对于上述两位父亲的做法，你怎么看？要求综合材料内容及含意，选好角度，确定立意，自拟题目，完成写作任务。不要套作，不得抄袭，不得泄露个人信息。

这则材料中两位父亲的做法体现了东西方文化和教育方面的差异。看华人父亲的做法，我们可以体会到深深的父爱亲情，父亲用自己的无私的爱关心着下一代的成长；但我们也从中看出父亲的溺爱，一心为孩子遮风挡雨，没有教会孩子如何自己躲避风雨。看英国父亲的做法，他是要培养孩子独立解决问题的能力，但是一味让孩子淋雨也显得有些不近人情。东西方文化尽管有差异，但是目的都是为了孩子更好地成长，所以适合孩子的成长方式才是最好的教育方式。

从材料中我们可以立意——

从华人父亲角度：

1. 为华人父亲点赞，将无私的爱贡献给下一代。

2. 可以质疑父亲做法，爱孩子别过于溺爱，也应让孩子经历风雨。

3. 作为父亲，他可以为儿子遮风挡雨，但路还得儿子自己走。如"可以为他撑起一片天，但不替他走人生路"。

从英国父亲角度：

1. 认同英国父亲的做法，与孩子平等相处，让孩子养成独立的习惯。

2. 质疑英国父亲，批评英国父亲的做法对孩子的健康不负责任，过于自我。

3. 作为父亲，要注意培养独立习惯，但也要时时关注、爱护孩子。

从两位父亲行为辩证的角度：

1. 反映了东西方父爱方式的不同。
2. 适合于孩子成长的教育方式就是好的教育方式。

这些立意都算符合题意，但从材料内容涵盖及核心含意把握的角度看，立意确有优劣之别，就看学生怎么处理"三贴近"的问题了。

但下列立意很显然不合适的：看事情不能只看表面，要学会换角度看问题，任意评判别人的行为是不道德的，两位父亲照顾孩子的能力有差异，要有主见不能盲目跟风，文化背景不同没有比较的必要，中英文化不同（话题太大），溺爱不好（不用说也对）。

（三）布局谋篇方式"引议联结"。

上海高考语文阅卷组组长周宏说：议论文教学的成功，主要不是培养了几个写作能手，而是使大多数同学从无到有，从"无格"到"入格"，写出文从字顺、逻辑合理、论证清晰的作文，而这一教学的收效长期以来不如人意。个人将"有格之文"就归结为"引议联结"四字，"引"是引述材料，表明态度，提示观点。"议"是分析材料，指出利害，证明观点。"联"是深入分析，揭示本质，把握规律。"结"是再次点题，收束文章，深化升华。文章之法，即为章法。我的做法是先指导学生写规范文，确立文章骨架；然后引导写评论，让文章有鲜活血肉；再以后倡导写出个性，塑造文章灵魂。这不是"八股"遗风流毒，八股文完全套用古人思想，毫无新意，束缚了读书人的思想。顾炎武讥之曰："代古人语气为之"，生气全无。思想内容僵化腐朽才是其根本弊端。而文章之法、文之格、言之有序、文之辞章历来都讲求有所依从和遵循的。

简析杜诗《蜀相》的思想内涵[①]

唐肃宗乾元二年（759年）七月，关中饥馑，杜甫弃官携家离开华州，开始了长期的漂泊生活，中经秦州（今甘肃天水）、同州（今甘肃成县）等地，十二月到达四川成都，在西郊浣花溪畔营建草堂定居。《蜀相》这首诗就是在此期间（上元年春天）初游成都武侯祠所作，全诗为：

丞相祠堂何处寻？锦官城外柏森森。映阶碧草自春色，隔叶黄

---

① 作者陈玉国。

鹂空好音。三顾频烦天下计,两朝开济老臣心。出师未捷身先死,长使英雄泪满襟。

诗人借游览武侯祠,称颂诸葛亮辅佐两朝的丰功伟业,惋惜他出师未捷身先死的悲剧命运,既有匡服社稷的抱负,又有才困时艰的感慨。诗的前半首写祠堂的景色,首联自问自答,写祠堂的所在;颔联"草自春色""鸟空好音"写祠堂的荒凉落寂,字里行间寄寓感物思人的情怀。后半首写丞相的为人和功业,颈联写他雄才伟略(天下计)、忠心报国(老臣心);尾联叹惜他壮志未酬身先死的结局,引发千载英雄事业未竟者的共鸣。

诗人在表达自己对诸葛亮的仰慕与痛惜之情时,主要采用了反衬渲染的手法,烘托渲染了丞相祠堂肃穆荒寂的环境气氛,如"古柏森森""碧草自映""黄鹂空鸣"。先说武侯祠远观全景,"柏森森"写出武侯祠在古柏环绕掩映中的特点,那么这古柏古到何种程度呢?诗人在七言古诗《古柏行》中有所描述"孔明庙前有先柏,柯如青铜根如石。霜皮溜雨四十围,黛色参天二千尺。"可见,在枝繁叶茂且数量极多的古柏掩映中的武侯祠的环境气氛是肃穆清幽的,不由得让人生追慕先贤的情思。"映阶碧草自春色,隔叶黄鹂空好音"是对武侯祠的近观写局部,这时除了视觉感知外,又有听觉感知的参与,碧草显示烂漫的春意,黄鹂在森林中的声声鸣啼更加衬托出环境的清幽,然而可惜的是"碧草映阶"就算再好的春色也无人赏观,黄鹂叫声再悦耳动听也无人留意,可见在兵荒马乱的年代,武侯祠成了历史的陈迹而无人理会了,这又突出武侯祠荒凉落寂的特点。诗人在这里运用古柏、碧草、黄鹂等了几个悦目动听的意象,而抒发的却是哀怨之情,这种以"喜景写哀情"是符合我国古代审美意识的,王夫之在《诗译》中提出:"'昔我往矣,杨柳依依。今我来思,雨雪霏霏。'以乐景写哀,以哀景写乐,一倍增其哀乐。""情景交融不仅有相称相映的作用,有时还可以出现相反相成的艺术效果"(《中国古代审美意识》)。在实际生活中,诗人悲哀时可能碰上欢乐之景,欢乐之际也可能遇到悲哀之景,只要不固守成法,善于以情驭景,那么哀景也可写乐,乐景也可言悲,而且一倍增其感染力,取得更好的艺术效果。因此可以说,以动衬静,以乐衬哀是本诗的主要艺术特色。

杜甫一生饱含"致君尧舜上"的政治理想,虽屡遭挫折,甚至在漂泊无定,困厄度日的景况中,他忧国忧民的感情还是真挚执着的,在他生活极度困厄的晚年仍"戎马关山北，凭轩涕泗流"；在风雨飘摇之际，想到的却是和他一样在苦海里挣扎黎民百姓"安得广厦千万间？大庇天下寒士俱欢颜，风雨不动安如山。呜呼！何时眼前突兀见此屋，吾庐独破受冻死亦足"；甚至临终仍念念不忘"战血流依旧，军声动至今。"因而分析《蜀相》的审美意义必须知人论世，结合杜甫思想实际，他晚年写下了很多称颂诸葛亮的诗，绝非仅仅发思古之幽情，从他的《古柏行》、《咏怀古迹五首·其五》、《八阵图》均能看出这一点。他高度赞扬诸葛亮在政治军事上的卓著功勋和超人才智，以及他"鞠躬尽瘁，死而后已"的高风亮节，是渴盼朝廷能起用像诸葛亮这样的政治家来辅佐皇帝，恢复天下一统的局面，收拾百业荒废的残局。同时诗人痛惜诸葛亮宏图难展、遗恨千载，感叹自己虽有"致君尧舜上"的宏图大志，却一再受到朝廷屏弃，使才智无法施展终将老死荒村的悲剧命运。可见诗人一再咏叹诸葛亮是怀古中又有伤今。

论李白个性和理想之矛盾[①]

李白一生矢志不渝地追求"由布衣而为卿相"。二十五岁出蜀游历天下广交贤达，著作诗文以邀盛誉，目的便是走终南捷径足登天子堂。得到朝廷征召便喜不自胜"仰天大笑出门去，我辈岂是蓬蒿人？"（李白《南陵别儿童入京》）赐金放还仕途失意仍心有不甘"天生我材必有用，千金散尽还复来！"（李白《将进酒》）虽对黑暗现实愤懑不平"人生在世不称意，明朝散发弄扁舟。"（李白《宣州谢朓楼饯别校书叔云》）但也时时鞭策自己以图东山再起"长风破浪会有时，直挂云帆济沧海。"（李白《行路难》）被迫下野之后，以"安能摧眉折腰事权贵，使我不得开心颜"（李白《梦游天姥吟留别》）自慰，但春风得意之时也有"名花倾国两相欢，常使君王带笑看"（李白《清平调词三首》）的阿谀逢迎之辞……

李白用世之心太切以致雄心勃勃，渴求实现其"一朝权在手，便把令来行"（明·顾大典《青衫记·承璀受阃》）的宏愿，但是其能否如愿姑且不论，李白真的适合做宰相吗？

能做一人之下万人之上的百官之首，需要什么样的条件呢？这还真不是

---

① 作者陈玉国。

一篇短文所能说尽的，那么就诗人个性一点来谈谈或许能窥其一斑。做宰相需要怎样的品性呢？我不妨举几个现代"宰相"的例子看看。

开国总理周恩来，鞠躬尽瘁死而后已，其逝世之日，联合国总部降半旗致哀，这也首开联合国为世界名人降半旗致哀的记录，当时的秘书长的德奎利亚尔这样评价周总理，"人口最多国家的总理掌握了巨大的财富，死后却身无分文；他没有儿女，却将人民的儿女视若己出……"就是这样的人格、境界，周总理受到世界人民的尊敬与爱戴。其卓越的才华、儒雅的风度、睿智的思维、勤谨的作风……都不及这种人格境界更具有震撼人心的力量，这是一种大人格、大境界！

所谓见微知著举迩见远，相信周总理的人格和品质也是历史上名臣贤相所需具备的。那么说到李白，他有这样的大人格、大境界，大胆识、大魄力，大情怀、大悲悯吗？哪怕是其中之一呢？

李白具备周公的大人格、大境界否？

李白率真洒脱傲岸，但因求仕之心太切，以致两次做出入赘权门令世人不齿的事；李白热情豪爽，但因心气太高而"痛饮狂歌空度日，飞扬跋扈为谁雄？"；李白一生交友无数，但知音寥寥，甚而至于遭到世人排斥"世人皆欲杀，吾意独怜才。"以致在颠沛流离之后只好对月独酌，敬亭独坐……这样多变而矛盾的性格，怎能得君主垂爱、众人拥戴呢？缺少这样的人气，李白怎能登上万人之上的相位，实现其宏大却虚无的"大济天下苍生"的抱负呢？

李白的魄力、胆识可及朱公否？

李白曾让力士脱靴、国忠研墨、贵妃捧砚，极尽其调笑捉弄之能事，确让人感到太白的勇气与胆识非同小可。但李白在做这些的时候，须知有玄宗在侧，力士等人的行为何尝不是曲意逢迎以搏帝王一笑呢？譬如大人当着父母的面引逗孩子，孩子如何的耍泼使赖，大人也依然会称赞孩子的聪明、活泼……那么，在玄宗面前，李翰林与稚子何异？而不明就里的太白的悲剧意义就在于他不过是皇家玩偶而已！因而同榻而卧、御手调羹便不见得体现君王对人才的宠爱，而是亲狎取笑罢了！玩偶命运一定是被弃之一边。可见，李白的胆识与魄力不过是其政治眼光短浅、政治头脑简单的表现罢了。

而说李白具有温公的悲悯情怀就更无从谈起了。

按儒家人论学说，推己及人的前提是对家人的热爱，一个连自己至亲都冷漠无情的人怎能苛求他去爱芸芸众生？在李白的作品中，提到家庭的很少；

提到父母兄弟的罕闻；提到妻子儿女的倒有几首，但实在很难说抒发了对他们的爱。李白一生中先后有四位妻子，其中许氏宗氏均为相门之后，李白也都是入赘女家，这样的婚姻无异于交换，李白换来的是名望地位，是博取名利的踏板或敲门砖，这样的结合怎能换来诗人由衷的热爱呢？另外一位刘氏夫人是李白鄙视甚至厌弃的，留给她的一首诗是分手诗："会稽愚妇轻买臣，余亦辞家西入秦。仰天大笑出门去，我辈岂是蓬蒿人？"还有一首诗是写给另一位夫人的，"闻难知恸哭，行啼入府中。多君同蔡琰，流泪请曹公。"这是李白投靠永王兵败被俘之后，恳求妻子为其奔走求情的……可见，"家"在李白的心中只不过是利益交换筹码，是落难后有所退步的支点而已，这样冷漠的人怎能称得上大悲悯、大情怀呢？

李白是个性明显的诗人而已，他断不是治世之能臣，乱世之枭雄。他璞玉般率真天性却是他作为诗人独具的风采与魅力，如果他不是吞云吐月地吟出奇丽华章而是浮湛宦海，那却是中华文化的一大悲哀。

用余光中的诗句凭吊诗仙"酒入豪胸，七分酿成了月光，剩下的三分啸成剑气，绣口一吐，便是半个盛唐。"

学生的一次偶然发问带来的教学反思[①]

本人从事语文教学多年，对小说教学可以说情有独钟，并颇具心得，自认为教学还是很受欢迎的，参加的几次校内外的大型教学公开课比赛也选用的是小说教学。但有一次一个学生的偶然发问引起了我的反思……

一天，圆满地完成了《三国演义·蒋干中计》教学任务之后，一个学生课下找到我，脸上写满了钦佩，"陈老师，您刚才的课太精彩了，我完全听入迷了！您说，我在预习的时候，怎么就体会不到这篇小说的妙处呢？……"

我惶惑起来，真的，我没有能力给他一个负责任的回答。因为我们早已经习惯于把课前就已经准备好的学习任务交给学生，然后在老师的引导（或者是"牵引"）下开始认知，学生自然不存在"不知学什么""没什么可学"的问题。也就是说，这篇文章的妙处是老师"替"学生"发现"的，难怪学生在离开了老师的自由阅读只剩下了看"热闹"。因为他们不会根据材料自身

[①] 作者陈玉国。

吾言吾语 >>>

特点去获取最有价值的信息,或者说他们不会"发现"!

好的开始是成功的一半,那么"坏"的开始呢,我不敢想了……

阅读的基本功能是获取信息,阅读能力是人们自主学习获得知识能力的根本途径和手段,而自主学习又是现代社会对人们的根本要求,因而语文阅读教学是为学生日后自主学习打基础,语文课文是培养学生分析问题和解决问题能力的最有价值的材料,但正如前文所说,学生是在现成的已知的问题的基础上的分析解决,可见如何利用好语文课文这个最典型的阅读材料的第一位的问题是研究如何培养起学生的发现问题的能力。

"发现"是把含糊变成明确,把无解变成有解,是思路的起点,从一定意义上说,发现能力实质就是创新能力,是现代社会对人们的基本能力要求。所以,"发现"即使不是最重要的,也是最根本的。

《文与可画筼筜谷偃竹记》教学回顾[①]

今天上了这课,由章法切入,力图让学生掌握文章的意脉结构,也是为即将开始的必修课的复习做准备。现在回味起来,似有可归纳总结之处。

告诉学生的一个观念:阅读是二次创作。或许作者原本没有想到的,不证明我们分析思考的就是错的、无效的。只要能自圆其说,便是有价值的阅读体验,这正如孔子所言"学而不思则罔",亦如胡适所言"大胆假设,小心求证"而已……于是我告诉学生,只要分析合理,就不算过度解读。

阅读中的思考大致应是这样的:写了什么,怎么写的,为什么写。

写了什么。

让学生列出章法提纲,包括要素为段落层次,内容大意。要求概括要全,重点鲜明,语言简明,最好用原文词句。

学生大都能做到如下例:

文与可画竹之法——胸有成竹、心手相应。

文与可画竹趣事——初不自贵重,万尺竹,失笑喷饭。

曝书画想起文与可。

第一段信息概括有缺失,如原文突出不仅有法,还有"意"。这"意"是

[①] 作者陈玉国。

什么，学生不知道，其实是人生哲理，用苏辙的话说是"道"。另外，文与可的画竹之法还有"尺幅千里"或"追求神似"，这一点信息没有出现在第一段，可见学生未能通观课文并整体思考。另外，按照简明、连贯语言概括为"画竹之道""画竹趣事""见竹思人"更好。

第二段层次分得很清楚，但是内容概括不准确，是因为学生没有从整体认识，这段是写人物个性。因而三层各为"袜材之斥""尺竹之辩""烧笋得书"更好些。

第二，怎么写的。

或许可以理解为从哪些方面，表现了人物哪些特点，用了哪些手法？

第一段肯定的是从作为画家的角度写的，突出人物技艺高超，造诣深厚，同时利用作者的对比，以及苏辙《墨竹赋》的类比（庖丁轮扁的典故），突出文与可对我的教益，大体可以认为本段是从"画家""老师"的角度写人物，段意概括为"才为师"。

第二段肯定的是从人物的个性角度写的。众人追捧画作，文与可却深以为厌，斥润笔的缣帛为"袜材"！可见人物对名利的淡泊从容。与作者的万尺竹的智辩，更显见对艺术的精益求精和为人的质朴率真。"烧笋得书"更见人物的正直坦荡。试想，苏东坡能与其就画竹之事开些玩笑，这就表明二者不只是师生，更是挚友。段意概括为"情为友"。

第三段可以认为是从侧面写文与可，作者曝书画见《筼筜谷墨竹》不觉想起故人，以至痛哭失声，并用曹操与乔玄的典故类比，这就不仅仅是回忆老师、朋友这么简单了。

第三，为什么写。

文与可是苏轼绘画方面的老师、生活方面的挚友，更是知己！比如，作者能从竹画理论中感悟到处世哲理，二人心有灵犀竟至"喷饭满案"，潇洒不羁的一致个性……甚至，文与可对自己是有知遇之德的，因为作者将自己和文与可看做曹操与乔玄，乔玄对青年曹操很赏识，可以说有知遇之德。文与可将自己引领到艺术之路，并大力提携"我墨竹一派，近在彭城"。再有，"偃竹"似有寄托，倒伏的竹子应该说处境际遇不佳，但其却能有"万尺之势"，傲岸不屈、清高孤傲的品格对苏轼也似乎有"彼得我心者"的鼓励安慰。因此，睹物思人以至"痛哭失声"便不难解读，这情感中包含着对文与可的赞美、敬佩、怀念、感激，以及失去知音知己的孤独、落寞等诸多情绪。

吾言吾语 >>>

语文教改,路在何方?[①]

在大力推进素质教育,深化教育改革的今天,教改成了社会一大热点。对教育的热情关注显示了社会的进步,这是好事。但随着从应试教育向素质教育的所谓"转轨",人们好像更多留意于对旧有的教育体制和模式的批判,而少有人踏踏实实的迈出第一步。破,是为了立;除旧,是为了布新。如果人们只关注于对旧有东西的批判而不进行积极有益的探索,这种破和除是无意义的,只能限于空谈。

在批判的浪潮中,语文教学无疑承受的压力最大,批判的矛头从教材到考试制度,从教法到教育思想,真真大有"山雨欲来风满楼"之势。有人振振有词地举出许多实例来证明现有教学从头到脚的失败,如普遍认为现今语文考试内容和形式已经大大脱离了对语文实际能力的测试,即使让文学大家来答现今的高中语文试卷,其成绩不一定会高于普通高中学生,便以为这样的考试已成为文字游戏,培养这样语文能力的语文教学已经腐朽、僵化、不切实际了……再比如列举出一系列的触目惊心的调查结果,说什么现今大学生文化素质低到了可怕的程度,他们已经成了有知识没文化的"瘸腿人才",进而指出整个社会的文化素质正在迅速下降,于是将这一切责任归咎于语文教学,甚而至于说语文"误尽苍生"!

全社会的人文素质的降低确实有语文教学的责任,而且语文教学理应承担主要责任,但任何主观夸大这种责任的做法,我觉得都是不切实际的,也是有欠公允的,不仅无助于教改,而且会给语文教改制造更多不必要的障碍。

人是社会性的,他的成长过程中每时每刻都要受周边环境的 影响,因而他的知识的获取,能力的形成渠道是多元的。而"学文化"和"学语文"是完全不同的两个概念,"学语文"是交给人们学习文化知识的工具和方法,而其本身并不能取代文化知识学习的全部。俗话有"磨刀不误砍柴工"的说法,相对于文化知识学习的"砍柴"工程来说,语文学习就是"磨刀"。可见,语文教学的过程和人文素质的形成是手段和目的的关系,而对此我们的认识并不是很清楚。因而,语文的定位问题就显得至关重要。

我觉得,给语文教学一个科学的定位,是端正思想提高认识搞好语文教

[①] 作者陈玉国。

改的首要问题。语文教学工作者对此要有一个清醒的认识。当今全社会文化素质的下滑，人们归咎于语文教学，原因之一就是过去我们自己过于夸大自己的学科功能了。从来就听人讲，语文是工具，是万科之母，学数学物理化学生物哪个能离开语文呢；它是思维的符号和载体，既然每个正常人都有思维，那么谁能离开语文学习呢？……在一片赞誉和自夸中，语文教学处于高高在上、飘飘欲仙地位，盲目乐观而不思进取。在软绵绵的车子上长卧不起，甚至支起下巴，懒洋洋地对下面用脚走路的小兄弟不断地吆喝："听我的！"这样，路走的顺畅，甚至于有了小小的成功，面对众兄弟自然得意，然而路难行，弄不好走下坡路，众人自然会将责任全推给你，而你也只能哑口无言。

所以，语文要想改革，首先就该解决的就是自身的定位问题。这就要求语文工作者首先"参省乎己"，放下架子用自己的脚——走路。

其次，要明确把握语文科的性质功能。

多年来，语文教改的声浪此起彼伏，一浪高过一浪，而成效始终不大，其原因就在于对语文科的性质功能的看法始终不一，在众多看法中"工具说"和"人文说"最具代表性了。"工具说"是叶圣陶老先生最先提出的，它在奠定语文学习的坚实基础的作用是巨大的，不可取代的。此外，它最大的好处是便于具体的教学实践的操作，它将语文知识与能力分门别类的确定下来，使之更便于量化处理和循序渐进，这对于规范语文教学起到了不可忽视的作用。然而，它本身又存在着致命的缺陷，谁都知道，所谓"文以载道"，文学作品，其审美、情感、道德、伦理等方面内在的功能有时更强于其作为典范的语文教材的作用，而我们以初级的语言文字是否符合规范的思维模式去衡定文学作品时，那一篇篇生动活泼，丰富多彩的作为文化载体的文字只能成为一个个单调枯燥的符号而已。

可见，作为内心体验以外在的形式出现的文学作品，它包含的文化养料是形成人们的文化修养的关键一环。而我们在教给学生正确的解读文字的方法同时，却很少花费更多的时间和精力去解读其内在的文化韵味。这恐怕是"工具说"的一大缺陷。

"人文说"近年来更"火"。它强调对学生的理解能力、表达能力的培养，"语文学习的最终目的，无非是阅读和写作，并非是解词、分析段落大意。最好是手段模糊一些，目的清晰一些。"（《专家作家谈语文学习》）这里的"目的清晰"突出强调了语文学习的最终目的，大方向把握准了，然而同"工具说"一样，它也存在着致命缺陷，那就是在让人"把话说好"之前，恐怕还得先"把话说对"，而在为了"把话说对"而打下的牢固基础的"手段"，却是"模糊"的，那么，在语文学习的初级阶段，在一种"无章可循"的状态下，学什么，练什么，都成了虚无缥缈的东西。

　　明眼人一看就知道，将二者有机结合起来最好。依我看，从现今教育体制出发，在义务教育阶段偏重"工具"好一些，力求"把话说对"这期间应强调语言文字基本运用规律的掌握，使学生在基础知识的学习上打上深深的烙印。而高中阶段则应偏重"人文"，强调"把话说好"，这时，在有一定语文修养的基础上，教法可以自由灵活一些，多选配一些有丰富的审美，教育功能的作品，而老师在指导学生学习时也应把更多的精力投入到把握作品的内在韵味上。

　　再次，要尊重语文学科的自身特点，采用得当的教法。早就有人提出"模糊语文"的概念，但并未引起人们的足够重视，人们太习惯于用一套规律性极强的理念来框架学科知识了，好像非此便不是科学一样。作为母语的汉语文，它自创造以来，活跃于人民群众中间已经有几千年的历史了，在此期间，虽有无数的语言文学大师们在规范、引导人们对语言文字的使用，但他们所起的作用绝不可能是再"创造并让人使用""另外"一种语言。所以，语言的创造和使用，是不同阶级，不同文化修养的人们共同参与，自觉不自觉的完成的。这样，由于"约定俗成"，语文也就变成了规律性不是很强的一门学科，有所谓"大法则有，定法则无"的说法。比如，现在语文学习中的一项重点也是难点的语法，作为一种语言使用规则，也才是近代以来的事。而古代那些鸿儒巨学他们谁也不知"语法"为何物，但却能留下千古不朽的名篇，有些甚至成为现在学习语法的教材。再如，三四岁的小孩会说出没有很多语法错误的话来，而当你学究气十足地问他主谓宾定状补及其组合规律时，他是不会说明白的，原因很简单，社会使然。可见，语文能力的形成，有一部分得依靠"只可意会，不可言传"的所谓"悟"，而并不全依靠"规律"。

　　因此，对于有一定模糊性色彩的语文的学习，"悟"也不失为一种"方法"，我们同样要予以足够重视。

　　最后，我想强调要想提高学生的语文素质，还必须清理和规范学生的文化环境，就学生而言，他们获取文化知识的主要地域无非是社会和学校。在现今社会的一种浮躁、空虚、无聊的文化心态的驱使下，适合学生尤其是中学生阅读的具有很强的时代气息的作品已经很少见了，改变这种情势，也不是语文教师所能做到的。我们在此也就不多谈了。

但是，学生学习语文的学校环境同样需要治理，而且我们有能力去治理。

这种需治理的环境首先表现在各学科在教学上的各自为政上。语文学习没有课上课下之分，学生随时都在学习并运用语文，而作为学校的功能来说，每个学科，每个教师都该理所当然地应承担起这个责任，但是各门学科各位老师并没有在这点上达成共识。比如很多方言区在普及普通话时，往往语文老师或语文课上要求学生说普通话，而其他学科老师或其他课上要求并不严，甚至没有这种要求，有的老师本身就用方言授课。这样的后果就是使语文越来越成为"科学"，和生活的距离也是越来越大。

谁都知道，语文学习离不开大量有效的阅读，而学生在语文课内的阅读量是远远不能达到有效提高学生语文能力的要求的。这就需要学生要有充分的时间和精力进行课外涉猎。但在现今的升学等压力之下，学生的时间和精力遭到老师家长的残酷的瓜分，他们已难有时间和心绪去读文学作品。更有甚者，各校老师不约而同对学生进行文化封锁，因为怕学生通过阅读了不良读物而耽误学业或沾染恶习，他们竭力让学生只读教材，而所有与考试无关的书籍均被视为"禁书"，学生读这类书就会被老师家长视为堕落，在如此严格的禁锢之下，学生怎能提高语文能力呢？

况且，这种被老师家长看作"为了学生自己好"的文化封锁已经到了我们必须正视的地步，现在的高中生最喜欢看的材料莫过于"卡通"，这种读物在国外是给学龄前的儿童看的！而那些内容极其丰富多彩的文学名著，却少有学生来看，一方面说明中学生没有时间和精力，一方面也说明他们不愿看，看不懂。可见，对学生的文化封锁已经形成了恶性循环：不让看，不敢看——让，不看；敢，不看！这样下去，学校真的成了"阻碍文化的传播，扼杀文化的修道院了"！我们教育工作者也就是千秋罪人了。

以一种客观、公允、合作的态度来面对语文教改吧，给语文教改更宽松的环境吧。

端正思想，更新观念，砸碎车子，扯掉裹脚布，认认真真的用脚走路吧。

这世界上本没有路，只不过用脚走了，也便成了路。

吾言吾语 >>>

距离的美感[1]

带班六七年，遇的事多了，也便有了一两点体会，然而说到经验，似乎还不能够，因为在人们看来，经验应该有推广传播的价值，具有百试不爽的灵验，可惜，我没有；再有经验应具有独到之处，是有张王李赵的家门渊源，可惜我不是。因为我所做的一切也正是其他老师业已作过和正在作的和将要作的，只不过想与老师们探讨教育过程中至今也不能明了的问题。

现今的教育理念中强调老师要做学生的朋友，在此谈一谈自己的理解。

其实这里的"朋友"是一个很模糊的概念，是做学生真正意义上的朋友，还是与学生构建起一种平等、民主、信赖、和谐的朋友式的关系？老师们会有不同的理解和做法。

我的意见是：老师不可能成为学生的朋友！

更确切地说，老师不可能成为正处在受教育阶段的学生的朋友。所谓"物以类聚，人以群分"真正的朋友至少要志同道合或臭味相投，而做到这一点又一定具有大体一致的世界观、价值观以及生活背景、文化素养、知识水平、道德标准……因而马克思会与恩格斯成为朋友，希特勒会与墨索里尼成为朋友。而作为教师，除非"屈尊"去努力认同和适应由于年龄阅历的原因而存在的看法和做法，而如果这样，不仅"友情"掺杂了水分，而且教师也丧失了个性的真我和职责。

我的意见是：教师应和学生构建起"朋友"式的关系。这种"朋友式"的基础是尊重学生的人格，爱护学生的个性，向学生倾注热情，和学生平等相处，以诚相待；而不是把学生当作监管对象、动辄撕碎学生尊严，刺伤学生的心灵，或者在"我都是为了学生好"的心理驱动下去损害他们的人格甚至健康。可以说，这种朋友式的关系应该更多体现在教师对学生的情感上而非理性上。都说"年轻人犯错误上帝都会原谅"，作为受教育者，最大的危险不是有错误，而是从不犯错！

从理性的角度而言，教师必须和学生保持一定的"距离"。这是贫乏与丰富、肤浅与深刻、顽劣与稳重、邪祟与正义的距离。在学生眼里以至心里，教师必须具有渊深的知识，深邃的思想，崇高的品质，正直的言行，公正的

---

[1] 作者陈玉国。

眼光……因为作为教师，当你出现在学生面前时，不代表个人，而是人类知识和道德的播种者和耕耘者，是塑造灵魂的工程师，这里容不得愚昧、奸邪。虽说"金无足赤，人无完人"，但作为教育者应该铸造自己为十足真金，力求做一个完美的人。

面对雄伟的高山，壮阔的大海，你不禁为之激动，为之震荡，既而赞叹之，神往之，景仰之，这就是一种崇高的审美感受，你为什么会有这样的感受呢？因为面对高山，你是渺小的；面对大海，你是贫弱的。但当你本身就是一座高山，本身就是一望无际的大海，这种崇高的美感从何而来呢？也就是说，你与高山大海存在着距离。现时的少男少女们很少有不是追星族的，虽然他们千方百计地搜集明星们的照片、影碟、歌带、个人资料，但他们能否睁开那双慧眼把这纷扰的一切看得清清楚楚、明明白白呢？但"明星们"的一颦一笑又扰乱多少少男少女的心绪呢？为之倾倒，为之疯狂，为之甘愿牺牲一切。我们成人对孩子们追星现象往往看作幼稚可笑的行为，殊不知，由于崇高感而产生的崇拜依赖心理乃是人类正常的心理，曾几何时，当一位伟人被神化的时候，我们不也是万分崇敬以至顶礼膜拜，为之倾倒，为之疯狂，为之甘愿牺牲一切吗？而这些情感的产生，究其根本就是距离！当然我们不赞成为了保持距离而虚幻出某些东西，比如在说自己的成长经历时，没有必要说自己曾经多么出色优秀；当然也不需要学生为我们倾倒、疯狂、甘愿牺牲一切，但从学生的心理特点而言，对教师产生一种崇高感也是很有必要的。作为教师，我们不止一次的听过家长的抱怨"这孩子说不听，就听老师的话"，也不止一次地感到欣慰自豪以至于产生成功感荣誉感，但当我们用对学生百试不爽的教育手段去教育自己的孩子时，也不止一次的悲哀地感到自己教育手段是多么的苍白无力！那学生为什么会听你的话或起码表面接受呢？若论对他们的了解，谁也比不了父母；若论对他们关心负责的程度，谁也超不过父母；若论情感的依赖，谁也取代不了父母。他们听老师的话，多半是他们信服以及崇敬老师，这就是被教育者和教育者的距离。

距离产生美。

因此建议大家，用广博精深的文化知识，深邃的审视事物的能力，崇高的道德素养，广泛健康的兴趣爱好，文雅的言辞，睿智的头脑来武装自己，形成与受教育者之间的距离。

吾言吾语 >>>

课堂教学中如何培养学生的文学情趣[①]

现今高中学生的文学素养普遍较低问题愈来愈引起人们的重视,一个人文学素养的形成与深浅与否是与大量有效的阅读分不开的,但是由于众所周知的原因,现今高中学生的课外阅读的时间和精力都难以保证,因此如何利用课堂教学来培养学生的文学情趣是萦绕在诸多语文教师心中的一大难题,在实际教学中我有这样一些体会:

一、语文教师应具有一定的文学艺术修养,努力使自己成为文人或学者型的语文教师。

由于语文教学长期受应试文化现象的困扰,许多语文老师为了片面追求高分数和升学率,往往把语文课上成了语言文字运用的技巧课,而不太重视对那些文质兼美的课文进行深入有序地开掘其丰富的思想审美内涵的工作。在这种情况下,不光是学生,就是语文老师的文人气质也愈来愈低,而对各类题型各种解法却能烂熟于心,在实际教学中也往往以对各种知识点的归纳整理代替学生文学素养的形成,这种既脱离深厚的文化背景,又脱离丰富多彩的现实生活的语文课,难怪激不起学生学习语文的兴趣,更谈不上提高他们的文学素养了。

在中学各门学科中,语文课的综合性最强,内容覆盖面最广,所以要当一名优秀的语文老师就该是广闻博记的杂家,尤其对政治、历史、地理等偏重于文科的知识,语文老师都应懂一些,这样在教学中能从容自如,也容易激起学生对老师的佩服和信任的情绪,达到"信其道"的效果。

对于本学科的知识,更应不断地学习钻研,尽量使自己具有深邃的思想,独到的见解;具有独特的审美情趣;对文学有陶醉和痴迷的情绪;能常常出口成章,名言佳句信手拈来;语言规范得体,语音悦耳动听,抑扬顿挫,富有感染力;下笔成文,洋洋洒洒,文笔酣畅淋漓,语言清新雅洁……

语文老师能做到这些带有"理想化"要求,确实很难做到。但这起码是一个努力的方向。如果语文老师能成为学者型教师,学生除了佩服老师的坚实的文学功底外,也容易激发他们对语文课的学习兴趣,以及对学好语文的憧憬;老师如有学者风范,学生就会如飞蝶恋花般崇拜老师、崇拜知识。这

---

① 作者陈玉国。

样，会起到润物细无声的效果，学生的文学素养在这样的语文老师的教诲下也容易形成了。

二、对教材中的课文尤其是文艺性的选文一定要讲深讲透，教师应有一定的开拓精神，要勇于对教参质疑，突破成见的束缚。

语文教材中有许多文质兼美，历久不衰的佳作，其思想内涵、审美内蕴经几十年甚至上百上千年的挖掘仍不能穷尽，但为什么学生还会感到课文枯燥无味呢？这除了因为学生的文学修养不够以外，关键仍是我们教师自身存在问题，有些小说，学生课下阅读时兴味盎然，可是在课堂上经老师讲解后反而兴味索然呢？这恐怕除了与老师陈旧的教学模式有关以外，还有一点，就是某些老师的思想观念过于保守、拘谨，尽管讲人物、情节时激情洋溢，但最后的总结总是一成不变的"回归"于教参的归纳或社会上约定俗成的说法，而且力求使学生和自己意见达成一致。没有探求、思想的火花，讲不出或不敢讲教材所包含的多层深层的意义，真正完成文艺作品的鉴赏任务。

"教学参考"的价值就在于它的参考性，它是指导教师阅读教学的引路人和敲门砖，它往往给教师留下很大的探索空间，因而对某些问题讲得不是很深很透。如果老师以此为"标准"去指导学生分析鉴赏文艺作品，那么这些课文的魅力就很有限了。正如北大钱理群教授所言"一切文学作品，特别是内涵特别丰富与复杂文学作品的阐释与理解，必然是多方面、多角度，并且是永无止境的，绝不是单一的凝固的，更没有什么'标准答案'……"比如我们在探讨《药》的主人公问题时，教参讲的是"以华老栓为代表的群众形象"，而没有更深入的探讨鲁迅先生这样做的深意。如果老师领着学生对鲁迅先生的创作动机和思想经历以及人物对表现主题的效果进行深入细致的探讨，就会得出这样的体验：以老栓为主人公，一方面是因为这个人物所占的笔墨最多且贯穿故事始终，这使他和其他善良的群众的不同；再一方面，他和那些游手好闲的城市贫民也有不同，那些茶客看客对夏瑜的革命行为持仇视态度，如果他们吃了夏瑜的血就不足为奇了，而老栓由于无知而对革命采取无动于衷的态度，他对夏瑜并不仇恨，然而却吃掉了他的鲜血。这样，鲁迅的治疗国民的精神的创作动机就更突出的显现出来了。以老栓为主人公的目的也明确了——突出主题，增强小说的震撼人心的悲剧效果。

当然，语文教师具有开拓精神是必要的，但在引导学生阅读文艺作品时，也不要把自己个人的见解当作"标准"，而是把个人的分析过程展示给学生，教会他们自己动手动脑去研读作品，甚至我们应培养学生的争鸣意识，只要能自圆其说，一般不要加以否定，因为"一千个读者会有一千个哈姆雷特"，对文学批评来说，出现分歧、争论是正常的，也是必需的。把这种自由氛围创设出来，学生就会在不断地研读中获取充分的审美愉悦，自然也容易引起他们阅读文学作品的兴趣，提高文学素养。

三、加强对学生的引导，建立以读为本、读写结合的教学观。

对于文学经典名篇的讲深讲透目的在于启发思维，而不是限制思维，不能以讲代读，以讲代写。

由于高考中考不考或少考语文教材中的现有内容，部分教师和学生就以为课文可读可不读；加之现代社会的节奏变快，生活容量加大，一些青少年懒得挤时间认认真真地读书、练笔，贫困地区无书可读，发达地区的学校和家庭虽然提供了不少读物，但学生只是浮光掠影，浅尝辄止，很少专心致志地吸取，影视文化的发展能使学生更快更方便地获取知识，但其负面效应也是显而易见的，它占去了学生直接读书的时间，学生从影视中获取的信息在深入、牢固及完整的程度上远不及语言文字。目前电脑逐步引入课堂和家庭，但这种先进的设备毕竟是一种辅助性工具，它不能代替学生亲口朗读亲笔书写，而文学素养的形成恰恰离不开读与写，因而教师要加强对学生的正确引导，使他们养成挤时间读书的习惯。在课堂教学中也要建立以读为本的教学观，应在导读、感悟、精思上下功夫。在精读的基础上，要勤于练笔，如随时写一些文学小评等。比如在学习了《装在套子里的人》之后，可以布置小评论"别里科夫是沙皇制度下的忠实卫道士，还是可怜的牺牲品？"……这样既引导了学生深入研读文艺作品，又培养了他们的表达能力。

在如何提高学生的文学素养的意见中，大多有一条就是大量阅读，而在信息极其丰富的今天，很多人认为学生的阅读面应该加大，就读书来说应多多益善，但正如前文所述，学生没有那么大的精力和时间，所以我觉得，学生读书还得强调有效的原则，也就是说，与其走马观花，一无所获，不如驻足赏鉴，求其一得。这就要求语文老师要充分利用课上的宝贵时间，语文课要上出高质量，起到举一反三的效果，教会学生研读文艺作品的方法，使学生养成读书的习惯，为学生日后的继续学习到好坚实的基础。

浅谈禅对王维诗歌意境创造的影响[①]

中国禅宗的理论核心是"见性",即肯定众生的"本性自净、圆满具足",修行的过程是"问自本性,直了成佛",修成正果只需"自身自性自度",不需向外驰求……显然,这与儒家"人人皆可为尧舜"的思想如出一辙,因而禅的思想很容易被中国文人接受,进而与中国文学结下不解之源。作为最早也最成熟的文学样式,中国诗歌创作历来强调"诗言志,歌言情""在心为志,发言为诗""诗缘情而绮靡"……不论是"言志"还是"缘情",都是用心灵的语言表达对生活的感悟,抒情是自内而外而不是自外而内,也即"见性"。因而从这种意义上说,禅宗"见性"理论对诗歌的创作必然具有重大影响。

唐代诗人中热衷于禅的不在少数,如王维、杜甫、李白等。关于王维,中唐诗人杨巨源在《赠从弟茂卿》中说:"扣寂由来在渊思,搜奇本自通禅智。王维证时符水月,杜甫狂处遗天地。"王维的友人苑咸在《酬王维》诗序中说:"然王兄,当代诗匠,又精禅理。"而王维也当之无愧的拥有"诗佛"的雅号。

王维出生于唐中宗长安元年(701年),而这正是佛教在唐代发展的一个鼎盛时期,特别是对"下立文字,教外别传"的禅宗来说,这期间堪称中国佛教发展的黄金时代。时代"信佛""崇佛"的风气也深深影响了王维的家庭,王维母亲崔氏是一位温良恭俭,摒绝世俗嗜欲,偏劝斋戒,缁衣素食的虔诚佛教信徒,奉佛三十余年,师事大照禅师数十年。在这个因父亲早丧而日渐清寒的家庭中,王维自幼就随母吃斋奉佛,坐禅诵经,可以说王维是在禅的熏陶、渐染下、在佛光沐浴之下成长起来的,这样的成长经历必定对王维会产生长久而深远的影响。

唐开元九年(721),21岁的王维考中进士后开始步入仕途,但浮湛连蹇的仕途生活让王维不断感到失意、彷徨。特别是对他有提拔知遇之恩的著名宰相张九龄的罢相(开元二十四年736)给了他很大的打击,以致他从仕热情日益消退,对功名日渐冷淡,尤其中年之后,他更是希望到空门去寻求寄托,"中岁颇好道,晚家南山陲"(《终南别业》)"一生几许伤心事,不向空门何处销"(《叹白发》)。最后,他自号"摩诘",离群索居于辋川别墅,沉醉于禅理之中,大隐于野,难得糊涂,过上半官半隐、亦官亦隐的生活。

[①] 作者陈玉国。

王维被称为一代"诗佛",至关重要的一点是他把"见性"观念有机地融入诗的情境之中,表现出物我一如的境界。如王维描绘出自想象的"雪中芭蕉",曾有人这样评价:

诗者,妙观逸想之所寓也,岂可限以绳墨哉!如王维作画,雪中芭蕉,法眼观之,知其神情寄寓于物,俗论则讥以为不知寒暑。

这种"神情寄寓于物",正是王维的某些诗所特有的思维表现方式。将万法归于一心,独以"明心见性"不需采用热情、激烈的抒情方式,而写的却是心灵独创的世界。这一点,在王维的山水诗中有明显的表现。

一、王维山水诗中表现禅境的意象

在王维的山水诗中,有许多表现禅境的意象。在他的眼中,事物已不是寻常人眼中的事物,而是沾染了禅意,带有佛性"真"的意象表现。最著名的莫过于"白云"。据统计,在王维482首诗(据赵殿成《王右丞集笺注》)中有83首诗中有"云"的意象。

君问终南山,心知白云外。(《答裴迪》)
空林独与白云期。(《早秋山中作》)
悠然远山暮,独向白云归。(《归辋川作》)
湖上一回首,山青卷白云。(《辋川集·欹湖》)
山万重兮一片云,混天地兮不分。(《送友人归山歌二首 其二》)
君言不得意,归卧南山陲。但去莫复问,白云无尽时。(《送别》)
君问终南山,心知白云外。(《答裴迪辋口遇雨忆终南山之作》)
山中多法侣,禅诵自为群。城郭遥相望,惟应见白云。(《山中寄诸弟妹》)
行到水穷处,坐看白云起。(《终南别业》)
不知栋云里,去作人间雨。(《辋川集.文杏馆》)
不知香积寺,数里入云峰。(《过香积寺》)

"云"作为水汽云团弥散于天地间似有还无,飘散四方游踪无定不知所止，这都显现禅的"有相无相""无形有形"的思想观念。从隐逸的"云"到禅意的"云"，王维诗中的云显现出诗人那种如行云般自由翱翔之心所表现的那种天性空灵淡远，超然物外的风采，这也正是"禅心"的流露。如《终南别业》

> 中岁颇好道，晚家南山陲。兴来每独往，胜事空自知。
> 行到水穷处，坐看云起时。偶然值林叟，谈笑无还期。

这是历来都被认为极富禅意的诗。这里的"白云、流水"不仅是客观的景物，也是他心中所映像的景物，其自由舒卷的形态也暗示着诗人的心态。它们生动的衬托出诗人那种物我无一，自由自在的乐道心怀。

王维在隐居的生活中。常常追求一种"日与人群疏"的生活，他在诗中多次写到闭门：

> 虽与人境接，闭门成隐居。（《济州过赵叟家宴》）
> 闲门寂已闭，落日照秋草。（《赠祖三咏》）
> 迢递嵩山下，归来且闭关。（《归嵩山作》）
> 东皋春草色，惆怅掩柴扉。（《归辋川作》）
> 寂寞掩柴扉，苍茫对落晖。（《山居即事》）

他所追求的"闭门"生活是一种远离世俗的搅扰纷繁，"终年无客长闭关，终日无心长自闲"（《赠张五弟》）的孤寂闲散的生活。因此，在他的诗中就常常会出现这种生活的基本特征——寂寞。 比如：

寂寞掩柴扉，苍茫对落晖。（《山居即事》）
寂寞柴门人不到，空林独与白云期。（《早秋山中作》）
故人不可见，寂寞平林东。（《奉寄韦太守陟》）
胡生但高枕，寂寞与谁邻？（《与胡居士皆病寄此诗兼示学人二首》）
行人何寂寞，白日自凄清。（《哭殷遥》）
独有仙郎心寂寞，却将宴坐为行乐（《同比部杨员外十五夜游有

> 怀静者季》)
> 　　寂寞於陵子，桔槔方灌园。(《辋川闲居》)
> 　　山川何寂寞，长望泪沾巾。(《送孙二》)

在这种寂寞无人的境界里，诗人达到了一种"心与境寂"的状态，获得"心性本净""无欲无求""物我偕忘"的心灵解脱，实现其"跳出三界外不在五行中"超然理想。

"静寂无人"也即"万事皆空"，李弥逊在《题唐王维画摩文殊不二图》中说王维"晚年长斋，刻意空门，学室中唯绳床经案。退朝之后，焚香独坐，大有所契证，三复斯画，知其不苟"。晚年的王维，刻意在追求"空寂"的生活状态，他的诗中常常描绘出许多"空"的意象，如写"空山"："空山新雨后"（《山居秋暝》）"空山不见人"（《鹿柴》）；写"空林"："林寂"（《遇感化寺昙兴上人山院》）"行客响空林"（《送李太守赴上洛》）"行踏空林落叶声"（《过乘如禅师萧居士嵩邱兰若》），静寂渺远的"空山"，正是王维表露内心空灵澄净的一种外在反映，如《鹿柴》一首

> 空山不见人，但闻人语响。返景入森林，复照青苔上。

没有人迹，但有人声，没有日光，却有反照，在有无之间，"人语"和"反照"恰恰表现了日暮山林的一片空寂。这种动静结合、虚实相生的手法使原本空旷、暗淡的景物给人以"淡而愈浓、近而愈远"的印象，就其中表现的心境值得品味。还可以举《山居秋暝》为例：

> 空山新雨后，天气晚来秋。明月松间照，清泉石上流。
> 竹喧归浣女，莲动下渔舟。随意春芳歇，王孙自可留。

这首诗表现上的主要特点是以动写静，所有的意象都表现"空山"是如何的超离尘嚣、静寂淡然。这里的"空山"显然不是一无所有的山，而是心灵的感受，这种感受显示出内心的空寂清静。这与《鹿柴》中的"空山"是一样的。

在盛唐山水诗中，没有哪一种意象比钟磬声更具有禅趣的了，悠长杳渺

的钟声使静谧的世界显得更空灵、更永恒更无穷尽。

> 寒灯坐高馆，秋雨闻疏钟。（《黎拾遗昕裴迪见过秋夜对雨之作》）
> 谷口疏钟动，渔樵稍欲稀。（《归辋川作》）
> 古木无人径，深山何处钟。（《过香积寺》）
> 惟有白云外，疏钟闻夜猿。（《酬虞部苏员外过蓝田别业见留作》）
> 讵枉青门道，故闻长乐钟。（《饭覆釜山僧》）

悠远的钟声将人带入那深渺禅寂的世界。前人评王维的深山何处钟"句为"幽微复邈，最是王、孟得意神境"（吴汝伦，《唐宋诗举要》引）。这些或动或静的意象中，在王维眼中其本性都是空，空即无，无即有，是一无所有又是无所不有。诗人就是在这种空无中静思、静虑，获得心灵本性的充盈饱满。

二、王维山水诗表现出的禅境

禅宗追求的最高境界是寂然、空无。王维将禅家的"静""寂""空""无"等境界引入诗歌。形成了他的山水诗所表现的静谧、空灵、冲淡的禅意和诗意。

王维的诗中描写了许多阒寂无人之境，以此来表现他超脱俗世，醉心自然的那种寂灭的境界。著名的《辛夷坞》，就描绘了一个无人、无情、无欲、无念的世界：

> 木末芙蓉花。山中发红萼。涧户寂无人，纷纷开且落。

在寂寞无人的山间，芙蓉花自开自落，悄无声息。没有开的喜悦，也没有落的悲哀，没有"下自成蹊"的渴盼，也没有"寂寞开无主"的悲凉……这是一个冷漠、无情的世界，"花落花开年复年"无始无终、因果相生，千年犹如转瞬，一瞬即是千年，物质世界就在刹那间展示着宇宙的空无和永恒。诗人就是以这样超然的眼光审视自然，将心灵和整个宇宙化合，而诗人的情感在这种化合中消亡了。再如：

> 空山不见人，但闻人语响。返景入深林。复照青苔上。（《鹿柴》）
> 人闲桂花落，夜静春山空。月出惊山鸟，时鸣春涧中。（《鸟鸣涧》）

在空山之中，环境肃穆冷寂，从高大茂密的树木枝叶缝隙间漏下的点点斑驳的日光柔弱懒散地洒在青青苍苔之上，更衬托出空山之冷寂肃穆；夜里的春山，桂花自开自落，一片静寂，月色从山间照下来，清辉播撒，惊飞了栖眠的山鸟，发出几声凄清的叫声……山里的一切都笼罩在清冷的月色之下，这是一片何等静寂的世界！在这个世界里，没有人烟，没有悲喜，日复一日，年复一年，呈现的始终是一个玲珑的境界，一片无时间痕迹的氛围。胡应麟在评王维的《辛夷坞》和《鸟鸣涧》两首诗时云："读之身世两忘，万念皆寂"。（胡应麟，《诗薮》内编卷六）

王维诗中还有许多用"无"字来表现"空"的意境：

古木无人径，深山何处钟。（《过香积寺》）
白云回望合，青霭入看无。（《终南山》）
江流天地外，山色有无中。（《汉江临泛》）

与"空"相连的是"静"。由于受坐禅和寂照方式的影响，王维醉心于"静"的境界，"晚年唯好静，万事不关心。"（《酬张少府》）；"晚知清净理，日与人群疏。"（《饭覆釜山僧》）。他也善描写自然界的静态美。这种"静"主要表现为两种，一种是"寂静"，描写的是自然界本身的静穆状态，象《辛夷坞》所表现的意境。另一种，王维善于用"动"来表现"静"。这一类的诗句在王维的诗中比比皆是，如上举《鸟鸣涧》《鹿柴》，还有：

雨中山果落，灯下草虫鸣。（《秋夜独坐》）
明月松间照，清泉石上流。（《山居秋暝》）
落花啼鸟纷纷乱，洞户山窗寂寂闲。（《寄崇梵僧》）

王维在诗中运用动静的对立统一关系，以动写静，喧中求静，表现充满禅意诗情的境界，这也是诗人从禅宗那里借鉴来的艺术辩证法。杜继文、魏道儒在《中国禅宗通史》中论道：禅宗之"禅"的基本趋向，在于摆脱世事的烦恼，求取精神上的静谧、安适。不论其表现为淡泊或炽热，往往带有内省式的深邃和轻淡的消沉，充塞着悲凉的超脱，给人一种难以言说而颇耐寻味的意象。因此，它的本性是内向的，不容外向；只许以静态的心理驾驶生活，不允许外在环境制约自己认识和情绪。从这个角度说，禅宗是非理性主义的，是中国主静文化的代表。纵观王维那些充满禅境理趣的山水诗。这段话似乎可以为他的最好注脚。

王维是一位集深厚的佛学修养与艺术修养为一身的优秀诗人，因此，他的山水诗融进禅学的思想，达到"诗中有画，画中有诗"的境界。他的佛禅诗，是我国古典抒情诗歌发展的一个新的阶段，是我国古典抒情诗在艺术花苑中的一颗鲜艳的奇葩，是我国传统文化宝库中的一份珍贵的遗产。

参考书目：

1.〔明〕胡应麟．诗薮[M]．上海：上海古籍出版社，1979．
2.〔清〕赵殿成．王右丞集笺注[M]．上海：上海古籍出版社，1984：6．
3.杜继文，魏道儒．中国禅宗通史[M]．南京：江苏古籍出版社，1993．圌张海沙．初盛唐佛教禅学与诗歌研究[M]．北京：中国社会科学出版社，2001．
4.周裕锴．中国禅宗与诗歌[M]．上海：上海人民出版社，1992．
5.高步瀛．唐宋诗举要[M]．上海：上海古籍出版社，1978．
6.戴婕．禅境与诗境——浅论禅宗对王维诗的影响[J]．江西青年职业学院院报，2007，3：17（1）．

课堂教学中如何体现以"学生为本"的思想[①]

叶圣陶先生说过："学生跟种子一样，有自己的生命力，老师能做到的只是供给他们适当的条件和照料，让他们自己成长。如果把他们当作工业原料，按照规定的工艺流程，硬要把他们制造成一色一样的成品，那是肯定要失败的。"魏书生教育改革成功的一条经验就是帮助学生成长为学习的主人。

那么语文教师该怎样认识和实践"以学生为本"的思想呢？

一、对"以学生为本"思想的认识

"以人为本"是中华文化的精华，自古有"天地万物，以人为贵"说法。在中国历史上占有统治地位的儒家思想的代表孔子、孟子早在2000多年前的

---

① 作者陈丽敏，女，中学一级教师，陈玉国语文工作室秘书，内蒙古自治区通辽市科尔沁区四中语文教师。

就提出"仁本爱人"和"民为贵君为轻"哲学思想。在育人方面，儒家思想对受教育者的主体性同样予以相应的认同，强调"因材施教""有教无类"……

肯定人、尊重人性，呼唤主体意识、强调人本追求……是文艺复兴以来西方哲学思想的主格调，彼特拉克更是提出了"人文主义"这一革命性的口号。在教育方面，美国著名教育家杜威很早就提出了"学生本位"的教育思想……

跨进新世纪，全球范围的知识经济时代的到来，更加凸显人的尊严与价值，综合国力的竞争越来越体现在国民素质、高素质人才的竞争。"以人为本、坚持科学发展观"已经成为我们党和政府治理国家的重要原则之一。在社会的方方面面我们都能看到人性温暖的一面，从党总书记深入非典灾区慰问，到总理为民工送去自己的劳动所得；从关爱艾滋病人，到大家争先为地震海啸灾区的捐助……无不催人泪下。整个社会洋溢着一种人性化的温暖。在教育方面，国务委员陈至立在教育部2006年度工作会议上，再一次提出"坚持全面贯彻党的教育方针，切实推进素质教育，是落实以人为本，坚持科学发展观，实施科教兴国、人才强国、建设创新型国家的必然要求。"

教育的对象是人，坚持以学生为本，调动学生的主动性、积极性，实现全面发展，突出创新精神和实践能力的培养是时代对我们教育工作者的要求。

二、"以学生为本"思想的落实

在传统的教学理念中，一直有着"三中心"的说法，即以教师、教材、课堂为中心。这个"三中心"是建立在"以教师为本"思想基础上的，因而教师按照事先准备好的教案、讲稿宣讲，纵情地霸占课堂、统治学生学习全过程的情形便不足为奇了。但是《普通高中语文课程标准》明确指出，"学生是学习和发展的主体，是语文学习的主人"。因此，要落实"以学生为本"就必须彻底转变旧的"三中心"，实现"三个超越"和"三个立足"。就是说，超越教师为中心，确立学生在教学过程中的主体地位，倡导自主、合作、探究的学习方式，同时要立足教师对自主、合作、探究的学习方式引导组织；超越课本为中心，不应把教科书视为唯一的课程资源，同时立足要用好教科书，落实教材的基本要求；超越课堂为中心，反对把师生禁锢在小小的教室里，语文教学由封闭走向开放，同时立足课堂教学这一语文学习的基本形式。

三、"以学生为本"思想的实践

实践"以学生为本"的思想，就要处理好三个关系："主导"与"主体"

的关系、教材与课程的关系、教学的过程与结果的关系。

（一）要妥善处理好"主导"与"主体"的关系。

教学中"教为主导"已被广大教师所接受，但是在实践上，很多教师将"主导"理解为"主体"，从教学方案设计到教学运作，都成教师个性主观的行为，学生总是扮演着配合教师完成预定方案的角色。学生"主体"的台前学习活动总是由后台教师"主导"牵制着。学生的学习动机来自外在刺激而不是内心驱动，学习过程是听从指挥而不容许个性突出，学习效果是对教师讲授内容的掌握而不是过程体验和方法的习得……这样，由教师"主导"的课必然成为"满堂灌""填鸭式"。

"头脑不是一个被填满的容器，而是需被点燃的火把，教师的责任就是点燃火把，让他燃烧！学生是成长的主体、发展的主体，教师应去唤醒他们的主体意识，调动他们的主动性，教学中让他们主动参与，这样才有助于学生自觉掌握科学知识和相关的思想方法，获得自我表现的机会和发展的主动权，形成良好个性与健全人格……"（《素质教育学习手册》2001年9月）

因此，我认为一个衡量一堂课是否有价值有意义，其标准是学生作为学习的主体落实的好与坏，这完全可以通过课堂学生回答问题、课堂学生的情绪反应、课后作业反馈表现出来。例如我在引导学生分析现代诗《山民》主题思想时，采用了这样方式，由于这首诗的文字比较浅显，在我提出了学习目标后，就把任务交给了学生，经过一番思考后，学生提出了五花八门的见解，我领着学生一一评点这些意见，最后学生的意见统一在两种见解上：（1）赞颂了走出大山，打破封锁束缚，勇于创新的时代精神（2）批判了只知空想抱怨，不敢面对困难的思想意识。学生形成了两个持不同意见的阵营，争论不休……我适时组织学生开展一场辩论赛，学生的积极性被调动起来，畅所欲言，各抒己见，旁征博引的材料越来越丰富，见解越来越深刻，我也越来越"忙碌"，一会支持这一方，一会又倾向另一方……一堂语文课在轻松愉悦的气氛中很快就要结束了，学生的观点还是不能统一，从学生的表情中我明显看出了"意犹未尽"。这时我说："这个问题我们课下还可以讨论，但有一点应该肯定，诗歌作为艺术作品，读者的见仁见智是正常的。"整节课完全是学生活动，教师只是起到一个引导组织作用，但效果出奇的好——学生能在课堂上学到新的知识，进一步锻炼了自己的能力，掌握了一定的方法；学生在学习中有良好的积极的情感体验，能产生进一步学习的强烈要求；学生在课前和课后确实有了认识上或思想上的变化。

（二）正确处理教材与课程的关系。

《普通高中语文课程标准》的基本理念之一是"全面提高学生的语文素养，充分发挥语文课程的育人功能"。高中语文课程应帮助学生获得较为全面的语文素养；弘扬和培育民族精神，使学生受到优秀文化的熏陶；引导学生认识自然、认识社会、认识自我……

在这里，我们可以看出，新课标要求培养学生的语文素养，就是说，确立学生主体地位就要改变过于强调接受学习、死记硬背、机械训练的现状，倡导学生主动参与、乐于探究、勤于动手、培养学生收集和处理信息的能力、获取新知识的能力、分析和解决问题的能力，以及交流和合作的能力，也就是说，教学目标是促进学生的发展。而语文是我们的母语，社会生活为语文教学提供了极为丰富深厚的课程资源，教材与之相比，简直是九牛一毛！叶圣陶先生说的"课本无非是例子"，就是说教材是学生学习的手段、途径，课本不是根本，教参不是权威。学生的理解只要能自圆其说，不妨容许标新立异，而不一定必须遵从教材教参"权威"说法。新课标的目的也是让老师通过教材或利用教材来提高学生的语文素养，而不是学习教材本身，因此语文教师就不能囿于教材教参，要跳出文章教语文。课堂上尽可能地为学生提供更多的信息，注重拓展迁移。既然放飞笼中鸟，与其放飞在更大的笼子里，不如放飞到整个天空！变"教材是学生的世界"为"世界是学生的教材"。

拓展是在广度上对课程的整合，在根植于文本，探究文本的同时，教师选择与文本有关的内容来引导学生扩大视野，从而去认识自然、认识社会、认识自我。如《荷塘月色》补充"荷、月"的有关名句，增加学生知识面，培养学生热爱古代文化的兴趣；《邹忌讽齐王纳谏》补充《召公谏厉王弭谤》比较阅读，培养学生比较阅读能力；《子路、曾皙、冉有、公西华侍坐》与《季氏将伐颛臾》比较阅读后，补充孔子名言，引导学生了解孔子的教育思想、政治思想。

《普通高中新课程标准》中基本理念之二是"注重语文应用、审美与探究能力的培养，引导学生对自然、社会和人生具有更深刻的思考和认识"。"探究能力"和"更深刻的思考和认识"是对课程深度上的延伸，据此，高中语文课堂教学的"深度"应是教学追求的高层次了。所谓"深度"，就是引导学生对文本或拓展材料进行哲理性的辩证的解读和认识。比如学习《鸿门宴》

时，可以进行项羽"性格决定命运"的悲剧意义的探究，学习《子路、曾皙、冉有、公西华侍坐》可以进行儒家思想"仁为核心，礼为手段"关系思考，学习《祝福》《边城》《荷花淀》可以展开对不同时代女性不同命运的分析探讨……

四、正确处理语文教学的过程与结果的关系

做任何事，只有感觉它有味道，才会产生兴趣。正如孔子所说"知之者不如好之者，好之者不如乐之者"。著名心理学家皮亚杰也说过："所有智力方面的工作都要依赖兴趣。"教育家布鲁纳说："学习的最好刺激，乃是对所学材料的兴趣。"可见以学生为本，就应该关注学生的情感、态度、价值观，应该适应学生的年龄实际，使语文课堂快乐起来。课上不仅要体现学生的主体地位，更主要是让学生体验学习的快乐。这样学生才能对学习保持长久而巩固的兴趣动机。我想，快乐的课堂应该是这样的：用主动探究式、合作交流式方法组织教学，由教师与学生共同确立感兴趣的研究课题，突出以问题为中心，以学生体验为特征，以激发学生兴趣为手段，在过程中体验语文带给他们的快乐，促使他们认识自然、认识社会、认识自我。显然，针对教学效果的评价，过程和方法就显得更重要了。比如，在《我与地坛》教学时，注重引导学生对真善美的直觉感知，利用多媒体为学生创设相应的情景：提供了一些体现亲情的材料，播放歌曲《懂你》、《常回家看看》，引导学生回忆最感动的亲情瞬间……学生在整个过程中深深沉浸于亲情温暖的包围中……

总之，课堂教学确立以"学生为本"的思想，培养提高学生的语文素养是每一个语文教师的神圣职责，唯其如此，语文教学才能迎来一个科学昌明的新局面。

新课改背景下小学语文教学方法思考[①]

21世纪的今天，教育的发展已进入了素质教育的关键时期，如何提高学生的学习质量，同时又避免以往的课堂教学中"填鸭式"教学方法，增强学生的学习兴趣，使学生积极主动的参与教学全过程，是当前教育研究的重要课题。本文就结合实际工作经验，对新课改背景下小学语文的教学法方法进

[①] 作者徐琦，女，小学语文高级教师，陈玉国语文工作室主要成员，内蒙古自治区通辽市科尔沁区南门小学教师。

行分析。

一、由以老师为中心向着以学生为中心的方向转变

在小学语文新课程标准的要求下，传统的教学方式已经不能够适应当前的教学实际，教学内容和教学形式都需要发生变化，其中最为主要的是要实现师生地位的转化，让学生从被动的听课变为主动的学习。具体来讲，要想转变这一地位，必须要从以下几个方面展开工作。

（一）老师要更加注重学生知识的积累和感悟

新课改背景下，老师的教学任务并不局限在简单教学上，更重要的是发挥其引导学生的作用，让学生在课堂上实现自主学习和主动学习，所以说小学语文老师在讲授知识的过程中，需要注重学生对于知识的积累和感悟，培养他们语文学习的情感。在教学过程中，要想提升学生的语文成绩，不仅要通过记忆方式强化，还需要给学生正确的学习方法，加深他们对语文知识的理解，这样才能够更好地丰富学生的语文情感，更有利于今后语文的学习。

（二）以学生为中心的教学方式，更需要强化学生个性的培养和兴趣的提升

从新课标的要求来看，现代小学语文教学需要促进学生的整体发展，这就要求老师要掌握好学生性格的差异性，找到最好的协调方法。在这个过程中，要通过形式多样的教学方式，激发学生的学习情趣，这样能够更好地挖掘学生的内在潜力，也能够提升学生学习的主动性和能动性，更好的强化学生在学习中的主体地位。例如在讲解汉字声调的过程中，由于小学生的注意力时间较短，并且专注的意志力较为薄弱，因此老师可以采用编写歌曲的方式，用儿歌的形式帮助学生记忆汉字的声调，这样能够调动学生的兴趣，更好地促进课程教学目标的完成。

二、巧用探究法和小组合作法提升教学效果

在小学语文教学过程中，探究法和小组合作法是较为常见的教学方法，老师在应用的过程中需要结合学生的实际情况具体问题具体分析。

（一）从探究法应用的角度进行分析。在新课改的背景下，探究法成为小学语文教学过程中最为常用的一种方法。从小学课本中来看，课改之后的教材中增加了很多小学生的实践和观察实验活动，这对于引导学生自主学习和自主探究起到了关键性的作用。而老师在对这些问题进行讲解的时候，首先需要提出相应的问题，之后再根据问题制定科学的教学计划方案，逐步引导小学生走进方案教学中，并不断地进行自主的探究，自己发现问题并解决问

题，最终找到所要学习的语文知识。以《草船借箭》为例进行分析。在讲解这一课内容时，老师可以结合文章背景设置探究的问题，之后组织学生分组学习，然后提出具体的探究问题，让学生通过文章阅读和自己的理解描述答案。通过这种教学方式，能够让学生更为深刻地明白草船借箭中的原因，结果和其中的细节，更好的理解课文的知识，也能够有效的提升学习效率，丰富学生的语文素养。

（二）从小组合作教学的角度进行分析。分组合作教学也是新课改标准下小学语文教学中较为常用的方法。对于小学生来讲，每个人的理解能力各不相同，在这种情况下，老师的统一教学就会使学生之间产生差异，时间长了将会打消一部分学生的学习积极性，而采用分组教学的方式，将不同能力的学生分到一个小组，布置教学任务，以小组为单位进行自主学习，这样每个学生都能发挥自己的能力，并且学习和理解能力较强的同学也能够帮助理解能力较差的同学，实现共同进步。例如在讲《我不是最弱小的》一文中，老师就可以将学生分为若干学习小组，每小组中学生的能力水平基本相同，让学生进行讨论，之后，讲述什么情况才是弱小的，并鼓励学生要克服这一思想，让自身变得强大。

三、在教学过程中注重素质教育，实现学生综合能力的全面提升

小学是整个学生阶段的基础，而语文则是基础中的基础，因此在小学语文教学中，老师需要把握住基础这一因素，将语文教学和素质教育相结合，全面提升学生的综合水平。具体来讲，要从以下几个方面展开。

（一）要进行开放式教学。开放是目前新课改背景下最为强调的一点，尤其是对于语文学科来讲，开放教学才能够更好地丰富学生的知识水平。作为老师，需要树立起大语文的理念，从传统的教学模式中走出来，制定开放性的教学目标，并选择开放性的教学内容，在教学过程中为学生提供充足的思维空间和想象空间，并鼓励学生大胆创新，勇于质疑，这样才能够达到开放教学的目的。

（二）要全方面提升学生的语文能力。语文能力包括听说读写，语文不仅是一门学科，更是在日常生活中的一门技能，因此老师在教学过程中，需要注重教学和实践相结合，并主动引导学生将语文知识和实际生活相连接，这样能够在学习中更好地提升语文能力，并且能够将这些语文能力应用到实际生活中去，做到学以致用。

（三）要科学利用发展教学法。从现代语文教学中，对学生语文素质的评价是考察教学成绩的重要方法，在教学工作中占据了重要的地位。因此老师在教学的过程中也需要科学的利用发展教学法，在课文内容、阅读和写作教学中要能够很好地实现学生能力的积累，更好地提升学生语文的综合能力。

四、结束语

课堂教学是一门很深的学问，具有极强的艺术性。影响课堂教学的因素也有很多，如教师的因素，学生的因素，教材的因素，以及课堂环境的因素等等，为了提高课堂教学的有效性，我们必须以教学理论作指导，经过自己的不断实践，不断总结，不断完善和创新，熟练地运用课堂教学的有效性策略，真正提高课堂教学的质量，提高学生学习的质量。

参考文献：

[1]张润峰.对新课改背景下小学语文教学的探讨[J].小作家选刊（教学交流），2013（7）.

[2]张小娟.新课改背景下小学语文教学探究[J].都市家教（上半月），2014（6）.

[3]杨中明.新课改背景下的小学语文教学探究[J].祖国（教育版），2013（4）.

小学语文教学中朗读教学实践[①]

在小学的语文教学中，朗读教学占据着重要地位，并且对于学生思维和认识的发展有着重要的促进作用。在《语文课程标准》中也对小学生的朗读教育做出了明确的指示，要求小学生能使用普通话对语文课文进行正确、流利、有感情地朗读。

一、有特点的朗读方式，丰富朗读形式

从朗读的表面上看形式非常单一，但事实上形式却是非常多样化。从教学实践中教师带领学生朗读时要尽量丰富朗读形式，使朗读形式多样化。在提高学生对语言领悟能力的同时，还要让学生体会作者词语的精炼及活用，

---

① 作者徐琦，女，小学语文高级教师，陈玉国语文工作室主要成员，内蒙古自治区通辽市科尔沁区南门小学教师。

这样可以提高学生对语言的领悟能力。在语文课文中经常会有特殊的语词，对这些句子我们可以改变句型之后再朗读，比如祈使句、感叹句等。这样既能使学生感受到作者自豪骄傲的情感，而且又能使学生真正体会到这些语句的特点。

在教学中应加强朗读训练，提高语文教学质量。为了激发学生的朗读兴趣、活跃课堂气氛，朗读的形式应该是灵活多变的，可以视学生学习情况、课文特点而适时采用配乐朗读，音乐特有的旋律和节奏塑造形象，把人们带入特有的意境中，唤起人们的感情，经典的文学与情调相吻合的音乐和谐结合时，会产生意想不到的效果，使学生在音乐中感受课文中叙述的优美意境，同时，再定期举行一些诗歌、散文朗读比赛或朗诵会，丰富学生课内外的阅读形式。

二、培养学生朗读兴趣，让学生感知多彩语言

小学生是培养兴趣爱好的最佳时期，只要有了兴趣，他们就会十分专心地去做某件事情，朗读也不例外。因为孩子们认知能力的局限性，很难快速地理解课文的思想感情，不过这个阶段也是人一生中记忆最好的时候，教师应该充分利用教材指导学生朗读，让学生直接感受语言，假如只是单一的大声读、一起读、个人读，就会非常枯燥乏味，学生对朗读必然会缺少热情和兴趣，从表面上看学生都在朗读，而这些朗读却停留在"声音"上，不能声情并茂的表达，因此也达不到最佳朗读效果。在有些时候学生虽然能够理解文章所表达的意思，但不能很好地用情景交融去具体感知和体会课文中所蕴含的思想文化，因此提高朗读的表现力、感染力、努力培养学生朗读的兴趣，才能让学生深切感受到语言丰富多彩的内容。

三、鼓励学生多参与性朗读，进行激励性评价

朗读时一项有声的语言艺术，它在小学语文教学中有着不容忽视的作用，只有通过教师们的精心指导和学生的刻苦练习，才能真正实现它的艺术魅力。

老师可以结合课文内容，把以往教学中属于教师的讲台让给学生，让讲台成为学生演讲的舞台，指引学生把死板的文字转变成生动、鲜活的场景，从而体会到人物的情感，这样不仅会激励学生的学习热情，而且能够更好地挖掘学生的潜力，让学生展开想象，促进学生感受课文中的景和情，让学生更牢固地掌握课文。小学生的模仿能力很强，但往往认知能力不够，很难快速地体会文章的感情，这时我们教师就可以适当地充当演员，让学生模仿老

师的范读，而后进行分角色朗读，这样大大激发了学生的朗读兴趣，利用这种方法可以快速而有效地提高学生的朗读能力。

成功的心理体验是保证学习兴趣的强大动力，如果教师对学生的每一次朗读都做出激励性的评价，这样可以让学生体会到成功的喜悦，保持他们参与朗读的热情和动力。所以，教师在指明朗读后，不要立刻提问学生"他哪里读得不好？哪里读错了？有没有读出感情？"这些找缺点的话，因为这种提问会让学生产生失败挫折的心理感受，长期下去，学生就会失去参与朗读的热情。相反，教师如能提出"他的朗读好在哪里？还有哪些不足？"之类的先找优点与进步，再寻差距的问题，不但能给学生鼓励，强化成功的心理体验，还能引导学生根据自己存在的问题找出改进的方法，提高朗读能力。

四、教学的措施和方法

1. 要有充分的课堂朗读时间。教师可根据年级、学生学习情况、教材特点安排每节课的朗读时间。并能掌握朗读效果。要有充分的时间让学生正确地读课文，要求用普通话，声音响亮，吐字清楚，读准字音，特别是自学性朗读，要让全班同学都读完、读好。不可只做个读的样子。在初步理解基础上的表达性朗读，要留够时间让学生试读、练读，读出感觉，读出味道，读出情趣，不可未准备好就仓促上阵；要留读后评议的时间，通过评议，强化朗读的激励功能、诊断功能和调节功能。

2. 必须扩大朗读训练面。要适当地创设情境。创设气氛让学生愿读、乐读、争着读。如学生朗读时放些相应的背景音乐，有时请学生配配画外音，也可把学生的朗读现场录音进行比赛等等。有一次，我教《黄山奇石》一课，在理解的基础上。我跟学生说："黄山景色秀丽，怪石奇趣，经常有外宾慕名前来一睹它的风采，谁能做个出色的导游，为外宾介绍黄山"。学生情绪高涨，跃跃欲试。我顺势引导要想做好导游，首先要把课文读熟。并要读出感情来——读出黄山景色的优美、怪石的奇趣，这样在介绍时，才能眉飞色舞，生动精彩，让外宾听了赞叹不已。几句话激活了学生的读书欲望，连平时不爱读书的学生也有滋有味地朗读起来。

（1）精选练点，锤打有声。真正能读出感情来并不容易，需在朗读技巧上作必要的适当的指导。因此，要精心选择朗读训练点，每次训练有个侧重点，锤锤敲打，锤锤有声。《欢庆》文质兼美，行文活泼流畅，语言颇具层次美、节奏美、形象美，是进行朗读节奏训练的较佳课文。

（2）朗读形式多样，必须选择使用。朗读的形式纷繁多样，不一而足，但各种形式的朗读有各自的功能和使用范围。当需要激情引趣学生读得不到位时。宜用范读指导；当需要借助读来帮助学生分清段中的内容、层次时，宜用引读；当遇到对话较多、情趣较浓的课文时。宜采取分角色朗读；当需要渲染气氛、推波助澜时。宜用齐读……但要注意的是：1范读只是引路而已，只能起"示范启发"作用，而不是让学生机械地模仿。2慎用齐读。齐读虽有造声势、烘气氛之妙用，但也是"滥竽充数"和产生唱读得温床。3每种形式的读放在不同的环节。它的作用又有区别。如范读与学生的试读。先后次序互换一下。它们各自所担负的任务、执教者要体现的目的意图也就不同。

五、结语

要想做好小学语文中的朗读教学工作，必须明确朗读在语文教学中的意义及地位，协调好讲、问与读的关系，在课堂教学中对朗读进行高度关注，使用科学合理的方法，对学生加以引导，加强学生的阅读能力，以求达到提升整体语文教学质量的目的。

砥砺前行显英雄本色，锐意进取续实验传奇

——通辽实验中学课程建设纪实[①]

2016年9月13日，备受关注的《中国学生发展核心素养研究成果》（后简称"研究成果"）正式发布，这标志着以"三维目标"为核心的课程改革正式步入深化阶段。"研究成果"最突出的特征就是明确提出了"学生发展核心素养"的理念。何为"学生发展核心素养"？简单说就是通过教育使学生逐步具备面对复杂的、不可预知的问题，有效解决而必需的品质与能力，这是学生终身发展和社会发展的共同需求。

"研究成果"的发布再一次证明了通辽实验中学在2009年全区进入新课改之后开展的基于核心素养的课程建设是正确而进步的，是符合时代和教育改革需求的。纵观通辽实验中学课程建设历程，大致可分为"内塑魂魄"和"外

---

① 作者陈玉国。

显模式"两个阶段。

内塑魂魄阶段——基于核心素养的课程理念的形成阶段

通辽实验中学的课程理念可以如此表述：是在卓越文化价值观引领下的面向全体全面发展的育人观和因材施教以学论教的教学观。

通辽实验中学基于核心素养的课程包括国家、地方和校本三级，国家课程、地方课程是其主体，这些课程的实施有着统一而严格的要求，这与其他地区、其他学校没有明显差异，但是课程实施的质量是受诸多因素影响的，其中学校对课程内涵的认知理解就是一个重要因素。在号称"知识经济时代条件下的学习革命"的今天，注入课程中的思想理念，日益成为课程质量的保证，这也是许多名校不断被模仿却难以被超越的主要原因。

通辽实验中学的课程建设是伴随着学校的发展而进行的，个中艰辛只有当事人才能体味，真正是筚路蓝缕而砥砺前行。正是因为这一批批苦心人和有志者，以他们的顽强坚毅果敢自信的精神，一步一个脚印，终于打造成如今的通辽实验中学。学校从曾经的偏居一隅不断被边缘化到"一年双状元，十年九状元"，攀升到通辽市高中教育的制高点，仅仅用了10年！从高考一二本升学数据全市三雄之末，到今天连续三年拔得头筹，并以42.4%的一本升学率跻身自治区名校行列，仅仅用了6年……这就是通辽实验中学的速度！

学校发展不是粗放型的，而是凝神聚力，不断奔向精品高中目标。高考一本以上升学人数升学率、600分以上人数连续多年处在全市前列。从1998年至今，学校培养出33名清华北大的学生，涌现了12名市级以上高考状元，其中1999年孙芳、王晓芙一举夺得自治区文理双科状元，创造了"双凤齐飞"的教育神话。学校也因此被人民网、新华网评为"全国高考状元百强校"。在全市率先实现一本升学突破500人、二本以上1000人大关，高考文理总平均分多次获得全市第一，高考8个单科多次获得平均分全市第一……这就是通辽实验中学现象！

"有思路才会有出路，有眼光才会有风光；有实力才会有魅力，有作为才能有地位"。想当年，学校在铁路居民区的重重包围和通辽市高中教育格局改变的挤压中艰难度日。当时校园面积仅有5.9万平方米，建筑面积仅1.4万平方米，教职工168人，高级教师7人，特级教师、自治区级学科带头人、自治区级骨干教师均为空白！是偏安一隅、苟且度日，还是绝地反击，低处腾跃？是自怨自艾、等待观望，还是抢抓机遇、主动发展？学校发出响亮的声音：拒绝平庸，追求卓越！抢抓机遇，做大做强！ 2004年，学校利用属地化移交的政策优势，扩大办学规模，校园面积从5.9万平方米增加到14.7万平方米；建筑面积从2.6万平方米增加到8.25万平米。高级教师由原来的17人增加为158人。教学班由30个发展为138个，学生人数从1800人增加到8000人。随着"做大"，学校也"渐强"，由原来的普通中学，一跃而成为自治区管理先进校，再跃成为自治区示范性重点中学，三跃成为全国教育系统先进单位，四跃而成为全国文明单位。学校由小到大，由弱变强，由强而精的发展模式，也被外界称颂为"实验模式"。

这样惊人的速度，这样辉煌的现象，这样令人称颂的模式，均来自于"实验精神"，这是卓越文化精神引领下的育人和教学理念，是浸润于每门课程、每个课堂、每一节课上的灵魂。

"办让人民满意的教育"是实验人精神追求，教育"让人民满意"，就不只是让学生有书读，而是要让他们享受更为优质的教育资源，实现改变命运达到理想的人生目标。那就要面向全体，全面发展，为学生幸福人生奠基。

面向全体，全面发展，就要承认学生的个性差异，采用最适合他们成长的教育模式，尊重个性差异，因材施教原则。通辽实验中学创造最优越的教育环境，配置最佳的教育资源，实行分层教学、分类推进。为英才班、实验班开具订单式课程计划，提供丰富的课程资源，配置优质师资，开设各类选修课程，实施一对一跟踪培养。同时学校在全国范围内引进优越的教育资源，采用到名校游学、定点辅导、远程辅导、全程跟踪的形式对尖子生辅导。这些有效措施保证了高考600分以上学生人数占有全市1/3强，2014年76人，2015年42人，2016年63人，2017年67人。抓好尖子生培养的同时，学校坚守"一个不放弃，一直不放弃"承诺，下大力气抓好一本二本的"临界生"，保证实现大面积提高升学质量，2014年二本以上升学率达56.63%，2015年一跃达到83.7%， 2017年二本以上升学率更是高达91.7%，均超出通辽市二本以上升学率20多个百分点，

"办让人民满意的教育"是实验中学矢志不移的追求。几年来，在全市行风测评活动中，学校始终处于教育系统中的领先地位。2013年—2014年，学校连续两年被全市人民公开投票，推举为教育系统唯一一家通辽市消费者喜爱"十大美誉度品牌"。2007年学校人事部、教育部联名命名为"教育系统先进集体"。2015年学校又被国家文明办命名为"全国文明单位"。

如果说学生是学校的"根本"的话,那么教师就应该是让人民满意的学校的"资源"。近年来,教师队伍不断充实和优化,到2013年,教师达到580人,其中硕士学位教师36名,高级教师158人,特级教师3人,自治区级学科带头人6名,自治区级骨干教师5名,通辽市级学科带头人12名,通辽市级骨干教师36名,通辽市名校长1名,通辽市名师4名,通辽市领军人才3名,科尔沁英才4名。

学校大力打造名师团队,设立学科首席教师,给予他们校内特级教师的待遇,学校还定期评选"十佳青年教师""模范班主任"。目前学校已经构建成了以特级教师、首席教师为核心的三级教学名师队伍,这支名师队伍在"引领教学、登台讲座、著书立说"学科建设上居功至伟。学校关注青年教师的成长进步,实施"青蓝工程",采取双向选择的方式为每一位新职教师搭配师傅,履行为期三年的师徒合同。并以"一年入门,三年合格,六年骨干,九年优秀"为目标对青年教师进行跟踪考核与培养。学校实行覆盖全体一线任课教师的"三杯一花"课堂竞赛活动,分三个年龄段,开展"希望杯""栋梁杯""功勋杯"课堂教学竞赛活动,推荐其中优质课参与"百花奖"课堂教学竞赛,这样覆盖全体的竞赛有力推动了课堂改革和教师发展。

建立"走出去,请进来"学习制度,切实体现"以师为本,以研促教"的教学理念。从2009年以来,学校先后斥资百余万,分三批将初高中全部一线教师派出到课改先进校脱产学习一周,初中到杜郎口中学学习,高中到大庆实验中学学习。大规模的学习有利于大幅度形成课程改革共识。学校还与银川一中结成联谊校,定期开展教学交流,与银川一中同进度考试,这为学校实现本科升学大面积提高起到了重要作用。

"走出去"让通辽实验中学学到了全国最先进教育教学经验,"引进来"的学习方式让师生更方便更直接与全国名师交流。为进一步提升学校科研教学水平,充分发挥名师的引领辐射作用,通辽实验中学积极邀请全国最具影响力的名师走进校园、走入课堂,在通辽市率先成立了国赫孚名校长工作室、孙发名校长工作室、曹殿成语文名师工作室、陈玉国名师工作室、王春辉名师工作室等。在名师工作室的带领下,更多的优秀教师不断地超越自我,积极向上,推动教师队伍向优质化、科研型的发展,也让通辽实验中学的优秀学生不出校门就与全国名师进行面对面的交流,拓宽了学生的知识视野,提升了学生的知识能力水平。学校积极与名牌高校建立交流沟通平台,为尖子生的奥赛辅导、科研创新、自主招生等提供优质的高校教学资源，通辽实验中学2016年10月成为中国科学技术大学优质生源基地在通辽市落户的第一所中学，2017年3月成为东北师范大学生涯教育基地。

追求卓越、面向全体、以学论教的实验理念如源头活水，不断灌注到教师的心田，流淌于每一课上，蒸腾于实验中学各项事业中，在辽远无垠教育天地中，如红日喷薄欲出，实验中学课程改革的新篇章掀开了。

外显模式——基于核心素养的课堂建设

通辽实验中学课堂模式表述为"自主学习课堂导案自学五环节"。伴随学习的深入和课程理念的成熟，学校对新课程改革有了更明确深刻的理解："课程改革的关键在理念，理念落实的关键在模式。"摸索出一套成熟适用的课堂教学模式，以规范教学和提升效率，是实验中学课程建设厚积薄发的必然。

21世纪是知识经济的时代，培养具有开拓精神和主体意识的创新人才，是时代和国家赋予教育的神圣使命。"新课程"的本质就在于让学生的学习方式彻底变化，真正成为学习的主人。自主、合作、探究的学习方式的改革是新课改的核心。因此，充分发挥学生的主体作用，提高学生自主学习的能力，让学生学会运用不同的学习策略，有效发现问题、研究问题和解决问题，是通辽实验中学课堂"导案自学五环节"模式的核心思想。

苏霍姆林斯基说过："教会学生自己教育自己，这是一种最高级的教育技巧和艺术。"通辽实验中学提出的"导案自学五环节"课堂教学模式，就体现了以学生为学习主体和以教师为学习主导的"双主"思想。导学案由教师设计，保证了学习的有效性，导学案包括学习目标任务方法路径，学生能自学的完成的内容教师绝不越俎代庖，同时引导学生对新学内容进行预习，并带着生成的问题进入课堂，开展课堂上的合作学习。"五环节"是在学生自学后的课堂合作学习的程序，分为"导入——交流——展示——总结——练习"。"导入"是在 自学基础上，提炼的共性突出问题的合作任务。"交流"的环节主要有两个，一是组内检查自学情况，并互相讲解，达到对旧知识复习巩固；一方面交流对新学知识的学习心得，目的是形成共鸣或争论，加深对新知识的认知。"展示"环节是更大范围的交流，在组间进行，主要是将小组交流形成的共鸣或争论的内容呈现给全体师生，目的是进一步提升"合作学习"的质量。"总结"环节主要是全体师生对新知识的学习经验提炼，包括知识内容本身，也包含学习方法规律提炼。"练习"是为巩固新知识而进行的课堂训练，直接指向知识的应用，进一步培养学生解决复杂问题的品质与能力。

2009年我区全面进入新课改，学校的"导案自学五环节"模式也于此时开始进行实验，三年后效果显现，表现在2012、2013、2014、2015连续四年的高考成绩上。2012年是新课程实施后的第一次高考，学校有3名同学考入清华大学，一本上线468人、二本以上上线987人、音体美二本以上上线254人，上述指标均居全市第一；2013年获得通辽市文科状元，二本以上892人位列全市第一；2014年，2人考入清华北大，600分以上76人，一本上线人数和升学率两项指标跻身全区前19所学校行列，二本以上升学人数1114人、文理科总平均分、6科单科平均分均处全市第一；2015年，1人考入北大、600分以上42人，上述两项数据处于全市第二，二本以上升学人数、升学率处于全市第一位；2016年，曹睿奇同学通过自主招生被清华大学录取，600分以上63人；文科总分平均分、一本二本升学人数、二本以上升学率处于全市第一；2017年，一本上线人数784人，二本以上上线人数1695人，一本上线率42.4%，二本以上上线率91.7%，无论是上线人数还是上线率均创造了通辽实验中学高考新高，特别是在全区600分以上学生比2016年减少1104人、全市减少50人的情况下，实验中学比去年增加4人，达到67人，尖子生数量实现明显增长。

就是凭着一股闯劲，一种不服输的精神，实验中学砥砺前行，永不止步，逐步形成了世人所称道的"实验速度""实验现象""实验精神""实验模式"。"办让人民满意的教育"永远是我们的奋斗目标，课程建设也会是任重道远，但创造并传承着卓越精神的实验人必将会从一个胜利走向下一个胜利，一代代实验人会不断续写一个个教育传奇！

聚焦教学改革，促进课堂转型
——通辽实验中学课堂改革二十周年纪实[①]

1998年至2018年的二十年，通辽实验中学各项事业突飞猛进，学校由小到大，由弱到强，因此这二十年被称作"黄金二十年"。这二十年的教学改

---

① 作者陈玉国。

革，经历了转变观念、探求模式、收获成绩的过程。

一、转变教学观念，落实以师生为本的思想

"以人为本"在此可以解释为以"师生"为本，进一步解释为"以生为本，变讲为教；以师为本，以研促教"，这也是通辽实验中学在推进素质教育、实施课程改革后始终坚持的教学思想。

1998年以后的20年，是学校跨越式发展、办学规模迅速扩大的一段时期，新聘教师人数大幅度增加。虽然是等米下锅，但学校选师从来都把握宁缺毋滥的原则，其中是否秉持正确的学生观是考察的首要项目。所有来应聘的教师，在面试环节都会面临这样一道题目的测试："请描述一下你心目中理想的学校"。很多应聘者会谈到学校规模、办学档次、工作环境、生活待遇、文化追求、价值取向……却往往忽略作为学校第一人群的学生！学校和教师存在的价值在于学生，为国家和社会培养更多优秀的人才应该是每个教师的理想，而能够大面积培养优秀学生的学校应是教师理想的学校。

通辽实验中学20年的发展主要体现在高中办学规模的扩大方面，高一招生由1998年的六个班370余名学生发展到2018年三十三个班1760名学生。由于起步晚发展快，1998年至2008年的十年间，我校招收的学苗大多属于全市三类，大多数学生来自农牧区，这些学生相对城区学生来说，具有朴实坚韧的品质素养和遵规守纪、好学勤奋的行为习惯，但也存在学业基础薄弱、视野狭窄、情绪易波动等突出问题。大面积提升教学质量必然需要我们做到"低进高出"，而这又谈何容易？但我们想，在学校办学由小到大的发展过程中，广大家长对学校的贡献是巨大的，他们愿意将孩子送到我们学校，说明他们对我们是有信心的，我们不能辜负了父老乡亲这份热望。另外，所谓"知识改变命运"，对正处于社会转型期的家庭来说，家长尤其渴望孩子成才，从而改变孩子乃至整个家庭的处境，这份希望分外殷切、厚重。我们必须善待这样每一个希望，力争让每一个学生都获得成功。我们的责任就是为幸福人生奠基！再有，教育公平是社会公平的最直接体现，党和国家致力于让学生有书读，我们教育者就是要对每个学生负责，一个不抛弃，一直不放弃！做到这些，才是我们理解的"办人民满意的教育"。

（一）学习素质教育理论，思考并回答"教育为了什么"的问题

在世纪之交的1999年，党中央、国务院召开了改革开放以来的第三次全国教育工作会议，做出了《关于深化教育改革全面推进素质教育的决定》，素

质教育思想正式以国家意志的形式展现在世人面前,体现了国家推进素质教育的坚定意识与勃勃雄心,这在全国基础教育界引发了不小的轰动。

推进素质教育,转变观念更新思想是头等大事。我们意识到这一点,便发动全校教师,掀起了全面学习素质教育理论的热潮。从2001年下半年开始,我们把《素质教育学习手册》(简称"素质教育三十条")当作转变教师观念的基础读本,动员教师深入领会"素质教育观念学习提要"的精神。组织了多次交流研讨活动,结合自身和学校实际,学习了诸如"学生的头脑不是灌注知识的容器,而是需要点燃的火把"、"能使学生生动活泼主动发展的教育,才是成功的教育"……现在来看,"素质教育三十条"中类似"没有教不会的学生,只有不会教的老师"的提法确实值得推敲,但不得不说,有时"矫枉"必须"过正",治疗沉疴痼疾确实需要这样的奇方猛药!对在传道授业上早已驾轻就熟的教师来说,实行素质教育,促进学生主动自主发展,无论是在思想上还是在实践上,都是一种艰难地转轨。这不啻于把一个流水线上技艺娴熟的工人突然调去搞设计。由此可以看出,这样的学习是多么必要。

图1 派出教师到衡水一中学习

教师们虽然对实施素质教育有畏难甚至抵触情绪,但也不能无视形势的发展,毕竟与时俱进是时代对全社会的要求,因此教师的观念还是发生了变化。下一步,就要解决素质教育进课堂的问题了。2002年10月开始,《中国教育报》连载了以"一个教育函数式的解读"为题的系列文章，系统介绍了河北衡水中学实施素质教育的经验。我们意识到这是值得借鉴的典型经验，它直接面对了"实施素质教育与提升教学质量之间的关系"问题，用实际成绩回答了二者结合不但不矛盾，反而可以相得益彰！于是学习衡水经验成为我动员教师转变观念更新思想的第二个学习内容。衡水中学的"重视细节、讲求实效"的成功管理经验很快在学校落地生根，并逐步发展成为如今的"务小务细务实"的管理文化。

图2　教师讲坛发言人在做报告

这些学习，很快形成了覆盖全校上下的"推进素质教育"的强大声势，教师们的学习热情也被调动起来，"转变观念更新思想"成为教师的自觉愿望。于是我们班子因势利导，及时调整学习方向，由学习借鉴转向消化吸收，连续开展了五期校内大型研讨活动"教师讲坛"。讲坛由高中教研室策划并组织实施，确立"新课程、新课改、新高考"的话题，第一届（2006年）主题是"新课标、新课程、新高考"；第二届（2007年）主题是"在反思中提高"；第三届（2008年）主题是"走'内涵、特色、品牌'发展之路"；第四届（2009年）主题是"在创新中整合"；第五届（2010年）主题是"倡导自主学习，探求有效策略"。这样结合外地经验与本校实际的研讨，引起了广大教师的思想共鸣，进一步促进了教师观念转变、思想更新，引导了教师思考并回答新时期"教育为了什么"的问题。伴随学习深入，对这个问题的理解逐步明朗，在新时代背景下，我们实行的素质教育就是要培养具有鲜明个性，能够独立思考，富于创新意识的人才；我们传统的课堂培养出来的是作题机器、留声机复读机，现在要求我们培养的是有实践能力、创新精神的优秀公民。这些认识为日后的"聚焦课堂教学，提升教学质量"的课堂改革奠定了坚实的思想基础。

（二）聚焦课堂教学改革，着手解决"怎么教"的问题

2001年6月8日，教育部下发《基础教育课程改革纲要（试行）》，正式拉开了全面实施基础教育课程改革的序幕。这次课程改革被称为"新课程改革"，原因在于它出现了六个明显的变化：（1）基础教育课程改革的具体目标是改变课程过于注重知识传授的倾向，强调形成积极主动的学习态度，使获得基础知识与基本技能的过程同时成为学会学习和形成正确价值观的过程。（2）改变课程结构过于强调学科本位、科目过多和缺乏整合的现状，整体设置九年一贯的课程门类和课时比例，并设置综合课程，以适应不同地区和学生发展的需求，体现课程结构的均衡性、综合性和选择性。（3）改变课程内容"难、繁、偏、旧"和过于注重书本知识的现状，加强课程内容与学生生活以及现代社会和科技发展的联系，关注学生的学习兴趣和经验，精选终身学习必备的基础知识和技能。（4）改变课程实施过于强调接受学习、死记硬背、机械训练的现状，倡导学生主动参与、乐于探究、勤于动手，培养学生搜集和处理信息的能力、获取新知识的能力、分析和解决问题的能力以及交流与合作的能力。（5）改变课程评价过分强调甄别与选拔的功能，发挥评价促进学生发展、教师提高和改进教学实践的功能。（6）改变课程管理过于集中的状况，实行国家、地方、学校三级课程管理，增强课程对地方、学校及学生的适应性。

我国基础教育新课程的核心理念是"为了每一个学生的发展"。课程改革的主渠道在课堂，有什么样的课堂就有什么样的教育。对于"课堂"，联合国教科文组织最新阐释为"课堂是交流的场所"。可以说，课堂不仅是学生学习的场所，也是他们成长的原野。因而，新课改的课堂价值可以概括为：育人和成长。在我们学习素质教育理论过程中，我们也越发强烈地意识到，实行新课程改革，推进素质教育的主阵地是课堂，这就引导我们聚焦课堂，分析我们的课堂怎么样，存在什么问题，怎么整改……总之就必须研究分析"怎

么教"的问题。

经过观察分析，我们对当时的课堂得出如此判断：教师的教学观念陈旧，信奉"师傅领进门，修行在个人"的教育信条；习惯采用基于行为主义学习理论的知识传授方式，教与学的关系是"老师讲学生听"；课堂面貌具有明显的教师唱主角，学生做配角的特征，不少课堂甚至呈现了"一言堂""满堂灌"问题。总之，传统课堂的弊端，主要在于一味灌输和机械训练，单调乏味缺少生命活力的教学形式，导致学生缺少学习的主动性，变成被动接受知识的"容器"。这是对学生学习潜能的漠视，是对学生学习机会、学习权力的剥夺，是对学生主动学习的无情压制。显然，在新的历史条件下，培养具有独立人格、主体意识和创新精神的时代新人，培养懂得尊重、善于合作，具有构建人类命运共同体的基本素养的现代公民，是对教师的要求，而胜任这一任务的教师一定不光能要传授知识，更要善于激发学生探究兴趣，使他们感受学习快乐，养成学习意识，形成学习能力。总之，教师的教学是在帮助学生"成长"。

思想的瓶颈度过了后，怎样实现行为上的改变呢？

我们意识到，应该将那些真正践行素质教育思想的课例"移栽进来"，让老师们开开眼。但是，在那时候，真正的这样的课例实属凤毛麟角，尤其在内蒙古地区，即便一些著名的学校，仍然固守传统的教学理念，甚至公开宣扬推进素质教育就是"走过场，瞎折腾"，他们仍旧在坚持"教师讲是最高效的"的理念。现在看来，当时我们的课改想法确实是超前的、新锐的。中学没有这样的课例，我们就到高校去找。于是，在2002年和2004年，我们先后两次邀请东北师范大学教育系的牛广田教授来学校，请他做了"更新教育思想，转变教育观念"的讲座。尤其是第二次，牛教授现身说法，上了两节语文课，生动展示了他所理解的素质教育课堂面貌。现在看来，牛教授不讲知识，不做训练，只是鼓励学生"动口读、大胆说"，教师则"一概夸"，被老师们概括为"读—说—好"的课，未必是真正意义上的好课，但牛教授将课堂主角彻底由教师变为学生的做法，确实给习惯于独占课堂"讲课"的教师们，以颠覆性的思想震撼和精神涅槃般的启发。这些教学理念和课堂实践的启蒙式的教育，为实验中学后来实行的新课程改革做了很好铺垫，为日后自主学习课堂教学模式的形成奠定了思想基础。

我们把"以人为本"的思想具体描述成"以生为本，变讲为教；以师为本，以研促教"的理念。在当时，具体"怎么教"我们还不能解答得十分清楚，但至少我们认识到,"教"不能仅限于"讲知识,教课本"。而且,我们也认识到,"教"是需要在不断学习研究和改革实践中,构建形成并逐步完善某种手段体系的。于是一系列旨在转变课堂教学观念,落实学生学习主体地位的课堂模式实践探索陆续展开了。

二、构建教学模式,打造自主学习课堂

2009年内蒙古自治区正式进入高中新课程改革,我们未雨绸缪的行为收到了效果。思想引导实践,实践催生智慧,使学校在短期内摸索出适合本校实际,具有自主特色的课堂教学模式,初中是"1+3+1模式",高中是"导案自学五环节模式"。在借鉴吸收名校经验,消化生成本校课堂教学模式方面,杜郎口中学、大庆实验中学、天津中学、河北任丘一中给了我们很大的启发。

(一)师生"双主体"思想的形成与确立

从2007年至2010年,学校斥资百余万元,将初高中全部一线教师送到杜郎口中学、大庆实验中学听课学习,这样的学习为自主学习课堂教学模式构建提供了有益的启发。

杜郎口中学自主学习"三三六"课堂模式特点为"立体式,大容量,快节奏"(前"三"),自主学习过程含"预习、展示、反馈"三个模块(后"三"),课堂展示包括"六大环节",分别是:预习交流、明确目标、分组合作、展现提升、穿插巩固、达标测评("六")。课堂充分表现了教师与学生之间的默契,课堂氛围和谐而活跃。这种课堂教学模式很好的解决了大班额条件下的合作学习问题,学生主体地位得以落实,面向全体共同发展的问题得到了很好的解决。这对同样是大班额的我校来说,有很好的借鉴价值。学生成为课上主角,激情洋溢活力四射,小组交流与课堂展示成为上课的主要环节和重点内容,课堂面貌确实焕然一新。但这种课堂在突出学生主体的同时,明显弱化了教师的地位与作用。在课堂学习活动中,教师的角色有时甚至可有可无,作用也似乎仅仅是管住自己,不去"干扰"学生。在这样的课堂中,学生合作学习的实际效果是令人怀疑的,因为我们知道,以学生的年龄及阅历,如果抛开教师的指导显然也是不符合教育规律的。因而,仅仅关注学生主体地位落实是不够的。

大庆实验中学"137"教学模式对学习效果的巩固具有积极作用。依据斯宾浩遗忘曲线规律,他们强调,对新学到的知识,教师要运用不同的形式,在学习的当天、第3天和第7天进行三次强化刺激,帮助学生巩固知识。这期间，教师的作用很明显，表现在精心选编习题及运用合适方式来巩固强化学习，及时引导自主合作学习方向，符合有效教学的"堂堂清，周周清，月月清"原则，因而突出了教学效果。教师在学生学习上的把关作用明显，体现了教师参与学习的主动性与主体性。在"少教多学、少讲多练"的要求下，必须要求教师做到惜时如金又要切中肯綮，学生积极广泛参与活动又要精思明辨，因此练习与总结环节至关重要。它是"以终为始"的教学设计思想的体现，课上的活动需要通过这样的环节检验其价值。这都是对我们的启发，但这样的课堂也有问题。课堂上教师犹如法官，在案情审理阶段，让控辩双方充分辩驳，他不置可否。而在宣判时，他才表明态度，可见在学习的过程管理上，教师作用的发挥是不足的。

图3　全体干部到大庆实验中学学习

学生作为教学实践的对象，他的认识结构、道德结构、审美结构和生理结构是要受到改造的。那么，学生这时还算不算主体？我们认为：始终是主体。只是学生参与教学主体特征集中表现在自我教育上。正如苏霍姆林斯基所说："我深信，只有能够去激发学生去进行自我教育的教育，才是真正的教育。"俗话说，"娘生身，自长心"，自我教育是学生经过筛选和调剂而主观化了的教育。他不愿意或不能够接受的教育对于他就是"噪音"，就不会入耳入脑。因而，促进学生发展即改变和完善其主体结构的，不是他人的"教育"，而是"自我教育"，因此说，学生始终是主体。对这一点，强调自主学习的课堂是公认的，甚至有的课堂将学生主体地位加之于教师课堂地位之上，出现教师作用地位弱化现象。那么，教师的课堂上的作用体现在哪里呢？其实，在教学活动中，教师负责整个教学设计和完整的教学过程的组织实施，而且教师的劳动往往决定着学生的学习质量，因此也应是学习活动中的"主体"。基于这样的认识，为了避免产生单主体的误解，我们的自主学习模式明白无误地将师生表述为"双主体"。这有如文章的双线索，二者互为明暗，课前教师是"明线"，负责教学设计，学生是"暗线"，在教师的设计基础上自主学习；课上学生是"明线"，主要活动是合作学习，而教师是"暗线"，组织和引导学习活动。因此，从学习过程中看，师生都是真正"平等的"。

自主学习课堂建设必须让学生积极主动的学习，同时又要以保证质量为根本。如何提高自主学习的有效性和学习效率，是构建课堂教学模式教学始终遵循的原则，而处理好师生课堂关系，充分发挥双主体的作用，是我们坚持不懈的探求方向。学校课堂改革的每一个举措都是有的放矢，均能做到深思熟虑，避免了举棋不定、盲目排斥以及照单全收等弊端，使日后形成具有自主特色的课堂教学模式成为可能。

（二）自主学习课堂教学环节的确立

从2011年开始，学校参加了由天津中学原校长国赫孚教授发起的，由津冀蒙三地九所学校合作成立的"华北教学设计联合体"。联合体的教研核心内容就是研究"教什么"和"怎么教"，"怎么教"就涉及教学设计与实施。在与联合体各成员校进行交流中，天津中学的"六环节自主学习课堂教学模式"和河北任丘一中的"135自主学习课堂教学模式"在课堂实施环节方面给了我们的很大的启发。

天津中学课堂教学模式"六环节"包括"引入、自学、交流、展示、练习、总结"，其实质指向学生的自主学习。"引入"环节是布置自学任务，任务明确、具体，让学生知道学什么（自学环节的前提）；"自学"环节由学生阅读文本、思考完成学案的问题，并形成个人的结论（交流的前提）；"交流"环节在小组内交流个人的学习成果并形成小组的结论（展示的前提）；"展示"环节汇报小组结论，教师在这一过程中适时点拨与指导，学生初步完成知识的意义建构（练习的前提）；"练习"环节学生将获得的知识运用于解决问题的实践；"总结"环节归纳一节课的收获。体现在一个单元教学中，应该完整地呈现"六环节",但每一节课,对模式的运用完全可以根据需要灵活选择,不必一环接着一环机械地套用。河北任丘一中"135自主学习课堂教学模式"的核心是课堂教学由知识立意转为能力立意,是以导学案为统领,以小组合作为抓手,以自主、合作、探究为本质,以"三维目标"为纲领,以发展学生的学习和创新能力为方向。"1"是指突出一个主体,即课堂教学要突出学生这个主体;"3"是指狠抓三个环节,即课前充分准备、课中有效实施、课后巩固提高;"5"是指把握五个步骤,即课堂教学分五步推进:①创设情境、引入问题;②小组讨论、合作探究③成果展示、同学点评;④教师点拨、总结提升;⑤纠错反思、当堂检测。

图 4　天津中学原校长国赫孚教授深入我校课堂听课

对天津中学和任丘一中的课堂教学模式的学习过程,也是我校立足自我、消化吸收、不断成熟的过程。总的来说,我校自主学习课堂教学模式的构建经历了三个阶段。第一阶段为备课组自主摸索阶段,自下而上的模式构建使自主学习课堂教学模式意识深入人心,但纷繁复杂的各类"模式"往往令学生难以适应。结果使学生成了提线的木偶,即便课堂活动精彩纷呈,气氛热烈活跃,但这仍是由教师策划并掌控的学习行为,并非学生真正意义的自主学习。而且,模式的花样翻新必然将课堂引向作秀与造假,使之距离本色课堂只能越来越远。于是在一段时期内,回归"本色课堂"的呼声重新高涨。"本色课堂"的提法没有错,但不存在回归与否的问题,改革不能走改旗易帜的邪路,也不能走封闭僵化的老路!我们的做法是将各种模式进行整合,于是就有了课堂模式构建的第二阶段——"一课两案五环节"模式(125模式),"一课"即一个相对独立的教学单元,如语文的一篇课文;"两案"为自学案和导学案,自学案供学生课前预习使用,导学案作为课上合作学习计划书、任务单;"五环节"是课堂学习的五个步骤及程序,为"提示目标——创境设问——小组学习——展示交流——总结提升"。这套模式脱胎于天津中学的"六环节模式"和河北任丘一中的"135模式",同时又符合本校的实际,突出了校本特色。与天津中学、任丘一中最主要的区别是将"自学预习"前移,并编制自学案进行预习指导。2015年,我们又对"125模式"进行了打磨,使学案更为简约,呈现更多留白,留给学生更多自由思考的空间;"环节"也更为简明,变为"导入、交流、展示、练习、总结",称作自主学习课堂"导案自学五环节"模式。

图5 业务副校长白春华、教研室主任陈玉国带领老师们研磨课堂教学模式

(三)"导案自学五环节"的内涵和育人价值

"导案自学五环节"课堂教学模式,体现了以学生为教学活动的主体和以教师为学习主导的"双主体"思想,这也是不同于杜郎口、大庆实验、天津中学、任丘一中的地方。

"导案自学五环节"的课堂是由知识立意转为能力立意,以导学案为统领,以小组合作为抓手,以"自主、合作、探究"为本质,以"三维目标"为纲领,以发展学生的学习和创新能力为方向的课堂。"导案"针对相对完整的一节课而设计。我们认为,教学既要强调连续性,又要突出阶段性,也即所谓的"一课一中心,一课一习得"。相对完整的一节课,应该具备两个

"点"：知识框架环节点和学习过程的起止点。我们要求教师要树立知识框架意识，备课要画知识树，将本节课知识放到知识系统框架中去认识和把握，并能在整体框架中突出本节课知识内涵。课堂学习从课前预习开始，编制指导学生学习的"计划书任务单"，内容主要有两方面，一是提供与学习新知有关的旧知识和背景材料，以引导学生思维，做到"温故而知新"；二是提供自学检测题，主要是学生应知应会内容或者通过自学能完成的问题，对这些内容教师一般不讲解。三是提供给学生导学问题，引导学生学习思路，这些内容作为课上教师指导合作学习的基本内容。我们要求，导学案课前下发给学生，学习必须由学生自主学习开始，必须做到"先学后教"。

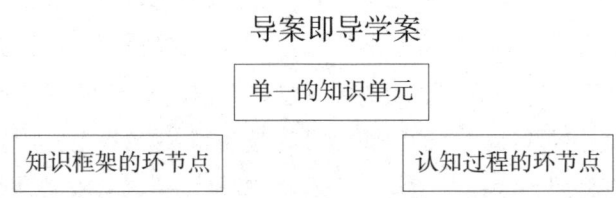

"一元二点"，导案的内容应是相对完整的一个知识单元，应该具备两个"点"：横向知识框架环节点和纵向学习过程的起止点。教师在编写导案的备课中，要将本课知识放到知识系统框架中去认识和把握，并能在整体框架中突出本节课知识内涵。同时依据认知心理规律，站在学生学习角度来认识学习，遵循循序渐进的原则制定学习目标以及下达学习任务，提示指导学习的基本路径和方法。

图 6　导学案图解

"五环节"是在学生自学后的课堂教学程序，分为"导入——交流——展示——练习——总结"。

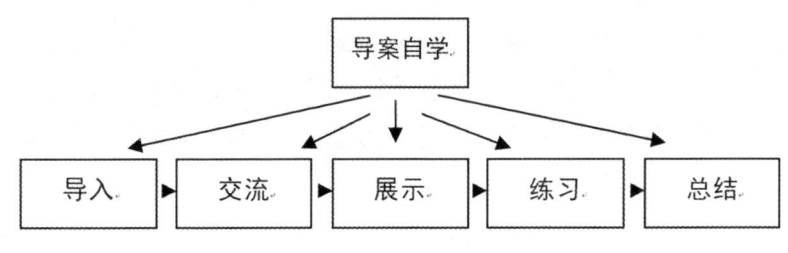

图 7　导案自学五环节模式图

1. 导入

包括提示学习目标、创设问题情境、检查或总结自学情况等内容。

课堂教学目标在教学活动中处于核心地位，是整个课堂教学的起点、归宿，制约着课堂教学的方向。提示目标可以使课堂教学中的师生活动拥有明确的共同指向，因而可以有效避免课堂教学中的盲目性。制定教学目标需关注如下三点：①要承载教育方针、课程目标。②要引导和激励学生学习。③要能测量和评价教学效果。

创设问题情境包括"情境学习"和"问题化教学"两个要素。首先要明确的一点，这里创设的"学习情境"及提示的"课堂问题"，要与"导学问题"有密切关联，它是在学生对"导学问题"思考基础上产生的。"课堂问题"在提法问法上应比"导学问题"更精致、更具体、更灵活、更有情境、更具有生疑激趣的效果。其次要知道"情境学习"必须具备的功能，主要有四点：①基于生活。强调情境创设的生活性，其实质是要解决生活世界与科学世界的关系。陶行知有一个精辟的比喻："接知如接枝"。他说："我们要有自己的经验做根，以这经验所发生的知识做枝，然后别人的知识方才可以接得上去，别人的知识方才成为我们知识的一个有机部分。"美国教育心理学家奥苏伯尔也说："假如让我把全部教育心理学仅仅归纳为一条原理的话，那么，我将一言以蔽之：影响学习的唯一最重要的因素就是学生已经知道了什么，要探明这一点，并应据此进行教学。"②注重形象性。强调情境创设的形象性，其实质是要解决形象思维与抽象思维、感性认识与理性认识的关系。为此，我们所创设的教学情境，应该是感性的、形象的、具体的，它能有效地刺激和激发学生的想象与联想，促使学生形象思维与抽象思维的互动发展。③内含问题。有价值的教学情境一定是内含问题的情境，它能有效地引发学生的思考，使学生产生问题意识。④融入情感。教学情境应具有激发学生学习动力的功效，第斯多惠说得好："我们认为，教学的艺术不在于传授的本领，而在于激励、唤醒、鼓舞，而没有兴奋的情绪怎么激励人，没有主动性怎么能唤醒沉睡的人，没有生气勃勃的精神怎么能鼓舞人呢？"赞科夫也强调指出："教学法一旦能触及学生的情绪和意志领域，触及学生的精神需要，这种教学法就能发挥高度有效的作用。

第三要明确"问题化教学"的实质。其实质是合作学习的方向标和任务书，它要为小组交流学习做准备，学生课前预习属于个体的自主学习，肯定存在未考虑成熟的问题，这时将进行的小组合作交流学习，能丰富或提升对这些问题的认识，最后以形成合理的问题解决方案为合作学习的终结。因此，问题是小组学习活动进行的线索，问题贯穿于整个学习活动的始终。

总结自学情况是对学生课前预习情况的检查，可以进行教师检查或小组检查，教师检查要注意发现共性问题，以利于课上学习更有针对性。小组检查主要是督促学生认真完成自学内容的学习。

2. 交流

小组合作学习是指学生在小组或团体中为了完成共同的任务，有明确的责任分工的互助性学习。其内涵包括三个层面：小组合作分工学习、小组合作讨论学习、小组合作交流学习。为了达成分工、合作、交流的目的，我们认为要做好两个方面的工作：

（1）编排最优合作学习的小组

小组编排一般要遵循"组内异质，组间同质"原则，将全班学生依其学业水平、能力倾向、个性特征、性别乃至家庭背景等方面的差异组成若干大体均衡的小组，这更利于学生愉快地进行合作，提高学习实效性。

（2）构建适合学生合作学习的环境

学生是具有丰富个性的学习者，和谐、默契、尊重、信任的学习环境，可以激发学生思维，促使其与他人交流合作的愿望，在感受和参与中体验到成功的快乐。这就需要教师要善于创造宽松、平等、和谐的合作学习环境，一般要做到三点：提供充裕的合作学习时间。布鲁姆说："提供足够的时间与适当的帮助，95%（5%的优等生和90%的中间生）能够学习一门学科，并达到高水平的掌握。"给予学生心理上安全感或精神上的鼓舞。制定合理的合作学习策略。

3. 展示

严格意义上说，本环节属于"合作学习"的一部分，只不过是更高层级的合作学习，是小组间的合作学习。小组将形成的问题解决方案或产生的疑问公开展示，一方面满足学生的表现欲望，让学生的学习获得精神愉悦，增强学习自信；另一方面让不同的意见碰撞、争鸣，进一步引发全体学生的思维，引导学习的深入。做好展示要注意做好如下点：①展示的面要大，要让每个小组都有展示的机会和平台；②展示的点要多，要让每个学习方案都获得展示；③展示的手段要多样，可以采用发言、板书、提交记录等方式进行；④展示后要有辨别纠正，让每个展示方案获得进一步完善提升的可能。评价可以分为自评、互评和师评，既要对学习方案进行评价，也要对小组合作学习过程、效果进行评价。此环节"师评"是关键，教师要对学生的发言予以鼓励、启发诱导、精当地点评；在恰当的时机，诱发认知冲突引导争辩；适当进行示范引领、指导应用。

4. 练习

此环节于知识巩固、迁移的最佳时机进行，通过全班合作学习，学生习得新知，思维得到提升，产生了跃跃欲试地去解决实际问题的愿望，教师要抓好这个教学有利时机，引导学生进行知识的巩固和迁移。具体做法有两个：

（1）出示检测习题，当堂训练，巩固所学。训练难度要适中，因此完全可以采取"兵教兵"的办法，学生间互批互改，交流做题经验心得；教师针对普遍存在的问题进行矫正性的补充讲解和解题的规范指导，然后让学生反思改错。

（2）进行迁移拓展训练，可以选取适量高考真题为例，通过讲解，对所学新知进行提升，形成知识结构；对思维方法和解题思路加以总结；对重点知识和技能进行强化。在必要和可能的情境下，要引导学生提出新的问题，为后续学习做铺垫。

5. 总结

是对整节课学习内容的归纳、提炼，有利于学生更集中更高效的把握知识，也是对整个学习过程及效果的评价，目的是引导学生更为有效的学习。总结可以由学生完成，也可由教师完成，由学生完成会收到"兵教兵"的奇妙效果，由教师完成可能会使知识体系更为完整，知识指向更为清晰。

通辽实验中学的课程改革核心理念是"让学生学会学习"，"导案自学五环节"课堂教学模式的育人价值在于，让课堂成为学生生命成长的原野，教师成为学生生命成长原野的守望者。所谓"自主学习"，是指学生在教师的科学指导下，通过能动的创造性的学习活动，实现自我的发展。而在学生的自主学习过程中，教师的科学指导组织管理是有效学习的前提与保证，但教师在学习中更多要追求"少张嘴，迈开腿"，即"隐于课上"。而正是这难能可贵的"隐"带来的，是充满积极自主精神和创新活力的课堂。学生自主性的表现体现在以下三个方面：

1. 充分的自主学习

导案给学生提供了明确的、充分的学习任务。提示了思维方法路径，大致分为"读、思、做"。"读"是阅读教材，生成问题和感悟；"思"是思考导案问题；"做"是完成导学问题并诉诸文字表达。在此环节，教师要给予充分的自主学习时间，布鲁姆说："提供足够的时间与适当的帮助，5%的优等生和90%的中间生能够学习一门学科，并达到高水平的掌握。"不仅如此，自学能帮助学生养成独立思考的习惯，保持独立完整的个性，培养创新精神和实践能力。

图8 学生在对导案自学情况进行互批互评

2. 充分的小组交流

学生将课前自学收获和疑问进行小组交流，进一步丰富和提升自学认识，进行充分的"兵考兵"和"兵教兵"。教师要"闭上嘴迈开腿"通过巡视倾听，收集课堂信息，及时掌握学生学习状态，发现共性问题，确定下一步的教学策略。以达到陶行知所说的，学生怎么学就怎么教，教的法子来自学的法子。对学生来说，交流不仅是认知的过程，更是成长的过程。交流促使学生将内化的思考转化为外化的表达，实现了语言能力对思维能力的促进；交流促进学生要反思自己的推理，并要用语言清晰地表达，有益于培养学生的元认知能力；交流给了所有学生表达质疑的机会，就有可能让所有的学生获得发展；交流既要积极表达，也要认真倾听，有益于培养民主社会的合格公民。

图9 学生小组内合作交流　　图10 学生在与教师交流

3. 充分的组间展示

展示就是由小组代表向全体同学和老师展示本组的交流结果，并接受其他小组的质疑。这一阶段学生将得到多种个人锻炼，尤其是语言表达能力。学生要能用准确，简明，得体的语言，配以洪亮的声音、自信大方的姿态讲清本组观点，并能虚心接受他人的质疑，耐心解释。这种语言表达和沟通能力及礼仪修养，尤其具有生活实用性。学校致力于将学生培养为谦谦君子、大家闺秀，课堂上的展示环节是一块重要的阵地。

图11　学生用各种形式展示小组合作学习成果

三、强化教学设计，提高教学有效性

课堂教学模式即教学范式，也即一套规范有效的操作程序，它能有效保证教学有序有法，对教师的"满堂灌""一言堂"以及学生"偷懒""溜号"有严格的约束限制，防止随意性教学行为发生。但是，课堂上更多的学生活动势必影响教学进度，这就要求我们的教学设计更为科学精当，更为倾向于对学生核心素养的培养。因此，在模式推进的过程中，克服教学肤浅化、训练应试化等弊端，突出对学生核心素养培养是我们始终考虑的问题。也就是说，模式的推进过程，也是不断反思、修正、完善的过程。比如说，我们曾将"五环节"当作一节课必不可少的五个步骤、五个程序，因而险些陷入"模式化"的泥潭；再比如，我们觉得学生的充分活动挤压了教师的存在空间，占用了更多的教学时间，导致进度受到影响……随着模式的实践运行并不断总结分析，对上述问题有了较为明晰的解释，"五环节"是符合学习认识规律的五种教学手段与学习方式，并非机械僵化的，这有如武术套路，关键不在按部就班，而在于灵活运用。因此，一节课可以是五个环节，也可以不是五个环节，也可以是多个"五环节"。教师主体作用体现在对自主学习的活动

设计和组织指导，学生活动的有效与否直接与教师教学设计、课堂组织有关，因此提高课堂效率的关键还是提升教师导案设计、课堂模式实施的能力水平。而做到这些，必须强化研究反思意识，也就是要"思于课后"和"研于课后"。我们的做法是，让教师走向集体研究，在由学科"首席教师—备课组长—备课中心组"组成的三级教研制度的保证下，编制科学有效的导学案，让教师的主体作用在课前设计中充分显现，要求教师要做到"勤于课前"。

（一）重视目标设计

在以"课堂为中心"的教学体系中，教学目标就是师生通过教学活动预期达到的结果或标准，是对学习者通过教学以后将能做什么的一种明确的、具体的表述。课堂教学目标在教学活动中处于核心地位，是整个课堂教学的起点、归宿，制约着课堂教学的方向。在课程实施过程中，我们不断深化对目标的认知。比如在以前，学习《荷塘月色》这篇课文时，老师们确实也从三维目标立意，但目标表述存在很大问题，通常表现为笼统含糊，不确定不具体。具体来说，知识目标、能力目标、德育目标"是什么"提示的比较明白，而至于"怎么做"（学习过程）和"达到标准"（学习结果预估）往往缺失。这仍是"教知识"而不是"培养人"。以往通常这样确立目标：（1）学习本文写景抒情的手法；（2）培养对语言及艺术手法的鉴赏能力；（3）丰富学生的审美感知。重视目标，就要对目标有清楚认识，课堂目标是干什么的。课堂教学目标承载着教育方针与课程目标，指向立德树人和培养核心素养；它指引着教学的方向，帮助学习者集中精力并激发他们的学习动机，使课堂教学中的师生活动拥有明确的共同指向并保证持续专注与情趣盎然；它主要描述学习者通过学习后预期产生的行为变化，强调教育结果的可见性和可测量性，为良好教学效果的达成提供了保障。因此，制定教学目标需关注如下三点：要承载教育方针、课程目标，要引导和激励学生学习，要能测量和评价教学效果。因此，像《荷塘月色》这篇课文，现在需要确立这样的目标：1. 学会分析多角度、多层次景物描写的手法，说清楚景物蕴含的主观情感；2. 运用炼字的方式鉴赏写景语言及表现手法，能明白说出修辞手法的艺术效果；3. 运用声情并茂的朗读和联想生成意境的办法，获得审美体验，丰富审美感受。

表1 通辽实验中学课堂教学评价表

授课人：　　　　　　　　　　　　　　　　　　　评委

指标	要素	分值	评价等第 A	评价等第 B	评价等第 C	评价结果
参与交往及思维状态 20分	师生、生生之间相互尊重、理解、平等	5	5	4	3	
	学生对学习感兴趣，积极主动地参与全程学习活动	5	5	4	3	
	学生在教师引导下开展合作学习，在合作中交流互动、共同探究，围绕学习目标进行丰富、和谐、多向、有效的分析与讨论	5	5	4	3	
	学生在教师的引导下，独立或合作学习，自信大胆地发表见解，探究过程与结论富有启发性和创新精神	5	5	4	3	
	*有的学生能出色地参与教的活动，课堂上出现了生动有效地"兵教兵"场面	4	4	3	2	
学习达成状态 40分	学生在课堂上学会了必要的基础知识，每个学生均能够用不同的方式再现所学的基础知识	10	10	8	6	
	学生在课堂上进行了有效的训练，学生按要求能够完成基本训练（实验）内容	10	10	8	6	
	学生能够运用所学知识解决实际问题，获得了进一步发展的能力	10	10	8	6	
	学生的进一步学习的热情得以调动，思想情操得到陶冶，思维得到发展。	10	10	8	6	
	*学生全身心地投入到学习的过程中，出现了课已完成，意未尽的感人场面	4	4	3	2	
教师行为状态 40分	语言准确、简洁、生动，贴近学生实际	8	8	6	4	
	板书简洁工整，有效使用现代教育技术、教具和学具合理适用。	8	8	6	4	
	专业知识扎实，引导学生探究的知识准确无误	8	8	6	4	
	三维目标定位准确，教学设计合理，能结合学生实际灵活使用教材	8	8	6	4	
	了解学生，课容量及难度适当，基本体现分层教学要求，灵活处理预设与生成的关系	8	8	6	4	
	*（6）课堂教学体现课题研究及校本教研过程及成果，形成独特的教学风格，教学效果好。	2	2	1	0	
赋分区间		110	110-100	99-85	84-60	
			总分			

注：1.赋分分为三等第，A为满分，B为a-c间，C为c以下。2.标有*的内容带有导向性较高要求，可作为特色加分项目，可赋所给分值的最高或0分。

（二）重视问题设计

在教学实践中，我们发现，有时学生对导学问题反应冷淡，课上交流讨论不热烈，课上展示也敷衍了事，这往往是问题设计出了问题。其中不易引发学生主动学习的典型问题在于，问题设计的笼统化、肤浅化、零散碎片化。笼统化问题多数为未加处理的本色问题，如"是什么""怎么样""为什么"等，虽直指知识本身，但学生回答需要进行一定抽象，因而难度较大，不宜引发思考。杜威说过：只有真正具体的问题才会引发真正的思考，进而得出真正个性化的判断。比如问"氧化还原反应原理是什么？"就不如问"铁的氧化还原反应原理是什么？"肤浅化问题多属事实性知识，教材中有现成的答案，学生用不着思考就能回答的。比如，这样设计问题"二战盟军在诺曼底登陆的意义有哪些？"不如改为"二战盟军如不在诺曼底登陆会怎么样？"虽然也是问盟军登陆的意义，但留下了思考探究的空间，更能激发学生解决问题的欲望。问题设计也要防止零散碎片化，比如教师讲解宋词《定风波·莫听穿林打叶声》的小序：三月七日，沙湖道中遇雨。雨具先去，同行皆狼狈，余独不觉，已而遂晴，故作此。教师设计了"什么时间、什么地点、什么人、什么事、什么情况、为什么写……"一连串支离破碎的问题，若改为：小序主要交代了创作原因，那苏轼为什么强调时间、地点、人物、情况呢？提示启发学生感知词人超脱豁达之情是在特异情况——早春、野外、无雨具、遭遇暴雨——下抒发的，核心问题更加鲜明集中。零散提问割裂了问题内在的逻辑关系，导致思维不连贯，主次不明。学生表达语顿、啰唆等现象，很多时候是在这样课上造成的。

（三）重视情境设计

情境设计解决书本与生活、抽象世界与形象世界的联系问题，不仅教会学习，也能引导学生关注现实关注生活。选取一个实例，地理学习"工业区位的选择"，如果设计这样情境，"我市将要引进一家大型的冶金企业，现在就选址问题你会有什么好建议呢？"情境能够激发学生学习的热情，唤起学生的求知欲，这是"情"的作用。"境"就是用一种直观的方式，再现书本知识所表征的实际事物或者实际事物的相关背景。形象地说，"境"是一座桥梁。有了这座桥梁，学生就容易实现形象与抽象、实际与理论、感情与理性以及旧知与熟知的沟通和转化。例如，一位语文教师在教"爨"（cuàn）字写法时，亲切地对学生说："看，归有光家是个大户，做饭需要架上大火，烧很多木材，用很大的灶台，很大的锅才行。"这种充满感性富有生活气息的教学，把本来笔画繁杂表意抽象的冷僻字，变成了有生命的东西，能让学生心领神会。

（四）重视习题设计

习题设计目的是帮助学生巩固所学，完成知识建构，还有激发兴趣拓展迁移。

当堂训练习题的难度要适中，保证学生学有所获，增强自信，激励进步。方法完全可以采取"兵教兵"的办法，学生间互批互改，交流做题经验心得。教师针对普遍存在的问题进行矫正性的补充讲解和解题的规范指导，然后再让学生反思改错。迁移训练习题要典型，应有适当难度，激发学生探究兴趣，引导进行深入学习。较为合适的办法是选取高考真题，帮助学生进行思维提升，总结归纳解题方法，对重点知识和技能进行强化。在必要和可能的情境下，要引导学生提出新的问题，为后续学习做好铺垫。

（五）重视思维方法的设计

以学为核心，并不意味着以学代替教，没有高水平的教就没有高水平的学，学需要教的点拨、点化、深化和提升，帮助学生总结规律提升智力水平。总之，"教会学生学习"不仅"授人以渔"，更重要的是在学习中接触社会，感受生活，进而学会做人、做事、生存、合作。而这些，恰恰是时代赋予教育的历史使命。

四、利用"设计"机制，搭建教师成长平台

图12 津蒙冀教学设计联合体2012年会在我校举行

学校重视集体备课和集体教研，并制定了完善的制度规章。要求备课组每周必须进行一次集体备课，教务处现场抽查集体备课情况，定期检查集体

备课记录。集体备课需要提前确立备课内容、中心发言人,提前下发备课材料。备课程序是学期开学进行教学设计分工,提前两周提交设计方案,在规定的教研时间进行讨论完善,之后根据讨论意见修改后,提前一周提供给教师,教师在此基础上进行备课。集体教研主要内容是研究针对教学设计而确定的小课题,如"如何确立教学目标""如何创设问题情境"等,定期组织课题报告会,提交课题研究报告。形成规模体系的校内教研备课制度,能够保证学科教学进度与效率,充分发挥集体智慧,有效挖掘教师业务潜能,快速提升教师教学设计水平。同时,备课组分工协作、资源共享的工作方式,也减轻了教师的劳动强度,节约了教师时间精力,使之能更为有效地去研究学情、指导学生学习,从而保证了教师质量的稳步提升。

教学设计研究的是"教什么"、"怎么教"的问题,涉及目标设计、情境设计、问题设计、习题设计、思想方法过程设计等,学校2011年参加了课改专家国赫孚先生倡导的教学设计联合体,在近八年的时间中,通过教学设计交流、同课异构上课评课、青年领军人才培训等方式,锻炼了教师队伍,提升了教学设计水平。据不完全统计,仅以高中为例,八年来外派参加在其他地区举行的联合体组织的教学交流就达150人次,占全部任课教师人数的一半以上。尤其是在2012年、2014年、2018年在通辽地区召开的年会,高中一线任课教师更是全员参加。可以这样说,在联合体的组织下,我校全体任课教师均得到了培养及锻炼。因此,联合体在学校教学质量提升方面起到的作用是无与伦比的,联合体在学校发展中起到作用也是积极关键的。

参加联合体活动的教师的感受是最真实的。

图13 联合体各成员校领导合影

吾言吾语 >>>

来自"教学联合体"的收获[1]

一、教什么

语文学科繁复庞杂,同一篇课文有无数个切入点。那么语文课究竟教什么呢?一直处于迷茫状态的我,直到国校长明确提出"学科思想"这一理论,我才有了较为明确的努力方向。例如在复习《荆轲刺秦王》这篇文言文时,我一直在思考,文言文复习课教什么?还是领着学生梳理基础知识点吗?如果是这样,我们只是在重复高一的课堂,是无效的。所以最后的课堂设置成为:十分钟小组合作梳理知识点,重点展示词类活用和特殊句式两种语法现象,向学生传达依文断义的学科思想;十五分钟分析课文中衬托手法的使用和效果;剩余十五分钟分析荆轲这个饱受争议的人物形象,做到知人论世。所以整个课堂的内容是逐层递进的,是十分有梯度的。我想兼顾基础知识、欣赏手法、思想内容的复习课堂,是较为科学合理的。目前我的教学,一直在努力寻找语文的学科思想,我想这也是今后语文教学的必然。

二、怎么教

对于普通理科班来说,我认为,怎么教其实比教什么要重要一些。因为只有调动了学生的积极性,通过各种活动形式引发学生学习的欲望,我们才有可能实现自己的"布道"。否则,即使讲的天花乱坠、精彩纷呈,但学生漠然视之,我们也只能是"一厢情愿"了。在联合体教学中,国校长提出了"六环节",其中小组合作是激发学生学习欲望的很好的方法。我非常乐于尝试各种小组合作交流、探究的活动。也只有这样,才是真正地把课堂还给了学生。我的学生每天都非常期待语文课堂,因为那时是他们放飞思想的时间。

小组合作交流学习的心得体会[2]

在最近的一次展示课中,我设计的内容框架依旧是相对老式的,相对传统的模式,尽管,通过这么多年的努力,我已经改变了很多。在设计本次课的最初的想法是,在整个课堂中,我要说的内容大约15分钟,剩余的25分钟

---

[1] 作者齐丽丽。
[2] 作者王冉海。

留给学生讨论、自主学习等，这样，可以清晰地表达课堂内容，让学生更好地理解"一元二次不等式"的解题思想和整个过程，我希望通过肢体语言和面部表情等和学生进行人性化交流，然后可根据学生接受的情况随时对教学内容、方法及时做出相应的调整，帮助学生加深对所学知识的认识，从而潜移默化地影响着学生。我依然用着"学习目标——情景引人——复习回顾——新知探究——独立思考——小组讨论——例题讲解——课堂练习"这样的教学过程。

1. 学习目标

（1）理解一元二次方程、一元二次不等式与二次函数的关系，掌握图像法解一元二次不等式的方法。

（2）通过函数图像探究一元二次不等式与相应函数、方程的联系，获得一元二次不等式的解法。

2. 情景引入：用100米长的绳子围成一个面积大于600平方米的矩形，求边长的取值范围？

3. 复习回顾：(1) 二次函数的一般形式；(2) 一元二次方程的一般形式

4. 新知探究：

例1 解不等式 $x^2-2x-3>0$.

例2 解不等式 $x^2-2x-3<0$.

5. 课堂练习

(1) $x^2+2x-15>0$;

(2) $x^2>2x-1$;

(3) $x(x-2)<-2$.

但是通过国校长三次谆谆教导和细心地改正，我在课件整理上有了很大的改变，在整个教学过程中，我只设计了6个问题。

（1）一元二次函数、一元二次不等式、一元二次方程的定义是什么？它们表达式的相同点是什么？

（2）一元二次函数、一元二次不等式、一元二次方程的区别与联系是什么？

（3）为什么用一元二次函数解决一元二次不等式问题？

（4）能否用代数方法解决一元二次不等式问题？

（5）一元二次方程的判别式的作用是什么？

（6）解一元二次不等式的思路和步骤是什么？

其实，这六个问题很好地概括了我原来的教学思路，并且，给学生提供了更多的考虑空间和时间。在课堂中，小组合作学习促进学生的表达与交流，使每个学生学会发表个人见解。在数学课堂中学生敢于提出问题，而且随着课题进展学生会提出问题，学生提出的问题逐渐的有难度、有深度、综合性比较强。尽管在提出问题时发言不是特别自然大方，有点做作。但随着时间的推移，相信敢说、会说的能力明显提高。学生在合作讨论中思维常常会产生碰撞，碰撞出智慧的火花。培养了学生的问题意识，对于一个问题，学生往往会用不同的方法解决。小组合作促进了学生思维的活跃，热烈的合作氛围增强了学生的创新意识，学生创造性的火花也因此常常在合作中展示出来。

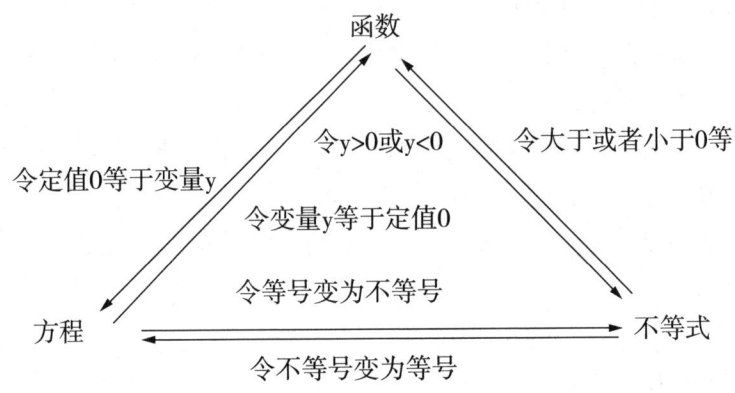

在课堂中，也有些意想不到的方法出现，但是，当所有的学生都在聆听完答案之后，都频频点头示意这个方法更容易接受。比如说：两个同学都是用陈述的方式来回答"一元二次函数、一元二次不等式、一元二次方程的区别与联系是什么？"这个问题的，同学们也表示认可他们的方法。但是，第三位同学再上来时，是利用图表的方式解决的时候，同学们给以热烈的掌声。

通过这两次的讲课，我认为，在教学中采用小组合作学习的方式，形成了师生、生生之间的全方位、多层次、多角度的交流模式，使小组中每个人都有机会发表自己的观点与看法，也乐于倾听他人的意见，使学生感受到学习是一种愉快的事情，从而满足了学生的心理需要，促进学生智力因素和非智力因素的和谐发展，最终达到使学生爱学、会学、乐学的目标，进而有效地提高了教学质量。

情景导入，问题引领，实现课堂有效教学[①]

回顾自2011年毕业走上三尺讲台，我的课堂教学深深地烙印着通辽实验中学探索课堂教学改革的印记。而其中对我影响最为深远的要属参加教学设计联合体的各项活动。国校长提出的课堂教学中的"四设计"（目标设计、问题设计、情境设计、习题设计）为我课堂教学的设计和实施指引了方向。其中令我感悟最为深刻的就是实现课堂的有效教学要注重情境导入，问题引领。

教学联合体的理念使我认识到在课堂教学中，教学情境可以作用于学生而引起积极学习的情感反应。因此我会在教学中设计一些真实、复杂、具有挑战性、开放的教学情境，从而诱发、驱动并支持学生的探索与思考。结果表明情景化教学要比传统的教学方式更能激发学生的求知欲与学习兴趣。从学生的生活经验和已有的知识出发的情境使学生在不自觉中达到认知活动与情感活动有机的"渗透"与"融合"，使学生的情感和兴趣始终处于最佳状态，全身心地投入到学习之中，从而保证教学活动的有效性和预见性。教学联合体活动促使我成长的另一个体现就是在实施教学中注重以问题引领学生思维的发展，以问题引领教学活动的实施。通过参加几次联合体的活动，我逐渐认识到引领教学的问题不应该是简单事实性问题或过多的控制性问题。问题的设计要有层次，有梯度，有主线，要能够形成问题链，从而能够激发学生的思维，提高教学的有效性。

总之，通过参加教学设计联合体的各项活动，我不仅抓住了课堂教学的要旨，提高了教学的有效性，更掌握了先进的教育教学理念，为我今后的教学工作打下了良好的基础。

交流 分享 奋进 成长
——跨校际集体教研对青年教师自身发展的作用和效果[②]

新课程改革呼唤青年教师的成长，青年教师的成长既来自内心对价值实现的渴望和努力，又离不开外部环境对我们的锻造和支持。特别感谢我的学校————通辽实验中学为我们选择了教学联合体这个平台，使我们有机会在这

[①] 作者孙博庭。

[②] 作者王晶。

里丰富完善、锻炼成长；使我们能有更广阔的舞台上交流合作、沟通共享。

非常幸运，我先后参加了教学设计联合体在天津中学、任丘一中、河北师大附中以及我们通辽实验中学的4次联合教学研讨活动，2015年5月我又有机会参加了在通辽一中举行的"同课异构"活动，今年已经是我参加联合体活动的第五个年头。五年中，教学联合体钻研教学、实践创新的精神激励着我的成长；五年中，联合体不断丰富的教研形式为青年教师的专业化发展创设了广阔的舞台。

第一，是引领青年教师专业成长的精神火炬

新课程背景下，教育的功能悄然发生着变化------"教育不再是为了灌满一桶水，而是要点燃一把火"。教师不再是知识的搬运工而是拥有智慧火种的人。面对新课改，如何培养学生的学科素养？如何提升学生的探究合作能力？如何打造适应新课程改革的新课堂？作为青年教师，我有着满满的干劲儿但也有着太多的困惑。直到第一次参加联合体活动的开幕式，国校长的开幕致辞中讲了这样一段话："教学质量从哪来？毫无疑问从课堂中来，提高教学质量的关键在课堂，提高教学质量的唯一出路只有进行课堂改革、进行教学设计。"听了国校长的讲话我豁然开朗，是啊，课堂是老师和学生的纽带，只有静下心来研究课堂，只有鼓足勇气改造课堂，才能点亮学生的智慧火花。几年来，从邀请专家讲座到教学设计六环节的实践操作，从强化问题设计到同课异构活动，联合体始终向我们传递着一种精神，那就是------新课程背景下，"老师，尤其是青年教师必须转变自己，完善自己，提升自己，课程改革的根本出路只能在课堂。"

也正是这种沟通共享、实践创新的改革精神如同一支精神火炬引领着我们青年教师的专业成长，成了激发我们刻苦钻研教学，大胆改革创新的原动力。如同足球精神对足球运动的引领，世界杯虽然4年才举行一次，但"激情团结、拼搏进取"的足球精神却激励着全世界的每一个足球爱好者。联合体的集中教研每年虽然只有一次，但向课堂要质量向改革要质量的理念却已经深深烙印在我们的内心深处，引领着我们做好备课、上课、课后反思的每一个环节；时刻提醒着每一位青年教师只有刻苦钻研教学，勇于做课改的先锋才能更好地实现教师的职业价值。

第二，是青年教师沟通共享、互通有无的纽带

教学联合体活动是纽带，让本来陌生的我们走在一起，在这里我们沟通

交流，合作共享。以我们学科为例，高中政治学科一共有4本必修教材 91个框题，如果由一所学校独立完成教学设计至少需要三年也就是一个教学循环的时间，但在联合教研的过程中，我们分工协作仅仅用了两个学期就已经完成了所有课时的教学设计，这些教学设计相互吸收借鉴、博采众长，它的成果对于青年教师来说如同收获了一个系统的资源库。

联合教研活动在提供有形教学资源的同时更为我们提供了教法学法等很多宝贵的无形财富。有专家指出青年教师的成长过程，实际上就是学习→积累→模仿→创新的过程。通过专家讲座、分学科研讨、同课异构，我们的参与意识明显增强，每位青年教师都能面对困难，主动参与，挖掘个人潜能，努力展示自己最优秀的一面；同时我们在积累在创新，我们的教学技能更为娴熟，我们能够熟练地进行课堂各环节的教学设计、我们学会了用问题设计启迪学生思维培养学生的探究能力、我们打造了一个个精彩的课堂。五年的教学研讨活动，让我们无数的青年教师跨越了地域和学科的界限，成了彼此熟识的好朋友，尽管每年一次的集中教研只有短短几天那样短暂，但平时的教学中，微信、电子邮件、电话都是我们彼此沟通的桥梁，我们常常在微信群里为讨论一个教学难点各抒己见，也曾经为了教学设计的一个环节相互请教。"集众人智慧，改革我的课堂"，联合体让我们每个人沟通共享。

第三，是开启青年教师教学智慧的钥匙

联合体的每次教学研讨都是由至少两所不同的学校负责同一个内容的教学设计，设计后我们通过各种方式展示、交流、探讨，每个设计都采取自我评价和互相评价相结合的方式。自我评价的过程其实就是反思完善的过程，互相评价就是思维碰撞交流的过程。来自不同学校的我们评价角度、评价方式各有不同，我们思维的火花在碰撞中绽放，创新的灵感在交流中迸发。

正是在这里获得的教学智慧让我们青年教师顺利完成了对新课程理念的理解与接受，对课堂教学问题的揭示与探究；也正是在与各位老师交流共享相互启发的过程中，我们完成了对课堂教学经验的总结与反思，完成了教师教育理念的更新与教学策略的重构。

第四，是青年教师展现价值，锻炼成长的舞台

对于青年教师而言，成长途径有很多，但最根本的途径在课堂，青年教师都渴望有机会在更广阔的舞台上展示自己、完善自己，教学联合体"同课异构"的教研活动为青年教师提供了一个更为广阔的平台。同课异构，对教

师而言是一种磨炼更是一种成长，荣誉已经不再重要，最重要的是自己在最短的时间里有了一次质的飞跃。2015年5月，我代表学校参加了在通辽一中举办的"联合体同课异构活动"，从备课到上课和课后反思，我收获的不仅仅是一节课，更是这样一种全新的理念"把课堂还给学生，当教师充分信任学生，创设了丰富又贴近学生实际的教学情境；当教师精心进行问题设计开启了学生求知探索的思维，我们的学生是如此优秀，他们是课堂上的主角，绽放着智慧的光彩"。而这份宝贵的收获正是我在参加联合体活动的五年中逐渐学习和完善的一个缩影。

同课异构活动是打造精品课堂，打造精品老师的捷径。

首先是备课，任何一个青年教师在参加同课异构活动前必然要经过一个"磨课"的过程，磨课是教师专业成长中由理论走向实践的绿色通道，它也是青年教师走向成熟的必由之路，更是年轻教师在教学上不断精益求精、完善自我的镜子。

其次是上课，青年教师跨校上课面对不同的学情地情，参与更大范围的比赛与更高水平的教师交流，考验着教师的勇气和能力；执教者在完成自身授课任务后又可以以听课者的身份聆听其他老师对同一节课的不同设计，这也是一个自我反思，相互借鉴的过程。博采众家之长，为我所用，也有助于青年教师形成自己独特的教学风格。

再次是评课，每次评课，专家评委根据实际课堂观摩的情况帮助上课教师分析教学的得失，评价出的每个闪光点都在为老师鼓劲加油，每个小缺憾又都成了下一次努力的方向……

未来的路还很长，今天我们青年教师是跨校际集体教研的最大受益人，明天带着在这里点燃的激情和智慧，带着在这里收获的方法和技能，我们必将担当重任、勇往直前，成为新课程改革的急先锋！

校本课程开发与实施也是促进教师成长进步的重要举措。在提供"多样有选择的校本课程"的建设上，学校遵循"立足本校、学习消化、措施到位、循序渐进"的十六字方针，课程开发突出"活动课程化"原则，课程实施突出"课程活动化"特色，构建了知识类校本课程体系，分为三个层次，分别为校本知识拓展课程、学科活动和学生社团活动。知识拓展课程根据学科实力和积累的经验，我们将原有的学科活动进行课程化改造，进一步凸显其品牌价值。比如，语文学科开发的"魅力语文、开放课堂"的系列活动课程，将原本分散在各个年级、班级开展的语文活动进行学科整合,改造成演讲、辩论课程,朗诵课程,硬笔书法课程,成语俗语课程,文化礼仪课程、传统节日文化课程,确定整体课程计划,分学段分年级统一开设,比如高一第一学段,我们开设朗读课程,保证高中生在"音准、节奏、重音、语速、语气、感情"等方面过关。将课程按学段设置,有专人负责授课组织。英语学科的"英文角"系列活动课程,包括英文戏剧表演、英语会话交流、英文歌曲赏析、中英文化比较课程等;历史学科的"走进科尔沁"地方文化巡礼活动课程;地理学科的"地理学具制作"动手实践活动课程;政治学科的"生活处处有哲学"活动课程等。校本学科活动是知识拓展课程的预选项目,还有待进一步完善和提高,暂时未纳入课程计划。这样的学科活动包括语文学科的"语言文化的地域性——东北方言与普通话"、物理学科的"动手自制学具实验"、化学学科的"化学创新思维培养"、生物学科的"生命教育"课程、历史学科"中外历史人物评说"课程,地理学科"中国省区旅游"课程、政治学科的"政治典型易错题型训练"课程。这些学科活动在周六下午进行,由学生自愿选择参加。

图15　校本课程"中华节日礼俗"上学生在进行端午节彩蛋制作展示

图16　校本课程"奇妙的物理"课上学生为物理现象所吸引

吾言吾语 >>>

图17 参加校本课程开发与实施的教师们

五、建立保障制度，全面提高教学质量

在深化课堂改革过程中，我们深刻意识到，必须建立健全各项保障制度。

首先，必须不断完善教师成长机制，搭建教师成长平台，培养一支优秀的师资队伍。在这方面，我们做到了六个"坚持"：坚持"青培计划"，针对首轮循环教学教师实施为期九年培养计划，旨在实现"一年入门，三年合格，六年骨干，九年优秀"的目标；坚持"名师工程"，打造由特级教师、学科带头人、教学能手、首席教师、模范班主任、十佳青年教师为核心的名师团队，发挥典型带动的作用；坚持"三杯一花"教学竞赛，按照不同年龄层次进行教师全员参加的"希望杯""栋梁杯""功勋杯""百花奖"课堂教学竞赛活动，全面持续地内强教师素质；坚持打造"名师优课"，在自2015年至今的"一课一名师，一师一优课"晒课活动中，共打造了47节市级以上"名师优课"，自2016年以来，连续三年提交给内蒙古教师双语服务平台优秀课例达到185节；坚持建设精品课程，继2015年开发出39门校本课程，接受自治区高中课程改革现场会检验后，于2017年进一步优选出五大系列18个精品课程，其中6个课程被确定"通辽市特色课程"；坚持推动教科研，现今学校有教学方面的国家级课题2个，自治区课题1个，教师个人微课题48个，参与这些课题研究教师达161人。

图18 青培计划中师带徒制度

图19 第二届学科首席教师

其次，深化课堂改革，必须有一套积极有效的评价方式。学校制定出台了覆盖初高中各阶段的质量评价体系，主要有"中高考质量评价""学业水平质量评价""文理分科前质量评价""学期末教学质量评价"。全部采用动态发展式评价方式，用出口减入口的差值的幅度变化进行评价，差值越大说明进步越大。周到、细致、客观、公正的评价，激发了教师教学积极性主动性，"不怕起点低，就怕进步小"已成为共识。学校还制定了各项奖励政策，对教育教学质量突出的集体和个人定期进行奖励。主要有"大型考试命题质量检测及奖励办法""学生评教办法""我最喜爱的教师评选""十佳青年教师选拔""模范班主任选拔"等。这些评价机制为保证课改过程中教学质量稳步提升提供了坚实的保障，课堂教学改革带来的成效是喜人的。

再次，深化课堂改革，提升教学质量，必须有一套切实可行的措施策略。毋庸讳言，评价一所学校的优劣不能仅仅依靠升学率指标，但是一个升学质量不高的学校也绝非一所好学校。通过几年向银川一中、大庆实验中学的学习，知识点"全覆盖"和"讲练结合"的复习思路已经深入师生人心，进而形成了学校备考复习模式。该模式构成要素是：3轮复习、6次月考、3次模拟、4次增分训练、1次热身训练。备考目标是"知识全覆盖，体系无缺失"。其中"6次月考"、"3次模拟"采用与银川一中同步考试、同步分析的方式进行；"4次增分训练"是借鉴大庆实验中学的做法，形成的4次在15天内完成的有效训练模式，真正做到了"全覆盖不重样""三天考一轮，评卷不隔夜"。"1次热身考试"在高考前3天进行，目的是让学生树立信心不感手生。在几年的学习借鉴中，学校对上述模式进行了本土化合理改造，逐步形成具有自主特色的复习备考策略，成了高考连年取胜的关键。高考之后，我校学生通常普遍感到"很适应""不太难"，这一方面说明我们的复习是对路的，同时也验证了多年来采取的"以学为主"的教学策略的正确，它充分的培养和锻炼了学生独立思考、动手实践的能力。

课堂改革的深化，提升教学质量已经实现了让学生成功，让家长满意，让教学质量大幅度提升的成功教育目标。

（一）尖子生层出不穷

从1998年至2018年的二十年间，我校共培养出了12名科尔沁区级以上高考状元，包括2名自治区级、8名通辽市级、2名科尔沁区级；培养出2名自治区单科状元（满分）。学校因此被人民网、新华网评为"全国高考状元百强校"。二十年间，学校向清华北大输送了37名优秀学生，清华24名，北大13名。值得一提的是，这些状元、清北生绝大部分是我校从初中开始培养的，因此可以自豪地宣称，二十年里培养出最多清北生的初中学校也是我们。

2009年高中教育进入新纪元，自治区全面进入高中新课程，而2012年之后的高考成绩，确实说明了我校在推进素质教育方面确立了全市领先的地位。

高考600分以上学生人数，2012年15人，2013年16人，2014年76人，2015年42人，2016年63人，2017年67人，2018年123人。在高中招生学苗处于劣势的情况下，600分以上人数在短短几年内完成了超越，成为名副其实全市第一。

（二）升学人数屡攀新高

2011年以前，我校一本升学人数最好的成绩是全市第三。2012年是自治区进入新课程以后的首次高考，我校一本升学人数达到468人，跃居全市第一位，由此开创了我校高考新的历史，2013年345人、2014年525人、2015年748人、2016年575人、2017年772人、2018年855人，连续七年雄踞全市首位。2010年，我校二本以上升学总人数为756人，位列全市第三，为此前历史最好成绩；2011年二本以上人数751人，首次上升到全市第二位；2012年二本以上人数987人，首次跃居全市第一位。此后六年二本以上升学人数分别为，2013年892人、2014年1121人、2015年1671人、2016年1313人（报考人数比上年减少364人，当年高中招生分数线440分，低于同类校近100分）、2017年1660人、2018年1529人，均以绝对优势领先于全市。一本升学人数、二本以上升学人数连续七年处于全市第一的成绩，"七连冠"之美誉获得全市人民的广泛认可。

（三）升学率完成超越并牢固领先地位

2012年至2018年七年是新课程改革后的七年，也是实验中学绝地奋起，凤凰涅槃的七年。一本升学率始终处于全市相当规模学校的前两位，分别是2012年23.2%、2013年17.80%、2014年26.80%、2015年37.50%、2016年35.21%、2017年41.87%、2018年52.7%。二本以上升学率连续七年处于全市第一，分别是2012年49.0%、2013年45.9%、2014年56.6%、2015年83.7%、2016年80.4%、2017年90.02%、2018年94.20%。

（四）总平均分、单科平均分以较大优势处于全市领先行列

2012年至2018年的七年，普通文科、普通理科总平均分整体上以较大优

势处于全市领先,七年共取得14个全市第一,2个全市第二的成绩。领先优势较为明显,其中普通文科领先第二名最高达21.21分(2018年),普通理科领先第二名最高达23.5分(2014年)。七年总平均分均超出内蒙古自治区本科录取分数线,而且超出数值愈来愈大。七年单科平均分整体上处于领先地位,高考单科共计八科,2012年6科全市第二、2科全市第三,2013年5科全市第一、2科全市第二、1科全市第三,2014年6科全市第一、1科全市第二、1科全市第三,2015年3科全市第一、5科全市第二,2016年5科全市第一、2科全市第二、1科全市第三,2017年6科全市第一、1科全市第三、1科全市第四,2018年所有8科均为全市第一。总平均分、单科平均分有力证明了通辽实验中学高考人数、升学质量连续七年处于全市领先地位,是整体教学质量提升的结果。这对于招收的多为全市二三流学苗的我们来说,可以坦然而自信地向社会、家长宣告,我校真正做到了"低进高出",确实兑现了"一个不抛弃,一个不放弃"的诺言,切实遵循着"办人民满意的教育"的原则宗旨。

下表:2012—2018年我校高考总平均分、单科平均分情况统计

表2 高考平均分统计

年份/比较	普文	与第二位的差值	当年本科线	普理	与第二位的差值	当年本科线
2012	392.97	5.51	429、367	392.7	16.02	390、314
2013	373.9	17.3	409、357	394.8	8.9	399、322
2014	415.4	10.3	455、404	442.2	23.5	388、336
2015	434.2	3.4	385	429.3	-11.4	336
2016	419.1	0.8	375	443.9	-1.3	346
2017	438.3	7.2	375	443.7	6.8	328
2018	431.91	21.21	399	474.11	22.16	336

2012—2014年本科包括二本和三本

表3 单科平均分统计

年份/全市排名	普通文科				普通理科			
	语文	文数	文综	英语	语文	理数	理综	英语
2012	99	54	162	78	100	62	146	85
排名	2	2	2	3	3	2	2	2

2013	100.22	59.76	138.45	74.04	98.71	74.96	144.98	75.95
排名	1	1	1	2	1	1	2	3
2014	101	74	155	85	102	86	161	95
排名	1	1	1	2	1	1	1	3
2015	98.9	88.1	157	90.3	96.3	90.2	153.4	89.4
排名	2	1	1	2	1	2	2	2
2016	99.4	82.9	150.8	86	100.8	88.6	167.3	87.2
排名	1	1	1	2	2	1	1	3
2017	101.6	94.6	150.2	91.9	99.7	85.2	164.3	94.5
排名	1	1	1	1	4	1	1	3
2018	98.67	98.24	177.39	108.99	95.23	99.97	176.48	102.43
排名	1	1	1	1	1	1	1	1

"办人民满意的教育"是通辽实验中学矢志不移的追求。教学质量的大幅度提升，也给学校带来了令人瞩目的社会声誉。学校连续两次入选"通辽市百姓最喜爱品牌"，多次被评为通辽市民主评议政风行风优秀单位。2003年晋升为内蒙古自治区示范性普通高中，2007年被国家人事部、教育部联合授予"全国教育系统先进集体"荣誉称号，2015年破格荣膺为"全国文明单位"。

追求卓越、面向全体、以学论教的实验理念如源头活水，不断灌注到教师的心田，流淌于每一课上，蒸腾于实验中学各项事业中，在辽远无垠教育天地中，如红日喷薄欲出，实验中学课程改革的新篇章掀开了。

陈老师教育教学散记

教学要有艺术性，但不是表演

有次参加全国中学语文专业委员会组织的大型公开课，有位教师执教的《背影》给我留下了深刻印象。这位教师准备得很充分，甚至进行了一番打扮，穿着藏蓝色的长衫，体型圆润魁梧，与背影的"父亲"确有几分形似。讲到高潮处，也就是父亲为我买橘子时，教师模拟课文中的动作细节描写，双手攀着讲桌的边缘，撑起臂膊，跳起双脚，做向上攀爬状，动作笨拙而滑稽，学生和听课的人们不禁哗然，全然扫荡了原本应该有的沉重感觉。

教学是艺术，只是说教学具有艺术性，教学活动可以艺术地表现出某些方法、内容和技巧。教学可以是一种艺术化的存在形式，但又有区别于其他艺术而独立存在的内在规定性或根本特点。就是说，教学不是表演，看戏不是读书。所以，将排演课本剧代替课文学习，或者用观看影视剧代替读名著，都是这样的问题。

将短时记忆变成长时记忆

有次参加外地的公开课观摩，一节生物课给我留下深刻印象。上课了，但展示教师没有立即出现，在大家很纳闷的时候，教室的门被轻轻推开，一具人体骨架模型立即出现了，吓得靠门的女生"妈呀"一声。之后，拿着模型的老师才出现在大家眼前。很显然，这个开场是经过设计的。

从学习的信息加工模式当中可以发现，学生从自己所处的环境中接受信息刺激，这些刺激首先作用于感受器，并在生理动作水平上编码，转化为神经信息。之后传递到感觉记录器，产生视觉、听觉或触觉效应，使学习者开始对某些信息进行关注。由于选择性注意和选择性知觉的缘故，有些信息被登记了，有些则很快消失。教师作用是促进学生进行选择性记忆，而不是遗漏。因此，至少对那名女生而言，这个课堂很可能终生难忘。于是，这个关于"人体骨架"的信息由短时记忆进入长时记忆时，在学生认知上会发生了关键性的转变。

课堂灵感

人们常说："教学有法而教无定法。"教学是为了促进学生的学习而进行的有目的、有计划、有组织的活动。虽然教学活动的开展必须符合教育学、心理学的规律，但是，在实际教学活动中，又不能用固定不变的教学方法和模式，教学方法不能公式化和模式化，必须艺术地灵活地加以运用。

教学形式讲究灵活性，今日课上，讲到了诗歌意境，解说为"多个意象组合而成的完整和谐的画面或情境"，并且举柳宗元的《江雪》例说明："千山鸟飞绝，万径人踪灭。孤舟蓑笠翁，独钓寒江雪。"这里的人物意象与其他景物意象是和谐的，冷峭凄寒的画面更好地烘托了遗世独立的孤傲清高的人物形象。否则便不和谐，比如画面中不是老翁而是少女……言及于此，灵光乍现，脱口而出"千山鸟飞绝，万径人踪灭。中有采莲女，搁那扒苞米"，语毕，满座欢然。

一堂课的好坏并没有绝对的标准，要看教师、内容、过程、方法甚至学生是否恰当地发挥了各自在教学系统中的作用。课堂教学的灵活性，既可以激发学生的求知欲，又可以树立教师的崇高形象。它是教师在课堂教学中的一种教育技能，在总体上有明确的要求和目的，但在做法上却无固定模式，所以一切应视当时的条件而定，即所谓"因材施教"。因此，教学的设计过程，就是根据教学中不同要素的特点，灵活地采用教学策略和教学方法的过程。掌握了灵活性原则，才能够真正促进学生的学习。

教学语言的科学性实际是专业性

教学的科学性包括教学内容的科学性、教学语言的科学性以及教学方法的科学性等方面，符合科学性特征是成功开展教学的前提和保障。其中，教学语言的科学性实质是学科专业性。

一次听数学课，老师讲几何中做辅助线，在板演时，教师在黑板上画了图，并讲解道："我在A点和B点之间放个p（屁），你们说合适不？""要知道，老师这个P（屁）不是随便放的，要在合适的地方放！"听课的几个人忍不住掩口而笑，但看看学生，他们一脸投入，全然没有笑的意思。还有一次也是如此，也是一节数学课，教师讲到三角函数直角坐标系，教师示范时，在黑板上画图后说："你们看，老师这样建（贱），你们看对不？""你们要问我，为什么这样建（贱）？我告诉你，我就这样建（贱）！"也没有一名同学感觉有异常，看来学科特定环境决定了其语言的专业性，而这也是学科语言科学性的体现。那些忍不住发笑的，不是外行，就是溜号了。

学科素养很重要，综合素养更重要

在一次跨省区的教学研讨会上，一位物理老师讲到物理学科素养时，举了一个案例，很有味道。在学习万有引力的时候，他在黑板上画了一个上北下南的地球草图，让学生在图上画人的站立位置，结果很多学生都画在了地球的正上方，而不是侧方或下方，这说明了学生仍未掌握万有引力的核心概念，仍然认为人是由地球托起来的。

这确实是个好案例，很好地说明了培养学生学科核心素养的重要性。但我想说，培养跨学科的综合素养更重要，就拿画小人的例子来说，学生不画在下方和侧下方，或许他们知道那里是不适合人类生存的南极大陆和广袤的海洋。

教师有时要做傻子

学校规定学生是不能乘坐电梯的，今天晚上正好堵住两个偷乘的学生，当然他们都说了理由，都有扭伤，一个是脚一个是腿。我问了他们是哪班的后，说下了第一节自习到年级主任室报到。

下自习后，两名学生果然来主任室报到了。我温和地向他们说："你们认为让你们来是为了批评甚至惩罚你们吗？不是，我是在考验你们，你们能来说明了三点：你们是诚实的人，你们完全可以不来，我也不会去你班找你；你们是守规矩的人，知道学生不该乘电梯，也知道年级主任室是处理违纪问题的地方；你们是能承担责任的人，知道可能要受罚，但仍然来接受了。有了这三点，此人理应被尊重，所以我愿意相信你们乘坐电梯确有特殊原因，我不会再去验看你们的伤，也不会去向班主任求证了。"

说到此处，那两个学生红了脸，低下了头……

荆轲不简单

荆轲不是简单的武夫，是士，具有儒家风范。

其一为重信守诺。儒家强调君子谨言慎行，不能轻易承诺，不能冒失而行，但答应别人要做的事，就要不惜代价去全力兑现诺言，因此即便刺秦是如何难为，他也千方百计去营谋实施，明知有去无回也要义无反顾。

其二为当仁不让。仁是尊严和正义，他刺秦不是出于士为知己者死的个人恩怨，因此当太子丹怀疑他时，他感到尊严受到侮辱，当即斥责对方并立誓。面对秦王，他更加表现出大义凛然，卫国覆灭的仇恨，赵王被屠戮的惨状，以及燕及五国人民的苦难，恐怕是支撑其去刺秦的真实原因。

其三是知其不可为而为之的刚健勇毅。这是士的责任和荣耀，与愚忠和私情无关。

陶潜归田，乐了吗？

陶潜归田获得独乐了吗？未必。

回家自可远离浊淖官场，从而保持人格的独立与心境澄净，但也同时远离了治国平天下的政治理想，因此内心难免失落。即使有天伦之乐的抚慰，有亲人暖心的话语，但内心幽曲的想法哪里是粗陋乡人所能理解的？这是深沉的孤独，难免要乐琴书以消忧，难免要棹孤舟向那了幽谷深壑去排遣苦闷了，难免登上高岗，来到水边，抒发心中郁结之情了。

苏东坡一赋两词

在乌台诗案中，苏轼的肉体与心灵都经受了难以想象的折磨，有诗句为证："遥怜北户吴兴守，诟辱通宵不忍闻。"

放逐黄州，苏东坡却通过"两赋两词"走出了人生困境，《定风波》堪透了得失，《赤壁怀古》堪透了名利，《赤壁赋》堪破了生死。他意识到，无产阶级失去的只能是枷锁。缩头是一刀伸头也是一刀，伸头至少还能保留人格尊严。面对千古奔流至今的江水，传诵关于高贵英雄故事，你看那周瑜，少年得志，建立亘古不衰的功业，真是羡煞旁人，可更让人难以企及的是那句"小乔初嫁了"，美人的双重内涵。事业爱情双丰收，可谓得意高贵的人生。

下水作文一

题目：阅读下面的材料，根据自己的感悟和联想，写一篇不少于800字的文章。（60分）在2015年度"十大流行语"中，"颜值""创客""主要看气质"榜上有名。如果能"颜值爆表""有创新理念、能自主创业"并且"气质上佳"三者兼而有之，那当然是人间极品，但芸芸众生往往不可兼得。 如果三者之中必须舍弃其中两个的话，你会怎样取舍？请综合材料内容及含意作文，体现你的思考、权衡与选择。要求：选好角度，明确立意，明确文体，自拟题目。不要套作，不得抄袭。

解题："创客"译自英文单词"Maker"，源于美国麻省理工学院微观装配实验室的实验课题。当下我国"大众创业，万众创新"，该词特指具有创新理念、自主创业的人。"颜值"本表示男女颜容英俊或靓丽的程度，由此衍生出"颜值高""颜值爆表""颜值暴跌"等说法。后来"颜值"一词已由人及物，也用来表示物品的外表或外观是否美好。"高富帅、白富美"、"本来可以靠颜值，偏偏要靠才华""刷脸时代""拼颜值"……

建设美丽中国，当然也包括美丽自己容颜。"主要看气质"意思是不要太看重外在形式，内在气质才是决定因素。有观点认为，在过分追求"颜值"的时代，"主要看气质"的流行有"正能量"意义。"气质"字典义指人的相当稳定的个性特点，如活泼、真爽、沉静、浮躁；风格气度。

我看核心竞争力

"颜值"是现时热词,"拼颜值""小鲜肉""高富帅""白富美""素颜""美颜""养眼""大长腿欧巴"……充斥着我们的生活。毋庸讳言,拥有一副好皮囊确是造化,是天然优势资源。但不能说这一定是必需资源,毕竟它不是"核心竞争力"。

追求高品质的生活,是人类生生不息向前进步的原动力。而美化自己本也无可厚非,毕竟"爱美之心人皆有之"嘛!"美丽中国"的建设,也包括每个中国人"美化自己"的建设,因此打扮的精致些,穿戴得靓丽些,修饰得妖娆潇洒些,只要不妨碍别人或有碍观瞻,尽可以"任性一次""火他一把""亮瞎别人的眼睛"……

但是,如果将"高颜值"当作竞争的唯一资源,那不免有些过分,也体现着时代浮躁肤浅的文化之弊。人们将时间和精力都花在外在的打扮上,也是得不偿失的。君不见,那些容颜姣好、衣饰光鲜的俊男美女的粗俗鄙陋的灵魂?那些金玉其表败絮其内的人们又是如何令人生厌?秦桧倒是一枚美男,但因主力投降,冤杀忠良而遗臭万年,汪精卫被称作"民国第一美男子",但因献媚日寇,卖国求荣而至今遭人唾弃。人不因美丽而可爱,相反是因可爱而美丽。"沉鱼落雁,闭月羞花"之美,不仅在外表,更在于内心。

"主要看气质"更有人生指导意义。气质是由内而外显露出来的个性、风度、神采,它来自于阅历和修养,古有王昭君、西施为家国利益而舍小我以流芳百世,近有林徽因因冠绝一时的气韵内涵赢得精彩人生,今有傅莹、华春莹用她们的雍容优雅而呈现大国风度。正所谓"腹有诗书气自华",气质上佳者不是暴发户,不会一朝发达。16岁的武艺姝因满腹诗文出口成章而大放异彩,她给"美人"这样定义:"当以玉为骨,以雪为肤,芙蓉为面,杨柳为枝,但更重要的,当以诗词为心"。与其同龄的林妙可,早在2008年就名满中国,至今出现人前仍重复着"扮可爱"套路,难免令人生厌。都知道《广陵散》因嵇康陨落而失传成为绝响,可你知道嵇康的"玉树临风"吗?一曲"长亭外古道边,芳草碧连天……"哀婉凄美,成为"送别曲"扛鼎之作,可你知道其作者李叔同曾因英俊潇洒迷倒上海滩一众娇娃吗?

可见,气质要通过内涵修养形成,而人的内涵修养也具有一定的时代要求。

在"万众创业,大众创新"的时代大潮中,"具有创新意识,能自主创业"

的人更有竞争力。马云、张朝阳貌丑，王健林、李书福矮胖，董明珠相貌平平，"老干妈"陶碧华更与"高颜值"没半毛钱关系，但谁能说这些"网红"不成功不出彩呢？

如果没有"高颜值"，我就追求"好气质"；如果做不到"气质上佳"，那我就修炼真功夫，集聚正能量。丰富多彩的世界，美妙伟大的人生，总会有我的精彩，属于我的奇迹！

下水作文二

这是一篇今年考入大学的我的学生的习作，很有时评文章的气势和灵动，显见"引议联结"的体式特征，我帮他改了一下，发在这里，算作对这个未来警官的褒奖吧。

悟空的初心
——读《西游记》有感

"西游"一直是脍炙人口传唱不衰，广为世人称道的精神食粮，不同的人对其有不同的看法，从中汲取不同的精神养分。而我读出来的，咀嚼到的，是一出英雄的悲剧：那只神通广大的石猴，是悲剧英雄，而其悲哀之处是他丢掉了自己的"初心"。孙悟空弄丢了他自己！

悟空最开始想要的是什么？用一句流行的话来讲，他的"初心"是什么？当年，他还是花果山上那美猴王时，他想的是什么？是不受欺侮，是长生不死，是自由自在地生活，是老子第二没人敢说第一的霸气……他拜师菩提习得一身通天本领，他也确实快捅破了那个"天"，扯烂了阎王爷的生死簿，拔掉了东海龙宫的定海针，搅乱了威严肃穆的天庭，打的天兵天将哭爹喊娘，打的一天神佛成了过河的泥菩萨……

神猴无所不反无所畏惧无所羁绊无所诱惑！多快意自由，多潇洒任性！要不是东西方众神纠集起来轮番施行下三烂的阴谋诡计，天知道他还会挑战什么，打烂什么……但五行山下五百年的重压让那神猴变了，此时的他，只想从这山下爬出来，即便做一个卑微的俗人，他也一定愿意。于是，他求大慈大悲的观世音，求云游过路的菩萨，甚至求道童，求放牛娃……最后肉眼凡胎的三藏和尚成了"齐天大圣"的拯救者，这是多大的讽刺！曾经让满天神佛毫无办法的他，拜倒在唐僧脚下，心甘情愿地戴上金箍，走上漫漫而凶险的取经路。

说来奇怪，随着雄心的消减，能力似乎也跟着不济了！曾经将满天神佛天兵天将打得找不着北的孙大圣，竟然在一个个蟊贼小妖处遇了难，碰了壁，成了狼狈不堪的孙猴子。只好到处求人，到处请托，到处作揖，到处服软……护着唐僧，就这么一路向西，一路降妖伏魔。他还是英雄，但他已不再是傲视一切的自己了。他甚至意识到那些妖魔鬼怪背后的强大的暗黑力量，这个是太上老君的神牛，那个是观世音菩萨的童子，那个是拜把兄弟的宝贝疙瘩，哪个都不好惹，哪个都不简单，这让他不得不一次次认输服软，不得不一次次怀疑自己和人生。唯一被他靠自身力量打败的，是那个没有靠山，没有干爹，没有资源的屌丝白骨精了，却还因为这个几近师徒反目。九九八十一难，不仅考验取经人的虔诚，也磨砺着曾经刀锋般锐利的雄心傲气。现在的孙悟空已不是五百年前大闹天宫的那个悟空了，他学会了不再冲动，也不再抱怨，而是一路向西走啊走。到了，这金箍也就该摘了。最终，他终于取得了真经，还被封为"斗战胜佛"。但，这真的是他想要的吗？做了佛，摘了金箍，但他头上却又戴上了比当年更为沉重的金箍。做了佛，斩断七情灭了六欲，他再也回不了花果山了，再也不是在山涧自由无忧的快乐精灵了。绕了那么大的一个圈，最终，却再也回不到原点，何其悲哀。

失去了初心，就失掉了本钱，还有尊严、自由、神圣！大圣啊大圣，一堆土地公公水沟龙王虾兵蟹将上来拱手弯腰，涎皮赖脸……那么，我们呢？我们是不是也正是一个个"孙悟空"呢？

父亲有个朋友，本来是小有名气的作家，后来去从政了。有一次喝多了，他醉醺醺地搂着我说："等我再升两级，退了休，我就好好静下心来写两部好的小说。文学，那才是我的理想啊！"他没能等到退休，年方五十就含恨离世了。这样的故事实在太多：等我有了钱我就如何如何，等我有了时间就去哪里哪里，结了婚我就怎样怎样，孩子大了就去干嘛……结果，我们的理想就这样渐行渐远以至消散于无形，等我们定下心神，却发现悔而晚矣。

说到这我必须检讨一下自己了，当年我说"高考结束就要去走访，认真写一部记录蒙古老人传奇一生的长篇小说"，结果高考后推到拿驾照后，再推到学会游泳后。三个月一晃而过，到头来连个标题都没写，而大学军训已经开始了。网络上有句流行语："生活不仅有眼前的苟且，还有诗和远方。"但我们大都陷在了鸡零狗碎之中，对于当初的自己，怕是已然不认识了。

习总书记说"不忘初心，砥砺前行"那是说我们的党要记得自己的宗旨和立场，那么我们呢？我们，每个平凡的人又是否记得我们最初的梦想呢？悟空丢掉了自己，但成佛的他已经无法回首了。除非星爷能给他那个神奇的月光宝盒。但我们，我们每个人，我们是否有勇气对眼前不属于自己的一切说不，我们是否有勇气去追寻当初的那个自己呢？ 别带着遗憾离开。

自主学习先要激发自主意识

自主学习开展首先激发唤醒学生主动意识，这取决于导案，基于生活，有情境，内含问题……现在问题就是科学性不足。一元精准，两点明晰，是关键。警惕预习做题化倾向。教师习惯于思考研究"教什么""怎么教"，却往往忽视"为什么教"，具有独立个性，富有主体意识，具有合作精神和能力，有创新实践精神能力，具有理性法治意识和公德意识，懂得尊重自己和别人……课上就是培养生成这样素质的实践场所。

知识树更应由教师来画，学生画的更像发散思维导图，单元知识在全部知识体系定位，突出单元教学核心，单节突出的表现形式，突出同中之异，这些是章之元，节之元。两点，知识框架环节点和学生认知起止点，二者浑然一体，不可分割，有如内容和结构，如（沁园春·长沙）中诗歌意象，是高中诗歌鉴赏关键，也是初高中认知关节点。告诉学生，文学作品的人事物皆带有表意达情作用，不再是纯客观的了。

这样的课不是好课

如果教育取向发生了偏离，再热闹的课也不是好课。

比如，好老师就是好导演，教师导验学生全程学习活动，甚至经过多番预演而上的课；课堂气氛活跃热烈就是好课，只要掌声笑声甚至喝彩声不断；彻底放手，将任务完全交给学生自己完成，甚至包括学习目标的确立和学习计划的制订，教师只是作为活动的组织者；实用主义弥漫课堂，唯高考论，教学完全指向高考，复习课追求归纳做题技巧；信息技术多媒体演示课，花样层出不穷，学生目不暇接；互相陶醉于自欺欺人的学会及会学迷雾，教学浅表化，问题低幼化；满足于将文字信息声像化，影像视频取代阅读。

教师不可随意轻慢地教教材

年龄渐大，教龄日长，思想不再为生造硬搬一些新名词而沾沾自喜。那些名词貌似前卫高深，比如，"教教材"和"用教材教"，曾经以为这是一对对立的说法，必须偏向一方。其实，这是一对具有层进关系的概念，教材教不准，教不到，教不好，还谈什么用它去教？硬教也只会教歪，教浅，教坏。再比如"重知识"和"重能力"，原来认为应是后者，但仔细一琢磨，这又是一个伪判断，什么是能力？能力是运用知识解决问题的本领。知与能之间只是存在一个运用灵活与否、恰切与否的问题，这是知识学习的方法和效果问题，与知识本身无关。如果教师随意轻慢地教教材，学生不认真构建知识体系，基础坍塌，上层建筑怎么办？皮之不存，毛将焉附？

《兰亭集序》告诉我们：生命并非虚无

在两晋玄学大行其道之时，王羲之却可以卓然不群，超拔出世，借兰亭集会之机，发表对人生的观点，那就是直面人生，珍视生命。首次两段铺叙集会盛况，良辰美景赏心乐事皆俱，主客相得尽情欢娱，这是乐事啊！生命并非虚无，亦有值得珍视之处。三四段由乐想到了不乐，人生亦有苦痛。痛在哪？人生修短不由己，从事乐事不久远，当对曾沉迷之事物厌倦了，不由会悔恨时光虚掷，更感人生苦短，这是痛啊！历代前贤和今之时人，不都人同此心吗？可见，生命有欢娱，有悲痛，它不是虚无的，是值得珍视的。这就反驳了玄学之'一死生，齐彭殇'的生命是虚无的荒谬观点。

语文是语言类学科而已

回归与创新是语文改革两大主题。"回归"不是复古，重回老路，而是重新思考我们从哪里来要到哪里去。语文有今天，有"误尽苍生"的诟骂，说白了是其专业性不断缺失的结果。语文人不是太倔强，而是太谦卑，是"让别人说吧，按他们说的走路"。

"创新"不是标新立异，是相对现状的转变，从知识到能力、从课内到课堂、从学习到应用就是创新。"大语文"本身就是大笑话，语文是一个语言类学科而已，不能当万能钥匙，包开天下之锁。大而无形，空而失范，散而失序……是飘飘在上的空中楼阁，是美妙而不真切的海市蜃楼。"小语文"也不行，小而闭塞，淤则难通，追寻世外桃源，或是躲进小楼，期望求得清高孤傲的赞誉……真像个失宠的孩子，在角落里暗自憋气，偷眼看着大人，不时发出"吭吱"一声。

写景诗歌欣赏三问

写景诗文，指导学生品读鉴赏时一般分三步，有三问：1. 画面入你脑了吗？或你感知到了怎样的画面？哪个词没把握好，是文字问题还是生活体验问题？——学和看的问题。（景）2. 你入画面了吗？哪个意象没把握准？是文学问题还是情商问题？——分析和感知。（境）3. 你感知到了诗人的内心吗？哪个点没抓住，没挖透？是文化问题还是思维问题？——归纳和提升（情理）。

《陈情表》注重情感渲染铺垫

《陈情表》注重情感渲染铺垫，首段先写个人成长不幸，父早亡母改嫁多疾病身孤零，再写成人后家庭不幸，重点突出祖母不幸，无儿单孙晚嗣少亲多病，既充分渲染了身世之悲，同时也为后文母孙二人更相为命是以不能分离做了铺垫。

第二段叙写朝廷征召急迫和自己不能奉诏的苦衷，朝廷征召一波急于一波，疑虑和不满已经充分表现出来，而自己既感念皇恩之浩荡，又畏惧朝廷的斥责，而此时祖母的病日渐加重，去也不是留也不是，真是无奈而惶怖……

经过充分的情绪铺垫，第三段开始委婉说理，自己虽不能立刻奉诏，但还是在实实在在地践行新朝以孝治天下的国策啊，更何况，自己不奉诏并非留恋旧朝，不在意忠臣不事二主的所谓名节，实在是祖母离不了啊。最后一段表明态度，定会尽忠，只是暂不出山而已，而且这诚心天地可鉴。

李密历数不幸是为动皇帝恻隐之心，诚惶诚恐是满足其虚荣心，以逼迫越紧祖母病越重自己越凄苦来引其愧疚自责，以指天明誓让其感动于自己的诚心。

《逍遥游》的论证逻辑

《逍遥游》具有严谨的逻辑性和说理的形象性双重特点。

全文三段，首段以鲲鹏南飞起势，极言大鹏的恢宏伟大，然后以山间雾气尘埃作比，说明一道理：万物无论大小皆"有所待"，即不自由。接着以水承载舟的事理加以类比，并进一步提示所待有大小之别。再以蜩与学鸠无知浅薄的笑问，说明大小是因为境界的不同。

次段明确推论"小不及大"，以列举例证之法加以证明。再从史实角度提出鹏飞万里实为境界广大，而以斥鷃之狭隘之心反证境界之有别。

尾段自然引申到人类社会境界问题，低级为有他，次为无他，再次为他我皆无，以证逍遥之别。这里庄子已经意识到，在现实社会，人无法获得绝对自由。而真正能达到的绝对自由只能属于精神层面，那就是：无己，无功，无名。

经典散文的结构不散

《荷塘月色》具有双圆形结构，一是"出家门—踱小路—观荷塘—赏月色—回小路—入家门"；另一是"不宁静—寻宁静—得宁静—失宁静"。

《故都的秋》结构呈现总分式，故都秋味"清静悲凉"（对比论证）—破院秋晨，槐树落蕊，秋虫啼唱，秋雨话凉，清秋佳果（描写）—秋味人共知（议论深化）—我生换秋（抒情升华）。

《小狗包弟》：引小狗—写小狗—反思自省（由事及理，以小见大）。

《记念刘和珍君》：引—追述悼念—揭露控诉—总结评价。

荀子《劝学》：提出论点—分析论证（学习的意义在改变，改变的作用在提高）—解决问题（怎样学——积累，坚持，专注）。

《师说》：首段提论点，师的作用在解惑，人都有惑，师很重要；从师标准在能解惑，跟出身地位无关。反证不从师之害，论证圣人从师之道。结论：弟子不必不如师。

在《廉颇蔺相如列传》里读出了什么？

在《廉颇蔺相如列传》里读出了什么？

写赵王采用了春秋笔法，比如明知秦人诈璧，但仍犹疑难决，束手无策；渑池受辱，内心愤懑，只能瞠目结舌。反观秦王胸襟宽广，能屈能伸，秦的君臣和谐，戮力同心。廉颇够直，以蔺抑廉是赵王泄愤。

写蔺相如多用衬托，展现合作不仅需要度量，也需要智慧，相如称病不上朝不与廉颇争列，路遇廉颇引车避匿，是貌弱实强，这行为艺术既避免了合作双方的撕破面子，又无限满足对方虚荣心，但不是促其自傲而是促其自省，须知拉开架式准备好和对方大干一场的高手，忽然得知对方根本不屑于一战，是否也会感到无趣？这是首招，以退为进，强而示敌不强。但若仅此还难以胜出，相如显然又有后招，那就将这份雅量用合适方式告知对方，那么地位不高能量不小的士人是最好的传话人，果然光明磊落的廉将军"因宾客至门请罪"，可见，不仅应佩服相如的度量，还应学习他的处世方法。

2018年国家课题颁奖会议暨西南名校考察学习汇报

4月19日至27日，学校委派我带领三位学校课题研究组长于淼、李怀林、李忠新，参加了在昆明举行的十三五国家规划课题《运用信息技术提高教育教学质量的创新行动研究》的颁奖会议，会后参观考察了重庆多所具有鲜明办学特色和突出办学业绩的名校，载誉归来且收获满满，现在将几天所学及所思写出来与大家分享。

我们是4月19日乘火车，于次日早到北京昌平北站的，一路上我们聊的没离开过学校的研究课题，大家畅所欲言，将自己所思所想充分地交流沟通，这也是出行学习的一大好处：大家可以暂时放下手头事务性工作，集中注意力，对某方面的工作进行细致深入的交流。交流过程中，通过对学校课题研究现状的分析，对存在的问题进行深刻剖析，进一步明确整改方向……在此基础上，我们确定本次学习的一个主要思路：立足自我、学习先进、注意消化、形成特色。

4月20日下午赶到会议地点。第二天一早，参加课题颁奖仪式，国家关心下一代教育中心主任黄殿龙、全国骨干教师培训网主任周玺栋、北京教育学会教师专业发展研究会理事长张景浩出席了仪式并对优秀集体个人颁奖。我校获得"先进实验校"奖牌，陈玉国、于淼、李怀林、郭云鹏获得"先进实验工作者（教师）"的表彰，全校教师提交的共计19篇论文获奖。

　　20日下午，张景浩理事长进行了题为"工欲善其事，必先利其器"的讲座，重点就课题研究策略方法进行了培训。张理事长具有堪称传奇的经历，据他自己讲是"小学没毕业、初中没念完的北京市特级教师"，还担任过北京小学大兴分校校长，之后又任北京大兴区教科所所长。丰富的教育经验、管理经验、研究经验使其讲座既充满了智慧哲思，又不乏幽默机智。譬如说到教师敬业问题，他讲"为了快乐而工作还能挣着钱，为了挣钱而工作却得不到快乐"；谈到教学的规律，他总结为"低起点、小步子、密台阶、快反馈、小勺喂"；谈到教育管理，他说"奖励从速，惩罚从迟"；对现时教学中的低效率问题，他一针见血地指出源于"满堂灌"，并形成了恶性循环："教师满堂灌——课业负担重——学生厌学——教学效率低"，四者互为因果，循环反复。他认为，依据斯宾浩的遗忘规律，有效教学应该是"堂堂清、周周清、月月清"。而教师就要做到"勤于课前、隐于课上、思于课后"，"勤于课前"就是充分的备课，分析课标教材考纲、分析学习现状与学生需求、分析学习环境，精心预设教学目标，精心预设探究亮点，通过"以十当一"的备课，将有效的学习时间尽量留给学生，教师则"隐于课上"。"隐于课上"不是"不在课上"，而是精心创设问题情境，积极制造认知冲突，注意激发探究兴趣，着力组织探究活动。因此在这样的教学中，教师应更多的扮演"哑巴"和"傻子"，即"惜言如金"和"装傻充愣"，而不做一言堂或满堂灌的演说家和智者……

　　这样的教学，这样的课堂，不正是我校现如今积极努力构建的吗？我们的教学就是要体现"探究为本、自主为基、合作为体"自主学习课堂特色，强调自主学习的指导组织和问题情境的创设，以及探究活动策划实施。看来，我们的课堂改革方向是正确的，其目标指向于打造有效课堂甚至高效课堂。因此，实事求是地解决现如今课堂低效问题的一个好办法就是推进"自主学习课堂导案自学五环节"的教学改革，这样才能有助于促进教师观念的真正转变，将他们的精力引领到研究学习、教学，分析课堂、学生上面来，而这些改变不是通过几个人的努力就能做到的，需要全体教师共同努力。教师们不仅要务实肯干，还需干的得法，这才能保证并提升我们的教学质量和办学荣誉。

4月22日至26日,我们先后参观考察了重庆的几所名校。重庆的基础教育历来扬名全国,本次走访的学校又是当地典型,在办学经验、课堂改革、课程设置、校园文化建设方面确有独到之处,可以说,虽然走访匆忙而粗略,但也引发了震撼和思考,这种震撼和思考有的是来自当地教育环境方面的,有的是来自于学校的细节管理方面的。

走访中有两点非常强烈的感受:一是重庆地区完全中学居多,似乎在义务教育均衡化发展方面留意不够,又或许已经完成并超越了"均衡化"?虽然问了当地教师,但大家始终说不出个所以然来。二是重庆地区名校办分校的现象普遍,这些分校多为民办性质,本次走访的四所名校"字水中学、凤鸣山中学、双福育才中学、巴川中学"均为民办,招收的学生属于重庆市一二流学苗,升学成绩也是重庆市数一数二的。其中,双福育才、巴川更是名气卓著,但学费在8000元/学期至15000元/学期,其余食宿费用也很可观。教师的阵容强大,门槛高,收入高……宽松的政策环境是重庆民办教育异军突起的主要原因,他们可以动用各种资源进行办学竞争,譬如"挖名师""挖优生",可以进行"贵族化"的小班教育……但我想,这并不符合我校实际,办"让人民满意的教育"肯定不是只让"少数"或"部分"人"满意"的教育,我们要为国家负责,为广大人民服务,在此前提下,"办精品,创名牌"。因此,我辈同仁,不仅要怀揣崇高的教育理想,还需有炽热的教育情怀。

字水中学的德育与教学同步推进、相得益彰的办学经验值得学习。这首先体现在他们对办学宗旨的理解上,这也是其校名"字水"的来历,即"正心如字,明德如水",它来源于我国第一部教育纲领性文献《大学》,"大学之道,在明明德,在亲民,在

止于至善",即是说,教育宗旨是"培育德行高尚的人",而实施教育的策略和过程是"格物致知诚意正心修身齐家治国平天下",因此,智育、德育、美育、体育……均为育人的手段途径,彼此合作共进、相得益彰,而没有所谓孰重孰轻、孰亲孰疏之分别。但是在高考的背景下,所谓"不重升学,过不了今天"形势下,如何协调处理好德育与教学关系确实不容易,考验着教育者的智慧。因为德育教育通常要采用实践活动的方式,而有了活动,就容易导致学生学习精力分散,形成"只要不学习干啥都积极,只要不上课干啥都快乐"的"失控"局面,因而很受一线学科教师非议。而字水中学提出了"分数是育人的副产品""智育是学校的生命线,德育是学校的风景线""智育让学生'死去',德育让学生'活来'"等理念,其中前两条也是我校的办学特色,甚至品牌。第三条让学生"死去活来"的提法很有启发性,所谓"死去"就是使学生深入踏实扎实牢固地学习,"活来"就是释放激情,点燃生命,并保证有持续旺盛的精力投入到学习中来。但是如何解决学生"只想活不想死"的问题,还需进一步研究。

凤鸣山中学值得借鉴之处是其校园文化建设方面,学校充分挖掘"凤"文化内涵,办学理念表述为"群凤和鸣,声震九垓",校园精神表述为"凤翔九天,志存高远",校训表述为"至雅至慧,兼善兼真",育人目标表述为"丹心雅意,雏凤清声",课程文化表述为"天高地阔,凤举鸾翔"。此外,学校外显文化气息很浓郁,校史馆的格局很精到,将学校历史沿革分成若干模块,每一模块以当时校门造型为起始,然后从若干板块展示当时学校历史,达到局部独立、整体系统的效果。校园随处可见"凤",墙壁、廊柱、地面处处可见

"凤"的图案、造型、文字等，置身校园，被一股浓浓的文化气息包围裹挟。欣赏的同时，个人也有思考，文化在于陶冶渐染，达到大象无形大音希声，润物无声的效果，而不是越丰满越显著越富丽越好，否则不像进入了校园，倒像是走进了凤文化展览馆，有似走在山阴道上而目不暇接。看来，含而不露或微露，言有尽意无穷，方是更高境界，君不见清华北大难得一见校训墙、校风雕塑、学风标语……

在江津区双福育才中学听了一节语文课，情境问题创设很有独到之处。这是一节"非连续性阅读材料"的复习课，教师首先展示了三段非连续性材料，一是根据重庆市考试要求布置给学生阅读《水浒传》《骆驼祥子》后出示的自测题，一是2018年重庆市统考中一道阅读试题，一是重庆市2018年考试说明中的一段话。然后让学生根据有关考试说明对自测题目合理性进行辨析，经过小组讨论，学生发现自测试题命题内容超越了考试说明范围。这个过程之后，在学生明确了考试范围与要求后，教师下发刊印的阅读材料试题，学生做答后，教师引导学生进行错误类型归纳……整节课教师的主导、学生主体作用发挥充分，教师着力引导学生"发现"，而没有一言半辞的讲授，真正显示了自主学习课堂的价值，这是值得学习之处。

巴川中学"小班化"教学昭示着精品办学的方向，每班30人至33人，设置了很多校本课程，其中艺术教育是亮点。学生有充分的选课权利，我们参观的一座豪华教学楼全部为艺术课走班教室，教室中摆满了学生作品。我们参观的另一座教学楼，很多班级正在上课，多数课堂都是学生自主学习或合作学习，教师在学生间巡视辅导，有班级甚至有两名教师在进行巡视辅导，仅看到一间教室教师在讲台上讲授。看来，让学生动起来才是提升教学质量的根本，教师"勤于课前、隐于课上"是现时课堂教学的基本标志。这也坚定了我们打造自主学习高效课堂的信心决心。

外出学习的意义有两点，一是开阔视野，丰富见识，同时可以达到借他山之石以攻玉的效果；二是可以坚定信念，强化坚持自我的信心。可以说，本次学习确实收到了这样的效果。

警惕！大课业负担回潮让课改步履蹒跚

——写在第七届"百花奖"之前

到今年第七届"百花奖"，我们已走过了14年的"以人为本"的规范办学之路，尤其是从2010年以来，我们旨在"聚焦教学改革，促进课堂转型"的课改已经度过了8个春秋。这14年，学校各项事业突飞猛进，由全市三名开外一跃成为名副其实的第一！但当我们沉浸于2018年高考全面胜利的喜悦中的时候，当我们陶醉于五十年校庆来自四面八方的赞誉的时候，我们应该保持清醒，要居安思危，毕竟我们的基础并不牢固，毕竟学苗质量远未达到全市一流，毕竟环伺我们周围的是强大对手，毕竟"其兴也勃焉，其亡也忽焉"的教训深刻。

毫无疑问，2004年以前，我校和其他兄弟学校一样，在教学方面采取"加大训练量、加深训练难度"的"题海"战术，依靠长时间反复机械的训练来提升学生成绩，学生学习生活号称是"阳光加灯光，汗水加泪水"。但是要知道，当时高考是"3+2"，比现在少一科；另外当时是分科考试，试题以知识立意，超越教材范围会被定性为"偏难怪"或"超纲"，因此试题中规中矩，基本考教材；再加上复习资料远没有现在这样芜杂。总之，那时的这种战术是有效的，而且并不觉得当时学生比现在的学生学的更累、更苦。

新课改要求我们培养的是具有主体意识，自主学习能力和创新实践能力的学生，几年来的高考尤其将对学科核心素养和综合素质的考查作为重点，试题由知识立意变为以能力立意再变为以素养立意，甚至不会再出台什么考试大纲，因此所谓的"超纲"就变为必然……世易时移，应变之法在于我们必须倡导课堂转型，变讲为教，变教为学，培养学生的自主学习能力和创新实践能力成为必需。而"导案自学五环节"课堂模式就是我们全体教师共同智慧的结晶，虽然它还不尽完善，但至少它促进了课堂的转型。而且8年来的高考、学业水平测试的成绩足以说明，这样的教改思想及课改策略是我校教学质量一骑绝尘、后来居上的重要经验。

这就需要我们不同学科、不同学段的教师团结一致，形成合力。但事实上，现在出现了一些不和谐的现象，应该引起注意。

地位强势的老师可以让学生不敢不学自己的任教学科，地位弱势的老师也可以采取罚写、晚自习单独提问、加大作业量等措施逼迫学生学自己的学科。"倒霉"的学生如果遇到的都是互不相让的老师，那么基本没有自主学习的时间，更谈不上自主学习的主动权。在这样对学生时间精力大肆掠夺与瓜分的情况下，我校自主学习课堂建设形势日益严峻。

我们必须要承认老师这样做初衷是好的，个别罚写等措施也是在"恨铁不成钢"心理驱动下采取的非常手段……而且无论到什么时候，我们都必须承认老师积极旺盛的工作热情、认真负责的工作态度，是基于崇高的教育理想与炽热的教育情怀的。我们也不否认，作业练习能对所学知识起到巩固强化作用，能通过反复练习达到熟能生巧的目标，更重要的是能激发他们探究未知的兴趣，引导学生进一步学习深入，但这些作业一定是必要的、有效的和适量的。在新形势下，通过大量反复机械性的作业练习，消磨去了的是对学习热情，只剩下了畏惧和厌烦，如此不堪承受之学习负重指望还不算成熟的学生愉快接受完成，现实吗？即便努力做到，这样的学生能做到行稳致远吗？这不就有一种传闻，说有的学生发明了"罚写神器"，据说可以一次性完成10遍同样内容的作业！另外，将体力精力时间大量消耗在习题作业上，学生的第一课堂效率能保证吗？在第一课堂精力不济而出现学不会、听不懂怎么办？有的学生去校外补课，这进一步挤占和压缩了学生精力和时间，进而造成了积重难返的恶性循环。

谁都知道，学习是个渐进的过程，正像罗马不是一日建成的，一口吃个胖子是不可能的一样。老师迫切提高任教学科成绩的愿望应该是在整体提升学生学业成绩的基础上的，毕竟高考的要的是总成绩。在总成绩不达标的前提下，某一科或一两科拿高分也是无效的。更何况，不是所有的学科都适合于通过加大作业量就能将成绩提高的。

因此，要呼吁我们全体任课教师，我们从事的是培养人的工作，这份工作需要我们合作完成，认识到这一点需要有崇高的教育理想，做到这一点需要有炽热的教育情怀。